农业企业

会计核算与纳税、财务报表编制实务

平准◎编著

人民邮电出版社
北京

图书在版编目（CIP）数据

农业企业会计核算与纳税、财务报表编制实务 / 平准编著. -- 北京 ：人民邮电出版社，2020.9
ISBN 978-7-115-54270-0

Ⅰ．①农… Ⅱ．①平… Ⅲ．①农业会计②农业企业—税收管理 Ⅳ．①F302.6②F810.423

中国版本图书馆CIP数据核字(2020)第111255号

内 容 提 要

本书为农业企业的财务会计人员量身定制，以农业企业日常业务中最为重要的会计核算、纳税申报、财务报表编制3个方面的工作为主要内容，重点介绍了农业企业的生物资产、农产品、农业生产成本、社会性收支和社会性固定资产等的会计核算方法，以及"营改增"全面推行后的纳税业务处理要点和财务报表编制方法，并附有丰富的案例，旨在帮助读者迅速了解会计工作、轻松领会会计工作的精髓、高质量完成会计工作。

本书内容简洁、条理清楚、案例丰富，非常适合从事农业企业财务工作的专业人士学习使用。

◆ 编　著　平　准
　　责任编辑　李士振
　　责任印制　周昇亮

◆ 人民邮电出版社出版发行　　北京市丰台区成寿寺路 11 号
　　邮编　100164　　电子邮件　315@ptpress.com.cn
　　网址　https://www.ptpress.com.cn
　　北京科印技术咨询服务有限公司数码印刷分部印刷

◆ 开本：700×1000　1/16
　　印张：19.25　　　　　　　　　2020 年 9 月第 1 版
　　字数：323 千字　　　　　　　2025 年 3 月北京第12次印刷

定价：88.00 元

读者服务热线：(010)81055296　印装质量热线：(010)81055316
反盗版热线：(010)81055315

前言
PREFACE

随着近些年市场经济的迅猛发展，各行各业的经济业务也变得复杂多样，农业企业更是如此。农业在国民经济中具有非常重要的地位。由于以往农业部门的经济发展较为滞后，农业企业会计也没有受到应有的重视和发展，但随着我国农业经济的日益发展与涉及经济业务的逐步复杂，农业企业会计核算和税务处理的难度相应地增加了。

总的来说，农业企业特殊的经营特点使其会计核算和税务处理也具有一定的特殊性。因此，专门针对农业企业进行细致而详细的会计实务分析很有必要。

我们编写本书，旨在为从事会计工作的广大财务会计人员学习企业会计准则、运用企业会计准则提供具体指导，以提高会计从业者的业务素质、业务水平和专业技能，提高企业会计准则的应用质量。在编写过程中，本书力求体现以下特点与要求。

一、着眼于财务流程规划。 企业能否顺畅、快捷地开展会计工作，取决于企业有没有形成规范的、适合本企业特点的业务流程。本书在介绍账务处理的过程中，高度重视账务处理的流程，在每一项业务的时点中，详细叙述了账务处理流程中先处理哪一个步骤，后处理哪一个步骤，使每一个读者都能树立合理规划财务流程的理念。

二、着手于解决实务问题。 本书融会计学知识与实务为一体，既讲述会计基础理论知识，又讲授会计实务操作技能，并围绕农业企业会计工作实务解疑释难，尤其注重会计实务的规范操作。本书从如何编制会计分录、如何进行各类业务核算、如何编制财务报表、如何进行纳税核算和申报、如何缴纳税款等入手，以手把手的形式教读者怎样具体操作整个会计流程，使读者的实际工作能力和水平得到进一步提高。

三、着重于分析经济业务。 就会计工作的本质而言，会计是对各类经济活动进行描述的商业语言，也就是说，经济业务是根本，会计工作是体现。只有清楚地分析了各类经济业务的来龙去脉以及它对企业财务状况和经营成果的影响，才能进行准确的账务处理。本书在讲解账务处理的过程中，特别强调对经济业务的深入分析，从而使财务人员站在"知其然，又知其所以然"的高度开展会计工作。

四、着力于提高工作能力。一个优秀的会计人员，不应仅是熟记各类财经法规的"书柜"，更应是善于解决实际问题的高手。本书在内容的安排上，既安排了大量的会计核算案例，又尽量全面地引入了大量农业企业会计实务工作中的特有问题，既有利于拓宽会计人员的视野，也有利于提高会计人员解决实际问题的能力。

本书内容详实、思路清晰，做到了先进理论与实践经验的充分结合，希望能为广大农业企业会计从业人员的实务工作建言献策。同时，尽管编者在本书的编写和出版过程中始终秉持精益求精的专业态度，但书中难免有不足之处，欢迎广大读者批评指正。

编者

目录
CONTENTS

第 1 章
农业企业会计入门

    常言道"民以食为天"，农业作为我国的一大经济基础产业，其对于国民日常生活的重要性不言而喻。农业企业由于其自身周期性等特点，使得其会计核算、会计科目设置等方面有着有别于其他行业的特殊性。本章从农业企业会计基础知识入手，在总结农业企业会计核算特点的基础上，详细讲解了农业企业会计核算所遵循的准则，并对生物资产这一科目进行了充分阐述及讲解。

1.1　农业企业会计基础知识

1.1.1　农业企业会计核算相关知识

1. 农业企业

    农业是国民经济的基础，其在国家经济发展中的作用已经得到人们的认同，建立与发展现代化农业已经成了现代农业企业的目标，农业企业已经走上了多种所有制并存、多种经营方式并存、农工商贸并存的发展道路。

    农业企业是以农产品为经营对象的企业，包括全民所有制、集体所有制、私营、外商投资等各类经济性质的企业，以及有限责任公司、股份有限公司等各类组织形式的企业。

无论何种经济性质、何种组织形式，农业企业要从事生产经营活动，就必须拥有一定数量和质量的劳动力和生产资料。在市场经济环境下，农业企业要遵守国家各项法律法规，遵循经济规律，合理进行原材料采购，科学组织生产经营过程，积极销售产品，及时收取货款，按时缴纳税金，促进再生产过程的顺利进行，加速企业资金周转，增加企业盈利。而在所有这些经济活动过程中，都离不开资金的支持和保证。

2. 农业活动

农业活动是指农业企业对将生物资产转化为农产品或其他生物资产的生物转化的管理。这里的农业包括种植业、畜牧养殖业、林业和水产业等具体行业。

农业活动是一项管理活动，是对某一活动或过程的管理。农业活动管理的对象有两个：一个是将生物资产转化为农产品的活动，另一个是除转化为农产品的生物资产以外的其他生物资产的生物转化过程。

将生物资产转化为农产品的活动，是指通过消耗性生物资产的生长和收获而获得农产品的活动过程，以及利用生产性生物资产产出农产品的活动过程。例如，通过种植业的农作物的生长和收获而获得稻谷、小麦等农产品的活动过程；通过畜牧养殖业的饲养和收获而获得仔猪、肉猪、肉鸡、鸡蛋、牛奶等畜产品的活动过程；林业中通过用材林的生长和管护而获得林产品等活动过程；通过水产业中的养殖而获得水产品（种鱼养殖除外）等活动过程。这些都属于将生物资产转化为农产品的活动。

生物转化，是指导致生物资产质量或数量发生变化的生长、蜕化、生产和繁殖的过程。例如，农作物从种植开始到收获前的生长过程；奶牛产奶能力不断下降的蜕化过程；蛋鸡产蛋、奶牛产奶、果树产水果等生产过程；奶牛产牛犊、母猪生小猪等繁殖过程。

其他生物资产的生物转化过程，是指除转化为农产品的生物资产以外的生物资产的生长和管理过程，如经济林木在有生产能力之前的生长和管理、奶牛在第一次产奶前的饲养、役畜的饲养等管理活动。

以上所指农业活动都存在以下共同特点。

（1）转化的能力。转化的能力是指动物和植物能够进行生物转化的能力。

（2）转化的管理。转化的管理是指通过增强或者至少提供稳定转化发生所必需的条件而促成生物转化的发生，这些条件包括营养、湿度、温度、土壤肥力和光等。这种管理使企业活动与其他活动区分开来。例如，从未经管理的资源中收获的活动，如海洋渔业和原始森林的采伐等活动，并不是农业活动。

（3）转化的计量 转化的计量指对生物转化带来的质量（遗传价值、密度、成熟期、脂肪层、纤维强度）变化和数量（产果量、重量、立方米、纤维的长度或直径）变化的计量和监控，计量和监控是农业活动管理的日常职能。

3. 生物转化

生物转化是指导致生物资产质量或数量发生变化的生长、蜕化、生产、繁殖的过程。

生长是指动物或植物体积、重量的增加或质量的提高；蜕化是指动物或植物产出量的减少或质量的退化；生产是指动物或植物本身产出农产品；繁殖是指产生新的动物或植物。例如，农作物从种植开始到收获前的过程就属于生长，奶牛产奶能力的不断下降就属于蜕化，蛋鸡产蛋、奶牛产奶就属于生产，奶牛产牛犊、母猪生小猪就属于繁殖。

4. 农业企业会计

农业企业会计是在市场经济的条件下，以货币为主要计量单位，以国家有关法律法规为依据，采用一定的专门方法对农业企业的经济活动进行连续的、系统的、全面的、综合的反映和监督的一种经济管理活动。

1.1.2 农业企业会计目标

农业企业会计属于企业财务会计的范畴，因此，农业企业会计目标从属于财务会计目标。

财务会计作为对外报告会计，其目的是通过向外部会计信息使用者提供有用的信息，以反映企业的财务信息，帮助外部会计信息使用者做出相关决策。承担这一功能的便是企业编制的财务会计报告，其作为信息载体，是财务会计确认和计量的最终成果，是企业管理层与外部会计信息使用者沟通的桥梁和纽带。

1. 向财务会计报告使用者提供决策有用的信息

（1）财务会计信息是企业管理当局进行决策、控制和考评的直接依据，也是诸多管理会计信息的基础。因此，以会计报表为核心的财务会计报告所提供的信息都是管理当局所需要的。

企业管理当局要制定企业发展战略和经营目标，分配有限的经济资源，规划预算，安排和组织生产，选择恰当的投资项目，提高资金的运营效率，评价自身经营活动的绩效，解除承担的受托责任等，这些活动都离不开财务会计信息。

（2）投资者，即所有者或股东，在我国包括现实和潜在的给企业投入资产的政府机构（代表国家）、法人、个人及其他投资者。他们为了做出是否继续持有企业股权、是否追加或减少投资、确定投资期限等决策，为了了解企业经营者受托责任的履行状况，都需要了解财务会计信息。

（3）债权人是指向企业提供贷款的金融机构和非金融机构，以及给企业提供材料、劳务的供应商等。他们为了决定将贷款放给谁、放多少、放款期限，为了评估评估债权的风险以及按期足额收回债权本息的可能性，都需要了解财务会计信息。

（4）财政、税务等政府机构为了评价企业运用预算资金的情况，加强宏观调控，及时足额地收缴税款，也需要获取财务会计信息。

（5）企业内部职工为了了解自己的工作业绩，提升自己的工作效率，维护自身的合法权益，也需要关注财务会计信息。

（6）证券交易所、财务和证券分析机构、社会公众等获取财务会计信息后，可以就自身关注的问题对企业进行恰当评价。

随着市场经济的发展、社会的进步，将会有越来越多的组织和个人关注与利用财务会计信息。

2. 反映企业管理层受托责任的履行情况

在现代公司制下，企业所有权和经营权相分离，企业管理层是受委托人之托经营管理企业及其各项资产，负有受托责任，即企业管理层所经营管理的各项资产基本上均为投资者投入的资本（或者留存收益作为再投资）或者向债权人借入的资金所形成的，企业管理层有责任妥善保管并合理、有效地使用这些资产。因此，财务会计报告应当反映企业管理层受托责任的履行情况，以有助于评价企业的经营管理责任以及资源使用的有效性。

1.2　农业企业会计的特点

1.2.1　农业企业的特点

农业作为一个行业，具有许多与其他行业不同的特点。

1. 生产的生物特征

生物不仅是农业企业的生产对象，同时也是生产资料。农业企业中有的生物属于存货，有的生物则属于固定资产，且其生产受自然条件的影响较大，因此，农业生产有较大的不确定性。

2. 经营多样性

以我国目前的情况来看，许多农业企业实行的是"多行业、多产品"的多样化经营方针，农业、工业、商业、建筑业、服务业共同发展。

3. 多种经济成分并存

从所有制角度来看，农业企业呈现出多种经济成分并存的局面，有国有农场、生产建设兵团、集体企业、个体企业、合伙企业、有限责任公司和股份有限公司等不同形式。

1.2.2　农业企业分类

1. 按所有制性质分类

（1）国有农业企业。

（2）集体所有制企业。

（3）股份制企业。

（4）联营企业。

（5）私营企业。

（6）中外合资企业。

（7）中外合作经营企业。

2. 按经营内容分类

（1）农作物种植企业。

（2）林业企业。

（3）畜牧业企业。

（4）副业企业。

（5）渔业企业。

（6）生产、加工、销售紧密结合的联合企业。

3. 按会计核算分类

我国会计准则体系中的《企业会计准则第 5 号——生物资产》是有关农业的会计准则，其中对有关农业的会计核算做了规范性规定和分类。有生命的动物和植物具有生物转化的能力，这种能力导致生物资产质量或者数量发生变化，通常表现为生长、蜕化、生产和繁殖等。生物资产的形态、价值以及产生经济利益的方式，随出生、成长、衰老、死亡等自然规律和生产经营活动不断变化。农业企业从事农业活动的目的，就是增强生物资产的生物转化能力，最终获得更多的符合市场需要的农产品。

根据会计核算规律，将农业企业分成以下四种类型。

（1）一般农业企业。

（2）家庭农场企业。

（3）农业合作社。

（4）村镇集体经济组织。

1.2.3 农业企业会计核算特点

现阶段，我国农业企业生产组织比较分散，经营形式以集体经济为主，经营管理的自主权较大，生产成果的自给程度较高，会计核算水平与会计工作的管理水平差距较大，因此农业企业会计核算方法应具有较大的灵活性。农业企业应根据其特征设置农产品、消耗性生物资产、农业生产成本等会计科目来核算农业企业的经济业务。由于农业企业行业的多样性，农业企业会计核算具有以下特点。

（1）农业企业会计核算层次多，一般实行分散的会计核算体制。

（2）农业企业的劳动对象、劳动资料与劳动产品会相互转化。

（3）成本计算期为确定受自然再生产过程的制约。

（4）在产品占用资金较大，一般不易进行实地盘点。

（5）销售实现制与生产实现制相结合。

（6）土地资产金额大而又不计提折旧。

1.3　农业企业会计遵循的准则

为了适应我国市场经济的发展、农业企业改革的深化以及会计标准国际化的形势，以及为了规范农业企业生物资产会计核算和相关信息的披露，在遵循《企业会计准则》对不同行业、不同企业共性业务的会计处理规定的前提下，2006 年，我国制定了《企业会计准则第 5 号——生物资产》这一条适用于农业企业会计核算的准则。另外，考虑到目前不少农业企业是小型企业（营业收入 50 万元及以上、500 万元以下的企业），此类型农业企业适用的会计准则为《小企业会计准则》。

1.3.1　准则涉及的会计科目

为了做好农业企业的生物资产和农产品的核算工作，必须增设有关的会计科目，《企业会计准则》提出了明确规定。

1. 设置会计科目的原则

（1）满足对生物资产和农产品进行核算的需要。不仅要设置与生物资产和农产品核算直接相关的会计科目，如"生产性生物资产""农产品""消耗性生物资产"等科目，还要设置与生物资产和农产品核算间接相关的会计科目，如"农业生产成本"等科目。

（2）反映农业企业会计核算的复杂性。一级会计科目统一设置，二级会计科目可在不违反统一会计核算要求的前提下，由企业根据需要自行设置。

2. 设置的会计科目

农业企业设置的会计科目如表1-1所示。

表1-1　设置的会计科目

资产类			
一级科目		二级科目	
科目编号	科目名称	科目编号	科目名称
1246	农产品		
1421	消耗性生物资产		
1621	生产性生物资产	162101	未成熟生产性生物资产
		162102	成熟生产性生物资产
1622	生产性生物资产累计折旧		
1623	公益性生物资产		
成本类			
一级科目		二级科目	
科目编号	科目名称	科目编号	科目名称
5001	农业生产成本		

消耗性生物资产发生减值的，可以单独设置"消耗性生物资产跌价准备"科目，比照"存货跌价准备"科目进行处理。

生产性生物资产发生减值的，可以单独设置"生产性生物资产减值准备"科目，比照"固定资产减值准备"科目进行处理。

1.3.2　《企业会计准则》实施的意义

1. 有利于构建我国会计标准完整体系

我国会计改革的目标，是要通过改革建立起既符合我国国情，又与国际惯例相协调的，由《中华人民共和国会计法》《企业会计准则》《小企业会计准则》等组成的会计标准体系。在这个体系中，企业会计标准包含三个部分：基本准则、具体准则和应用指南。《企业会计准则第5号——生物资产》正是这一体系的有机组成部分，不可或缺。该准则中的核算内容是农业企业会计核算中最主要的内容。因此，该准则的出台和实施，不仅是农业企业会计改革中的大事，更是在我国会计改革深化过程中，为构建我国会计标准完整体系增添的一项重要内容。

2. 有助于真实反映农业企业的实际情况

我国农业企业会计核算自 1993 年 7 月 1 日起至 2004 年 12 月 31 日止，执行财政部制定的《农业企业财务会计制度》。该制度套用工商企业财务会计制度，将农业企业在农业活动中涉及的有生命的动物和植物资产，如产畜、役畜、多年生橡胶林等作为一般性的"固定资产"进行核算，将农业企业中农业活动生产的产品作为一般性的"产成品"进行核算。这种处理方法忽视了农业生产过程是自然再生产和经济再生产相互交替而又统一的重要特性，忽视了农产品具有鲜活性的特点，没有真实反映农业企业的实际情况。

2011 年国际会计准则委员会发布的《国际会计准则第 41 号——农业》，将与农业活动有关的资产分为生物资产、农产品和收获后加工而得的产品三类。这是农业企业会计核算理论的重大突破，具有重要的实际指导意义。

2004 年我国财政部发布的《农业企业会计核算办法》借鉴了国际会计准则，明确了农业企业在农业活动中生物资产和农产品的核算，对于真实反映农业企业的实际情况有着重要意义。

2006 年我国财政部发布的《企业会计准则第 5 号——生物资产》在兼顾生物资产特殊性的同时规范了我国农业企业的会计核算体系，提高了会计信息质量，完善了我国会计标准体系。

3. 有利于我国会计核算与国际会计准则相协调

当前，我国正处于贸易全球化的关键阶段，这意味着我国的国际交往将进入一个新时期，我国的许多行为将遵循国际规则并受到国际的关注。会计报告作为国际商业语言在国际贸易交往中起着不可替代的重要作用。我国及时反应、研究制定相关办法是十分必要的，这有利于我国会计核算与国际会计准则相协调，从而推动我国的国际贸易和国际交往健康发展。

1.4　生物资产的概念与分类

1.4.1　生物资产的相关概念

（1）生物资产，是指有生命的动物和植物，例如，企业种植的果树、橡胶树，养殖的奶牛、鱼、蛋鸡和肉鸡，企业营造的消耗性林木等。

（2）生物转化，是指导致生物资产质量或数量发生变化的生长、蜕化、生产和繁殖的过程。其中，生长是指动物或植物体积、重量的增加或质量的提高，如农作物从种植开始到收获前的过程；蜕化是指动物或植物产出量的减少或质量的退化，如奶牛产奶能力的不断下降；生产是指动物或植物本身产出农产品，如蛋鸡产蛋、奶牛产奶、果树产水果等；繁殖是指产生新的动物或植物，如奶牛产牛犊、母猪生小猪等。

1.4.2　生物资产的确认标准

某一资产项目，如果要作为生物资产加以确认，首先需要符合生物资产的定义，其次，还需要符合生物资产的确认标准，确认标准如下。

（1）该资产因过去交易、事项的结果而由企业拥有或控制。

（2）该资产包含的经济利益很可能流入企业。

（3）该资产的成本能够可靠地计量。

遵循以上确认标准，生物资产在同时满足以下条件时，才能予以确认。

（1）因过去交易、事项的结果而由企业拥有或控制。这一确认标准是指企业所确认入账的生物资产必须是企业所拥有或控制的，并且是企业过去交易或事项的结果。具体到农业企业，它包含两层含义。

① 生物资产是为企业所拥有的，或者即使不为企业所拥有，也是为企业所控制的。企业拥有生物资产，就能够排他地从生物资产中获取经济利益。有些生物资产虽然不为企业所拥有，但是企业能够控制支配这些生物资产，因此同样能够排他地从生物资产中获取经济利益。如果企业不能拥有或控制生物资产所带来的经济利益，那么它就不能被确认为该企业的生物资产。

【例 1-1】甲农业企业与乙家庭农场签订承包合同，将50公顷果园承包给乙家庭农场，承包期为 8 年。承包期内，乙家庭农场每年向甲农业企业交承包金 187 500 元；承包期满，乙家庭农场将 50 公顷果园归还甲农业企业；预期这 50 公顷果园每年可产生经济效益 282 000 元。

分析：

从形式上看，承包期内，这 50 公顷果园由乙家庭农场经营并从中受益，但是，由于甲农业企业仍拥有其所有权并通过让渡该资产使用权而获取经济利益，所以，这 50 公顷果园仍应作为甲农业企业的生物资产予以确认和计量。

② 生物资产必须是现实的生物资产，而不能是预期的生物资产。只有过去发生的交易或事项才能增加或减少企业的生物资产，所以不能根据谈判中的交易或计划中的经济业务来确认生物资产。例如，已经发生的生物资产购买交易会形成企业的生物资产，而计划中的生物资产购买交易则不能作为企业的生物资产予以确认。

（2）该资产包含的经济利益很可能流入企业。这一确认标准是指企业所拥有或控制的生物资产包含的经济利益流入企业的可能性超过 50%。

所谓经济利益，是指直接或间接地流入企业的现金或现金等价物。资产之所以成为资产，就在于其能够为企业带来经济利益。如果某项目不能给企业带来经济利益，那么就不能确认为企业的资产。对生物资产的确认来说，如果某一生物资产预期不能给企业带来经济利益，就不能确认为企业的生物资产。在会计实务工作中，首先需要判断该项生物资产所包含的经济利益是否很可能流入企业。如果该项生物资产包含的经济利益流入企业的可能性不是很大，那么，即使其满足生物资产确认的其他条件，企业也不应将其确认为生物资产；如果该项生物资产包含的经济利益很可能流入企业，并同时满足生物资产确认的其他条件，那么，企业应将其确认为生物资产。

在会计实务中，判断生物资产包含的经济利益是否很可能流入企业，主要依据与该生物资产所有权相关的风险和报酬是否转移到了企业。其中，与生物资产所有权相关的风险是指由于经营情况变化造成的相关收益的变动，以及由于遭受自然灾害、病虫害、动物疫病侵袭等原因造成的损失；与生物资产所有权相关的报酬是指在生物资产使用寿命内直接使用该资产而获得的收入，以及处置该资产所实现的利得等。通常取得生物资产的所有权是判断与生物资产所有权相关的风险和报酬转移到企业的一个重要标志。凡是生物资产所有权已属于企业，无论企业是否收到或持有该生物资产，其均可作为企业的生物资产；反之，如果没有取得生物资产所有权，即使该生物资产存放在企业，也不能作为企业的生物资产。有时，某项生物资产的所有权虽然不属于企业，但是，企业能够控制该项生物资产，其所包含的经济利益能流入企业。在这种情况下，可以认为与生物资产所有权相关的风险和报酬实质上已转移给企业，可以作为企业的生物资产加以确认。

（3）该资产的成本能够可靠地计量。这一确认标准是指企业所确认入账的生物资产的成本能够可靠地计量。如果生物资产的成本能够可靠地计量，并同时满足其他确认条件，企业就可以加以确认；否则，企业不应加以确认。

1.4.3 生物资产的分类

1. 企业会计准则的分类

《企业会计准则》将生物资产分为消耗性生物资产、生产性生物资产和公益性生物资产。

（1）消耗性生物资产。

消耗性生物资产，是指为出售而持有的，或在将来收获为农产品的生物资产，包括生长中的大田作物、蔬菜、用材林以及存栏待售的牲畜等。一般而言，消耗性生物资产要经过培育、长成、处置等阶段，如用材林就要经过培植、郁闭成林和采伐处置等阶段。

消耗性生物资产通常是一次性消耗并终止其服务能力或未来经济利益，因此在一定程度上具有存货的特征，应当作为存货在资产负债表中列报。

（2）生产性生物资产。

生产性生物资产，是指为产出农产品、提供劳务或者出租等目的而持有的生物资产，包括经济林、薪炭林、产畜和役畜。生产性生物资产具备自我生长性，能够在持续的基础上予以消耗并在未来的一段时间内保持其服务能力或未来经济利益，属于有生命的劳动手段。生产性生物资产一般要经过培育、成熟投产和更新处置等阶段。

与消耗性生物资产相比，生产性生物资产最大的不同点在于，生产性生物资产具有能够在生产经营中长期、反复使用，从而不断产出农产品或者是长期役用的特征。消耗性生物资产持有的目的是出售（如用材林）或者是收获为农产品（如小麦、玉米、大豆等农作物），而生产性生物资产持有的目的则是在生产经营中长期地、反复地使用，利用其进行繁殖（如产畜、种畜）或者不断产出农产品（如果树、橡胶树、奶牛），或者是长期役用（如役畜）。因此，通常认为生产性生物资产在一定程度上具有固定资产的特征，如果树每年产水果、奶牛每年产奶等。从经济学意义上理解，它们具有不同的经济性质和功能。消耗性生物资产只是劳动对象，而产畜、经济林等生产性生物资产既是劳动对象，同时又具有生产手段的属性。

有些生物资产同时具有生产性和消耗性两大特点，企业应根据生产经营的主要目的将其划分为生产性生物资产或消耗性生物资产进行核算和管理。例如蛋鸡，农业企业按原制度并没有将其当作固定资产进行管理，在实施《企业会计准则第 5 号——生物资产》和《小企业会计准则》之后，企业可根据生产经营的主要目的及管理需要将其确认为消耗性生物资产或者生产性生物资产进行管理和核算。

对于暂时无法区分生产性和消耗性特点的生物资产，企业应将其作为消耗性生物资产进行核算和管理，等到能够明确划分为生产性生物资产或消耗性生物资产时，再将生产性生物资产转出，单独进行核算和管理。例如，企业在将来可能将猪全部出售，也可能将其中的一头或几头留用作为种猪。在这种情况下，企业应当按照《企业会计准则第 5 号——生物资产》的规定，先将仔猪全部当作消耗性生物资产进行核算和管理，待确定用途后，再转群分别进行核算和管理。

一般而言，生产性生物资产通常需要生长到一定阶段才开始具备生产的能力。根据其是否具备生产能力（即是否达到预定生产经营目的），可以将生产性生物资产进一步划分为未成熟和成熟两类，即未成熟生产性生物资产和成熟生产性生物资产。企业应当根据具体情况结合正常生产期的确定，对生产性生物资产是否达到预定生产经营目的进行判断，并以书面形式加以明确。

成熟生产性生物资产是指进入正常生产期，可以多年连续收获农产品或连续提供劳务（服务）的生产性生物资产。

未成熟生产性生物资产是指还不能够多年连续稳定产出农产品的生物资产。

所谓达到预定生产经营目的，是指生产性生物资产进入正常生产期，可以多年连续稳定产出农产品、提供劳务或出租。

（3）公益性生物资产。

公益性生物资产，是指以防护、环境保护为主要目的的生物资产，包括防风固沙林、水土保持林和水源涵养林等。农产品与生物资产密不可分，当其附在生物资产上时，便构成生物资产的一部分。

从持有目的上来看，公益性生物资产、消耗性生物资产和生产性生物资产有本质不同。后两者的持有目的是直接给企业带来经济利益，而持有公益性生物资产主要是出于防护、环境保护等目的。尽管公益性生物资产不能直接给企业带来经济利益，但其具有服务潜能，有助于企业从相关资产获得经济利益，如防风固沙林和水土保持林能带来防风固沙、保持水土的效能，风景林具有美化环境、休息游览的效能等。因此应当将其确认为生物资产，并且应当单独核算。

值得注意的是，收获的农产品从生物资产这一母体分离开始，不再具有生命和生物转化能力，或者其生命或生物转化能力受到限制，应当作为存货处理。例如奶牛产出的牛奶、绵羊产出的羊毛、肉猪宰杀后的猪肉、收获后的蔬菜、从果树上采摘的水果等。

2. 小企业会计准则的分类

《小企业会计准则》是为广大中小企业量身定制的一部会计法规，它是中小企业进行会计核算的直接依据。同《企业会计准则》相比，它更适应中小企业的实际情况，具有明显的优势。首先，它简化了会计核算要求。其次，它满足了税收征管信息的需求。最后，它使中小企业的会计从业人员为企业及相关的会计信息使用者提供更加准确的会计信息，从而促中小企业能更好更健康地发展。

《小企业会计准则》按照价值转移方式的不同，将生物资产分为消耗性生物资产和生产性生物资产，与《企业会计准则》相比，其减少了公益性生物资产这一分类。《小企业会计准则》中的消耗性生物资产和生产性生物资产的定义与《企业会计准则》中的定义相同，此处不再赘述。

作为生物资产的重要组成部分，熟练掌握消耗性生物资产的会计核算就显得十分重要。本章按照时间线的顺序，分别就消耗性生物资产的科目设置和初始计量、后续计量、收获与处置、披露这四方面进行详细讲解，并辅以各色案例进行实操演义。再此基础上，围绕中小农业企业进一步说明其消耗性生物资产确认、计量、收货与处置方面的会计核算方法。

2.1 消耗性生物资产概述与初始计量

2.1.1 消耗性生物资产概述

消耗性生物资产，是指为出售而持有的，或在将来收获为农产品的生物资产，包括生长中的大田作物、蔬菜、用材林以及存栏待售的牲畜、水产业中养殖的鱼等。

为了对消耗性生物资产进行核算，需要设置以下会计科目：农业生产成本。"农业生产成本"科目用于核算农业企业在农业活动中发生的各项生产费用。农业活动过程中发生的各项生产费用，应按种植业、畜牧养殖业、林业和水产业分别确定成本核算对象和成本项目，进行费用的归集。实行混群核算的幼畜（禽）和育肥畜（禽）的实际成本和饲养费用以及实行分群核算的幼畜（禽）和育肥畜

（禽）的饲养费用，郁闭前消耗性林木资产和公益林的实际成本，木材采运生产过程发生的实际成本，以及其他消耗性生物资产的实际成本，都在本科目核算。

2.1.2 消耗性生物资产的初始计量

消耗性生物资产应当按照成本进行初始计量，但有确凿证据表明其公允价值能够持续可靠取得的除外。采用公允价值计量的生物资产，应当同时满足两个条件。一是生物资产有活跃的交易市场，且该生物资产能够在交易市场中直接交易。活跃的交易市场，是指同时具有以下特征的市场：（1）市场内交易的对象具有同质性；（2）可以随时找到自愿交易的买方和卖方；（3）市场价格的信息是公开的。二是能够从交易市场上取得同类或类似生物资产的市场价格及其他相关信息，从而对生物资产的公允价值作出合理估计。同类或类似的生物资产，是指品种相同或类似、质量等级相同或类似、生长时间相同或类似、所处气候和地理环境相同或类似的有生命的动物和植物。

消耗性生物资产成本，包括取得生物资产时发生的各项相关费用。消耗性生物资产的取得方式包括购买、自行营造、盘盈、接受捐赠、接受投资、非货币性资产交换、债务重组等。消耗性生物资产取得方式的不同，其初始入账价值的确定也不相同。

1. 外购的消耗性生物资产

外购的消耗性生物资产，按购买价格、运输费、保险费以及其他可直接归属于购买消耗性生物资产的相关税费，作为实际成本。其中，其他可直接归属于购买消耗性生物资产的相关税费，包括场地整理费、装卸费、栽植费、专业人员服务费等。

【例2-1】2×19年4月3日，甲农业企业购入10头猪苗，支付的购买价款为80 000元，支出的运输费为10 000元，保险费为2 000元，装卸费为1 000元，款项全部以银行存款支付。假定不考虑其他相关税费。

甲农业企业购买的10头猪苗的成本为：

80 000+10 000+2 000+1 000=93 000 （元）

编制会计分录如下。

借：消耗性生物资产　　　　　　　　　　　　　　　　　93 000

　　　　贷：银行存款　　　　　　　　　　　　　　　　　　　93 000

【例2-2】某企业为肉牛养殖企业，实行分群核算。2×19年5月从瑞昌养殖场购入6个月以上奶牛100头，总价值60 000元，款项未付。会计分录如下。

　　借：消耗性生物资产　　　　　　　　　　　　　　　60 000
　　　　贷：应付账款——瑞昌养殖场　　　　　　　　　　　　60 000

　　企业基于产品价格等因素的考虑，可能以一笔款项购入多项没有单独标价的资产。如果这些资产均符合生物资产的定义，并满足生物资产的确认标准，则应将各项资产单独确认为生物资产，并按各项生物资产公允价值的比例对总成本进行分配，分别确定各项生物资产的入账价值。如果以一笔款项购入的多项资产中还包括生物资产以外的其他资产，则应按类似的方法予以处理。

【例2-3】为降低购买成本，2×19年6月8日，乙农业企业从市场上一次性购买了1 000棵橡胶树种苗、1 000棵薪炭林种苗和400头猪苗。乙农业企业为此共支付价款130 000元。发生的运输费为3 000元，保险费为2 000元，装卸费为1 000元，款项全部以银行存款支付。假设1 000棵橡胶树种苗、1 000棵薪炭林种苗和400头猪苗的公允价值分别为16 000元、14 000元、100 000元；假设不考虑其他相关税费。乙农业企业计算确定1 000棵橡胶树种苗、1 000棵薪炭林种苗和400头猪苗的取得成本如下。

①确定应计入生物资产成本的金额，包括买价、运输费、保险费、装卸费等。
130 000+3 000+2 000+1 000=136 000（元）

②确定1 000棵橡胶树种苗、1 000棵薪炭林种苗和400头猪苗的价值分配比例。
1 000棵橡胶树种苗应分配的生物资产价值比例为：
16 000÷（16 000+14 000+100 000）×100%=12.31%
1 000棵薪炭林种苗应分配的生物资产价值比例为：
14 000÷（16 000+14 000+100 000）×100%=10.77%
400头猪苗应分配的生物资产价值比例为：
100 000÷（16 000+14 000+100 000）×100%=76.92%

③确定1 000棵橡胶树种苗、1 000棵薪炭林种苗和400头猪苗各自的入账价值。
1 000棵橡胶树种苗的入账价值为：136 000×12.31%=16 741.6（元）
1 000棵薪炭林种苗的入账价值为：136 000×10.77%=14 647.2（元）

400 头猪苗的入账价值为：136 000×76.92% =104 611.2（元）

2. 自行营造的消耗性生物资产

（1）自行栽培的大田作物和蔬菜的成本，包括在收获前耗用的种子、肥料、农药等材料费、人工费和应分摊的间接费用。

自行栽培的大田作物和蔬菜，应按收获前发生的必要支出，借记"消耗性生物资产"科目，贷记"银行存款"等科目。

（2）自行营造的林木类消耗性生物资产的成本，包括郁闭前发生的造林费、抚育费、营林设施费、良种试验费、调查设计费和应分摊的间接费用。

自行营造的林木类消耗性生物资产，应按郁闭前发生的必要支出，借记"消耗性生物资产"科目，贷记"银行存款"等科目。

（3）自行繁殖的育肥畜的成本，包括出售前发生的饲料费、人工费和应分摊的间接费用。

自行繁殖的育肥畜，应按出售前发生的必要支出，借记"消耗性生物资产"科目，贷记"银行存款"等科目。

农业生产过程中发生的应归属于消耗性生物资产的费用，按应分配的金额，借记"消耗性生物资产"科目，贷记"农业生产成本"科目。

（4）水产养殖的动物和植物的成本，包括在出售或入库前耗用的苗种、饲料、肥料等材料费、人工费和应分摊的间接费用等必要支出。

水产养殖的动物和植物，应按出售或入库前发生的必要支出，借记"消耗性生物资产"，贷记"银行存款"等科目。

【例 2-4】某企业为奶牛养殖企业，2×19 年 4 月自行繁殖奶牛 20 头，按实际发生成本每头 200 元入账。会计分录如下。

借：消耗性生物资产   4 000

  贷：农业生产成本——基本牛群（奶牛）   4 000

企业自行营造的消耗性林木资产在其郁闭成林时增加林木资产，应按营造过程中的应计入成本的支出，借记"消耗性生物资产——消耗性林木资产"科目，贷记"农业生产成本"科目。

【例 2-5】某林业有限责任公司对 A 林班择伐迹地进行更新造林，应支付人员工资 16 000 元，应付福利费 2 240 元，领用材料 21 000 元。会计分录如下。

借：农业生产成本——A 林班　　　　　　　　　　39 240

　　贷：应付职工薪酬——工资　　　　　　　　　　　16 000

　　　　　　　　——福利费　　　　　　　　　　　2 240

　　　　原材料　　　　　　　　　　　　　　　　21 000

郁闭成林时。

借：消耗性生物资产——消耗性林木资产（A 林班）　39 240

　　贷：农业生产成本——A 林班　　　　　　　　　　39 240

在自行繁育、营造具有消耗性特点的生物资产过程中，由于正常原因造成的部分消耗性生物资产报废或毁损，减去残料价值和过失人或保险公司等赔款后的净损失，计入继续繁育、营造的消耗性生物资产成本（如为净收益，冲减继续营造的消耗性生物资产的成本）；如为非正常原因造成的部分消耗性生物资产报废或毁损，或消耗性生物资产全部报废或毁损，减去残料价值和过失人或保险公司等赔款后的净损失，计入当期营业外支出（如为净收益，直接转入当期营业外收入）。盘盈的农用材料或其处置收益，冲减所繁育、营造的消耗性生物资产的成本。

【例 2-6】东方农场将番茄、茄子、黄瓜 3 种蔬菜合并为一个成本计算对象，成本明细账汇集的生产费用总额为 20 000 元。番茄产量 20 000 千克，每千克平均售价 1 元；茄子产量 20 000 千克，每千克平均售价 0.5 元；黄瓜产量 50 000 千克，每千克平均售价 0.4 元。以蔬菜的销售额为标准分配成本费用。蔬菜属于消耗性生物资产，成本计算过程如表 2-1 所示。

表 2-1　蔬菜成本计算

产品	产量（千克）①	单位售价（元）②	销售额（元）③=①×②	分配率（%）④	总成本（元）⑤	单位成本（元）⑥=⑤÷①
番茄	20 000	1	20 000	40	8 000	0.4
茄子	20 000	0.5	10 000	20	4 000	0.2
黄瓜	50 000	0.4	20 000	40	8 000	0.16
合计	90 000	——	50 000	——	20 000	——

编制会计分录如下。

① 番茄的成本。

借：农产品——番茄   8 000

  贷：消耗性生物资产   8 000

② 茄子的成本。

借：农产品——茄子   4 000

  贷：消耗性生物资产   4 000

③ 黄瓜的成本。

借：农产品——黄瓜   8 000

  贷：消耗性生物资产   8 000

3. 天然起源的消耗性生物资产

天然起源的消耗性生物资产，应当按照名义金额确定。天然起源的消耗性生物资产，在企业有确凿证据表明拥有或者控制时，才能予以确认。企业拥有或控制的天然起源的消耗性生物资产，通常并未进行相关的农业生产，如企业从土地、河流湖泊中取得的天然生长的天然林、水生动植物等。企业取得天然起源的消耗性生物资产，应当按照名义金额确定其成本，并同时计入当期损益，名义金额为1元。会计处理为借记"消耗性生物资产"科目，贷记"营业外收入"科目。

4. 其他方式获得的消耗性生物资产

非货币性资产交换、债务重组和企业合并取得的消耗性生物资产的成本，应当分别按照《企业会计准则第7号——非货币性资产交换》《企业会计准则第12号——债务重组》《企业会计准则第20号——企业合并》确定。

2.2　消耗性生物资产的后续计量

企业应当按照《企业会计准则第5号——生物资产》的规定对生物资产进行后续计量，特殊情况除外。

2.2.1　种植业消耗性生物资产

（1）种植业发生的直接生产费用，直接计入农业生产成本，借记"农业生产成本"科目，贷记"原材料""应付职工薪酬""库存现金""银行存款"等科目。

借：农业生产成本——机械作业费（或耕地、耙地和收割费用）

贷：原材料——柴油等

周转材料——低值易耗品

应付职工薪酬

库存现金、银行存款

【例 2-7】某企业 2×19 年种植 10 公顷玉米，领用玉米种 300 千克，每千克玉米种成本为 50 元。会计分录如下。

借：农业生产成本——玉米　　　　　　　　　　　15 000

贷：原材料——农用材料（种子）　　　　　　　　　15 000

（2）企业在农业生产经营活动中发生的共同性间接费用，先在"制造费用"科目进行汇集，期末再按一定的分配标准或方法，分配计入有关产品成本，借记"农业生产成本"科目，贷记"制造费用"科目。

【例 2-8】某企业是种植业企业，种植的农作物有小麦和玉米。这两种农作物使用同一个水泥晒场进行晾晒。本年水泥晒场的折旧费为 1 000 元，维护费为 600 元（材料费 258 元，二资、福利费 342 元）。

（1）计提折旧的会计分录如下。

借：制造费用　　　　　　　　　　　　　　　　1 000

贷：累计折旧　　　　　　　　　　　　　　　　1 000

（2）发生维护费的会计分录如下。

借：制造费用　　　　　　　　　　　　　　　　600

贷：原材料　　　　　　　　　　　　　　　　258

应付职工薪酬　　　　　　　　　　　　　342

【例 2-9】接【例 2-8】中的制造费用按照产量进行分配，小麦产量为 30 吨，玉米产量为 50 吨。会计分录如下。

借：农业生产成本——小麦   600

     ——玉米   1 000

  贷：制造费用   1 600

2.2.2　幼畜及育肥畜

1. 未成熟消耗性生物资产

借：消耗性生物资产——幼畜及育肥畜（2 ~ 4个月）

  贷：原材料——农用材料（饲料）

     ——农用材料（兽药）

    应付职工薪酬

    银行存款 / 库存现金

2. 幼崽转群

借：消耗性生物资产——幼畜及育肥畜（4个月以上）

  贷：消耗性生物资产——幼畜及育肥畜（2 ~ 4个月）

3. 辅助生产单位提供的劳务

辅助生产单位提供的劳务，按承担劳务费用金额，借记"农业生产成本"科目，贷记"生产成本——辅助生产成本"科目。企业一般在期末根据辅助生产费用分配表计算出的应该由某一成本计算对象承担的金额，进行相关的账务处理。

【例2-10】某农业企业单设运输部门，2×19年4月运输部门共发生费用2 800元，分配结果如下：奶牛1 000元，肉鸡1 200元，管理部门600元。会计分录如下。

借：农业生产成本——奶牛   1 000

     ——肉鸡   1 200

  管理费用   600

  贷：生产成本——辅助生产成本（运输部门）   2 800

2.2.3　消耗性林木资产

（1）消耗性林木资产在郁闭或达到预定生产经营目的之后的管护费用。

管护费用是指为了维持郁闭后的消耗性林木资产而发生的有关费用，如为果树剪枝发生的费用、为果树灭虫发生的人工费用和药物费用。

生物资产在郁闭或达到预定生产经营目的之前，经过培植或饲养，其价值能够继续增加，因此饲养、管护费用应予以资本化，计入生物资产成本；而生物资产在郁闭或达到预定生产经营目的后，为了维护或提高其使用效能，需要对其进行管护、饲养等，且此时的生物资产能够产出农产品，给企业带来现实的经济利益，因此所发生的这类后续支出应当予以费用化，计入当期损益，借记"管理费用"科目，贷记"银行存款"等科目。

（2）消耗性林木资产补植。

在消耗性林木类生物资产的生长过程中，为了使其更好地生长，往往需要进行择伐、间伐或抚育更新性质采伐（这些采伐并不影响林木的郁闭状态），并且在采伐之后进行相应的补植。在这种情况下发生的后续支出，应当予以资本化，计入林木类生物资产的成本，借记"消耗性生物资产"科目，贷记"库存现金""银行存款""其他应付款"等科目。

【例2-11】2×18年5月，吉祥林业有限责任公司对已经郁闭的松木用材林进行择伐和更新造林，领用材料20 000元，支付临时人员工资30 000元。账务处理如下。

借：消耗性生物资产——松木用材林　　　　　　　　50 000
　　贷：应付职工薪酬　　　　　　　　　　　　　　　30 000
　　　　原材料　　　　　　　　　　　　　　　　　　20 000

（3）消耗性林木资产发生的直接生产费用，直接计入农业生产成本，借记"农业生产成本"科目，贷记"原材料""应付职工薪酬""库存现金""银行存款"等科目。

【例2-12】某企业为营造用材林（尚未郁闭成林），2×19年2月应付职工薪酬4 000元，同时按应付职工薪酬的14%计提福利费。会计分录如下。

借：农业生产成本——用材林　　　　　　　　　　　4 560
　　贷：应付职工薪酬　　　　　　　　　　　　　　　4 560

2.2.4　消耗性生物资产跌价准备

农业生产活动本身受自然条件影响较大，特别是自然灾害（旱灾、水灾、冻灾、台风、冰雹等）、病虫害和动物疫病（口蹄疫、禽流感等）会给农业生产带来不利影响。《企业会计准则第5号——生物资产》规定，企业至少应当于每年年度终了对消耗性生物资产进行检查，如果由于遭受自然灾害、病虫害、动物疫病侵袭或市场需求变化等原因，使消耗性生物资产的账面价值高于可变现净值的，应按可变现净值低于账面价值的差额，计提跌价准备。

期末，企业应按照消耗性生物资产的可变现净值低于账面价值的差额，借记"资产减值损失——计提的消耗性生物资产跌价准备"科目，贷记"消耗性生物资产跌价准备"科目。如果资产减值的影响因素已经消失，应将减记金额予以恢复，在原已计提的跌价准备金额内转回，作相反分录。其中，消耗性生物资产的可变现净值参照《企业会计准则第1号——存货》确定。在具体确定时应当考虑该资产的持有目的：如果是为出售而持有的消耗性生物资产，应当按照该资产的估计售价减去估计的销售费用和相关税费后的金额，确定其可变现净值；如果是在将来收获为农产品的消耗性生物资产，应当以所收获的农产品的估计售价减去至收获时估计将要发生的成本、销售费用和相关税费后的金额，确定其可变现净值。

企业首先应当注意消耗性生物资产是否有发生减值的迹象。如果存在减值迹象，应当在此基础上确定消耗性生物资产的可变现净值。

（1）判断消耗性生物资产减值的主要迹象。

相对而言，生物资产减值的会计处理有所简化，主要考虑到生物资产与其他资产相比具有显著的特点，即生物资产本身具有自我生长性，有时短暂的减值可能会通过以后的自我升值得到恢复，特别是林木资产，其生长周期短则几十年，长则上百年。因此，《企业会计准则第5号——生物资产》对消耗性生物资产减值采取了易于判断的方式，即企业至少应当于每年年度终了对消耗性生物资产进行检查，只有在有确凿证据表明由于遭受自然灾害、病虫害、动物疫病侵袭或市场需求变化等情况，才表明生物资产存在减值迹象。具体来说，消耗性生物资产存在下列情形之一的，通常可以表明其可变现净值或可回收金额低于账面价值。

①遭受旱灾、水灾、冻灾、台风、冰雹等自然灾害等原因，造成消耗性生

物资产发生实体损不，影响该资产的进一步生长或生产，从而降低其产生未来经济利益的能力。

②遭受病虫害或者疯牛病、禽流感、口蹄疫等动物疫病侵袭等原因，造成消耗性生物资产的市场价格大幅度持续下跌，并且在可预见的将来无回升的希望。

③因消费者偏好改变而使企业的消耗性生物资产收获的农产品的市场需求发生变化，导致市场价格逐渐下跌。

④因企业所处经营环境，如动植物检验检疫标准等发生重大变化，从而对企业产生不利影响，导致消耗性生物资产的市场价格逐渐下跌。

⑤其他足以证明消耗性生物资产实质上已经发生减值的情形。

消耗性生物资产存在下列情形之一的，通常表明该消耗性生物资产的可变现净值或可收回金额为零。

①因遭受自然灾害、病虫害、动物疫病侵袭等原因，造成死亡或即将死亡、且无转让价值的消耗性生物资产。

②动植物检验检疫标准等发生重大改变，禁止转让的消耗性生物资产，如发生禽流感等动物疫病而禁止转让禽类动物等。

③其他足以证明已无实用价值和转让价值的消耗性生物资产。

（2）计提减值准备。

农业企业应当按照可变现净值低于账面价值的差额，借记"资产减值损失——计提的消耗性生物资产跌价准备"科目，贷记"消耗性生物资产跌价准备"科目。

【例 2-13】瑞光农业公司种植玉米 140 公顷，已发生成本 320 000 元。2×19 年 7 月遭受冰雹，致使 35 公顷玉米严重受灾，会计期末，估计这 35 公顷玉米的可变现净值为 50 000 元。会计分录如下。

借：资产减值损失——计提的消耗性生物资产跌价准备　　　　 50 000

　　贷：消耗性生物资产跌价准备　　　　　　　　　　　　　　　 50 000

（3）已确认的消耗性生物资产跌价损失的转回。

企业在每年年度终了对消耗性生物资产进行检查时，如果消耗性生物资产减值的影响因素已经消失时，减记金额应当予以恢复，并在原已计提的跌价准备金额内转回，转回的金额计入当期损益，借记"消耗性生物资产跌价准备"科目，贷记"资产减值损失——计提的消耗性生物资产跌价准备"科目。

2.2.5　消耗性生物资产折旧

消耗性生物资产不计提折旧。

2.3　消耗性生物资产的收获与处置

2.3.1　消耗性生物资产的收获

收获，是指消耗性生物资产生长过程的结束，如收割小麦、采伐用材林，以及农产品从生产性生物资产上分离，如从苹果树上采摘下苹果、奶牛产出牛奶、绵羊产出羊毛等。

消耗性生物资产收获的相关内容

从收获农产品成本核算的截止时点来看，由于种植业产品和林产品一般具有季节性强、生产周期长、经济再生产与自然再生产相交织的特点，种植业产品和林产品成本计算期因不同产品的特点而异。因此，企业在确定收获农产品的成本时，应特别注意成本计算的截止时点。例如，粮豆算至入库或能够销售；棉花算至皮棉；纤维作物、香料作物、人参、啤酒花等算至纤维等初级产品；草成本算至干草；不入库的鲜活产品算至销售；入库的鲜活产品算至入库；年底尚未脱粒的作物，其产品成本算至预提脱粒费用等。再如，育苗算至出圃；采割阶段，林木采伐算至原木产品；橡胶算至加工成干胶或浓缩胶乳；茶算至各种毛茶；水果等其他收获活动算至产品能够销售等。

（1）成本计算的截止时点。

从消耗性生物资产上收获农产品后，消耗性生物资产自身完全转为农产品而不复存在，如肉猪宰杀后的猪肉、收获后的蔬菜、用材林采伐后的木材等，企业应当将收获时点消耗性生物资产的账面价值结转为农产品的成本，借记"农产品"科目，贷记"消耗性生物资产"科目。已计提跌价准备的，还应同时结转跌价准备，借记"消耗性生物资产跌价准备"科目；对于不通过入库直接销售的鲜活产品等，按实际成本，借记"主营业务成本"科目。

【例 2-14】甲种植企业 2×19 年 6 月入库小麦 20 吨，成本为 12 000 元。甲企业的账务处理如下。

借：农产品——小麦　　　　　　　　　　　　　　　12 000

　　贷：消耗性生物资产——小麦　　　　　　　　　　　　12 000

（2）农产品收获过程中发生的费用摊销。

① 直接费用摊销。

农产品收获过程中发生的直接材料、直接人工等直接费用，直接计入相关成本核算对象，借记"农业生产成本——农产品"科目，贷记"库存现金""银行存款""原材料""应付职工薪酬"等科目。

② 间接费用摊销。

农产品收获过程中发生的间接费用，如材料费、人工费等应分摊的共同费用，应当在生产成本归集，借记"农业生产成本——共同费用"科目，贷记"库存现金""银行存款""原材料""应付职工薪酬"等科目；在会计期末按一定的分配标准，分配计入有关的成本核算对象，借记"农业生产成本——农产品"科目，贷记"农业生产成本——共同费用"科目。

会计实务中，常用的间接费用分配方法通常以直接费用或直接人工为基础，直接费用比例法以消耗性生物资产或农产品相关的直接费用为分配标准，直接人工比例法以直接从事生产的工人工资为分配标准。其公式如下。

间接费用分配率 = 间接费用总额 ÷ 分配标准（即直接费用总额或直接人工总额）×100%

某项消耗性生物资产或农产品应分配的间接费用额 = 该项消耗性生物资产相关的直接费用或直接人工 × 间接费用分配率

除此之外，还可以直接材料、生产工时等为基础进行间接费用的分配，企业可以根据实际情况加以运用。例如，蔬菜的温床（温室）费用分配计算公式如下。

蔬菜应分配的温床（温室）费用 = ［温床（温室）费用总数 ÷ 实际使用的

温床格日（温室平方米日）总数］×该种蔬菜占用的温床格日（温室平方米日）数

其中，温床格日数是指某种蔬菜占用温床格数与在温床生产日数的乘积，温室平方米日数是指某种蔬菜占用位的平方米数与在温室生长日数的乘积。

【例2-15】甲农场利用温床培育丝瓜、西红柿两种秧苗，温床费用为3 200元，其中：丝瓜占用温床40格，生长期为30天；西红柿占用温床10格，生长期为40天。秧苗育成移至温室栽培后，发生温室费用15 200元，其中：丝瓜占用温室1 000平方米，生长期为70天；西红柿占用温室1 500平方米，生长期为80天。两种蔬菜发生的直接生产费用为3 000元，其中丝瓜为1 360元，西红柿为1 640元。应负担的间接费用共计4 500元，采用直接费用比例法分配。丝瓜和西红柿两种蔬菜的产量分别为38 000千克和29 000千克。

有关计算如下。

丝瓜应分配的温床费用=3 200÷（40×30+10×40）×40×30=2 400（元）

丝瓜应分配的温室费用=15 200÷（1 000×70+1 500×80）×1 000×70=5 600（元）

丝瓜应分配的间接费用=4 500÷（1 360+1 640）×1 360=2 040（元）

西红柿应分配的温床费用=3 200÷（40×30+10×40）×10×40=800（元）

西红柿应分配的温室费用=15 200÷（1 000×70+1 500×80）×1 500×80=9 600（元）

西红柿应分配的间接费用=4 500÷（1 360+1 640）×1 640=2 460（元）

③成本结转方法。

在收获时点，企业应当将该时点归属于某农产品生产成本的账面价值结转为农产品的成本，借记"农产品"科目，贷记"农业生产成本——农产品"科目。具体的成本结转方法包括加权平均法、蓄积量比例法、轮伐期年限法、折耗率法等。企业可以根据实际情况选用合适的成本结转方法，但是一经确定，不得随意变更。

a.加权平均法

加权平均法是指利用过去若干个按照时间顺序排列起来的同一变量的观测值并以时间顺序为权数，计算出观测值的加权算术平均数，以这一数字作为预测未来期间该变量预测值与一种趋势预测法。加权平均法可根据本期期初结存存货的数量和金额，在期末据此计算本期存货的加权平均单价，作为本期发出存货和期末结存存货的价格，一次性计算本期发出的存货的实际成本。

【例 2-16】某企业 2×19 年 8 月末有存栏的育肥牛 50 头，账面成本为 450 000元，9 月新购进 30 头育肥牛，购进成本为 270 000 元。9 月共发生饲养费 120 000 元，其中饲料成本为 100 000 元，人工成本为 20 000 元，9 月屠宰并出售菜牛 40 头，支付临时工屠宰费 4 000 元、材料费 2 000 元，已屠宰菜牛屠宰前总重量为 40 000 千克。9 月末存栏育肥牛的总重量为 30 000 千克。该养殖场按宰、存重量比例分摊育肥牛的成本。已屠宰菜牛的牛肉及副产品有 80% 已于当月出售，20% 进入冷库储备。9 月肉产品出售总收入为 430 000 元。

分析：

（1）消耗性生物资产收获为农产品后，消耗性生物资产自身完全转化为农产品而不复存在。企业应当将收获时点消耗性生物资产的账面价值结转为农产品成本。对入库管理的农产品应当设置"农产品"科目核算其成本，对于不通过入库直接销售的鲜活产品，应按实际成本计入"主营业务成本"科目。

（2）该养殖场 9 月发生的饲养成本应追加计入育肥牛的成本；菜牛屠宰时发生的相关费用应计入肉产品的成本。

法规依据：

《企业会计准则第 5 号——生物资产》第二十三条规定：对于消耗性生物资产，应当在收获或出售时，按照其账面价值结转成本。结转成本的方法包括加权平均法、个别计价法、蓄积量比例法、轮伐期年限法等。

会计处理如下。

（1）新购入育肥牛时。

借：消耗性生物资产——育肥牛	270 000	
贷：银行存款		270 000

（2）发生饲养成本时。

借：消耗性生物资产——育肥牛	120 000	
贷：原材料		100 000
应付职工薪酬		20 000

（3）计算并分摊宰、存育肥牛成本。

育肥牛总成本 =450 000+270 000+120 000=840 000（元）

育肥牛成本分配率 =840 000÷（40 000+30 000）=12（元 / 千克）

存栏育肥牛应分摊的成本 =30 000×12=360 000（元）

转化为肉产品的成本 =40 000×12=480 000（元）

（4）计算已宰菜牛成本。

已宰菜牛总成本 =480 000+4 000+2 000=486 000（元）

期末库存肉产品成本 =486 000×20%=97 200（元）

已销售肉产品成本 =486 000×80%=388 800（元）

借：主营业务成本	388 800
农产品——肉产品	97 200
贷：原材料	2 000
库存现金	4 000
消耗性生物资产——菜牛	480 000

（5）取得肉产品销售收入时。

借：银行存款	480 000
贷：主营业务收入	480 000

（6）若将库存肉产品对外销售，结转销售成本时。

借：主营业务成本	97 200
贷：农产品——肉产品	97 200

【例 2-17】甲畜牧养殖企业 20×7 年 5 月末养殖的肉猪账面余额为 24 000 元，共计 40 头；6 月 6 日花费 7 000 元新购入一批肉猪养殖，共计 10 头；6 月 30 日屠宰并出售肉猪 20 头，支付临时工屠宰费用 100 元，出售取得价款 16 000 元；6 月共发生饲养费用 500 元（其中，应付专职饲养员工资 300 元，饲料费 200 元）。甲企业采用加权平均法结转成本。

甲企业的账务处理如下。

平均单位成本 =（24 000+7 000+500）÷（40+10）=630（元）

出售肉猪的成本 =630×20=12 600（元）

借：消耗性生物资产——肉猪	7 000
贷：银行存款	7 000

借：消耗性生物资产——肉猪   500
  贷：应付职工薪酬   300
   原材料   200

借：农产品——猪肉   12 700
  贷：消耗性生物资产——肉猪   12 600
   库存现金   100

借：库存现金   16 000
  贷：主营业务收入   16 000

借：主营业务成本   12 700
  贷：农产品——猪肉   12 700

b. 蓄积量比例法、轮伐期年限法、折耗率法等方法都是林业中通常使用的方法，具有林业的特殊性，以下分述之。

第一，蓄积量比例法。蓄积量比例法以达到经济成熟可供采伐的林木为"完工"标志，将包括已成熟和未成熟的所有林木按照完工程度（林龄、林木培育程度、费用发生程度等）折算为达到经济成熟可供采伐的林木总体蓄积量，然后，按照当期采伐林木的蓄积量占折算的林木总体蓄积量的比例，确定应该结转的林木资产成本。该方法主要适用于择伐方式和林木资产由于择伐更新使其价值处于不断变动的情况下。计算公式如下。

某期应结转的林木资产成本 =（当期采伐林木的蓄积量 ÷ 林木总体蓄积量）× 期初林木资产账面总值

第二，轮伐期年限法。轮伐期年限法将林木原始价值按照可持续经营的要求，在其轮伐期的年份内平均摊销，并结转林木资产成本。其中，轮伐期是指将一块林地上的林木均衡分批、轮流采伐一次所需要的时间（通常以年为单位计算）。计算公式如下。

某期应结转的林木资产成本 = 林木资产原值 ÷ 轮伐期

第三，折耗率法。折耗率法也是林业上常用的方法之一。该方法按照采伐林木所消耗林木蓄积量与到采伐为止预计该地区、该树种可能达到的总蓄积量摊销、结转所采伐林木资产成本。计算公式如下。

采伐的林木应摊销的林木资产价值 = 折耗率 × 所采伐林木的蓄积量

折耗率 = 林木资产总价值 ÷ 预计总蓄积量

其中折耗率应按树种、地区分别测算；林木资产总价值是指该地区、该树种的营造林历史成本总和；预计总蓄积量是指到采伐为止预计该地区、该树种可能达到的总蓄积量。

2.3.2 消耗性生物资产的处置

1. 消耗性生物资产出售

消耗性生物资产出售时，企业应按实际收到的金额，借记"银行存款"等科目，贷记"主营业务收入"等科目；应按其账面余额，借记"主营业务成本"等科目，贷记"消耗性生物资产"等科目；已计提跌价准备的，还应同时结转跌价准备。

【例2-18】甲畜牧养殖企业于20×9年2月将育成的40头仔猪出售给乙食品加工厂，价款总额为20 000元，货款尚未收到。出售时仔猪的账面余额为12 000元，未计提跌价准备。

甲企业的账务处理如下。

```
借：应收账款——乙食品加工厂              20 000
      贷：主营业务收入                        20 000
借：主营业务成本                        12 000
      贷：消耗性生物资产——育肥猪              12 000
```

2. 消耗性生物资产盘亏或死亡、毁损

消耗性生物资产盘亏或死亡、毁损时，应当将处置收入扣除其账面价值和相关税费后的余额先记入"待处理财产损溢"科目，待查明原因后，根据企业的管理权限，经股东大会、董事会、经理（场长）会议或类似机构批准后，在期末结账前处理完毕。消耗性生物资产因盘亏或死亡、毁损造成的损失，在减去过失人或者保险公司等的赔款和残余价值之后，计入当期管理费用，属于自然灾害等非常损失的，计入营业外支出。

【例2-19】某实行分群核算的养猪企业2×19年2月死亡3头2~4个月幼猪，企业未提取幼畜及育肥畜跌价准备。这3头幼猪的账面余额为240元。会计分录如下。

借：待处理财产损溢　　　　　　　　　　　　　　　240

　　贷：消耗性生物资产——2～4个月幼猪　　　　　　240

经查明，这3头幼猪是因为体弱而被其他幼猪踩踏而死，其损失全部计入管理费用。会计分录如下。

借：管理费用　　　　　　　　　　　　　　　　　240

　　贷：待处理财产损溢　　　　　　　　　　　　　　240

3. 消耗性生物资产转换

生物资产改变用途后的成本应当按照改变用途时的账面价值确定，也就是说，将转出生物资产账面价值作为转入资产的实际成本。通常包括以下情况。

（1）产畜或役畜淘汰转为育肥畜，或者林木类生产性生物资产转为林木类消耗性生物资产时，按转群或转变用途时的账面价值，借记"消耗性生物资产"科目，按已计提的累计折旧，借记"生产性生物资产累计折旧"科目，按其账面余额，贷记"生产性生物资产"科目。已计提减值准备的，还应同时结转已计提的减值准备。

育肥畜转为产畜或役畜，或者林木类消耗性生物资产转为林木类生产性生物资产时，应按其账面余额，借记"生产性生物资产"科目，贷记"消耗性生物资产"科目。已计提跌价准备的，还应同时结转跌价准备。

（2）消耗性生物资产转为公益性生物资产时，应当按照相关准则规定，以消耗性生物资产账面价值作为公益性生物资产的入账价值。转换时，应按其账面价值，借记"公益性生物资产"科目，贷记"消耗性生物资产"科目。

2.4　消耗性生物资产的披露

《企业会计准则第5号——生物资产》规定企业必须披露生物资产的基本信息及其变动信息。

1.企业应当在附注中披露与生物资产有关的下列信息

（1）生物资产的类别以及各类生物资产的实物数量和账面价值。

（2）各类消耗性生物资产的跌价准备累计金额，以及各类生产性生物资产的使用寿命、预计净残值、折旧方法、累计折旧和减值准备累计金额。

（3）天然起源生物资产的类别、取得方式和实物数量。

（4）用于担保的生物资产的账面价值。

（5）与生物资产相关的风险情况与管理措施。

2.企业应当在附注中披露与生物资产增减变动有关的下列信息

（1）因购买而增加的生物资产。

（2）因自行培育而增加的生物资产。

（3）因出售而减少的生物资产。

（4）因盘亏或死亡、毁损而减少的生物资产。

（5）计提的折旧及计提的跌价准备或减值准备。

（6）其他变动。

2.5　小企业会计准则下消耗性生物资产的确认、计量、收获与处置

依据《小企业会计准则》第十一条第（八）项规定，消耗性生物资产，是指小企业（农、林、牧、渔业）生长中的大田作物、蔬菜、用材林以及存栏待售的牲畜等。

《小企业会计准则》与《企业会计准则第5号——生物资产》关于消耗性生物资产的确认、计量、收获与处置是相同的，此处不再赘述。

【例2-20】2×19年2月，丙农业企业从市场上一次性购买了6头种牛、15头种猪和600头猪苗，单价分别为4 000元、1 400元和250元，支付的价款共计

195 000元。此外，发生的运输费为4 500元，保险费为3 000元，装卸费为2 250元，款项全部以银行存款支付。

（1）确定应分摊的运输费、保险费和装卸费。

分摊比例 =（4 500+3 000+2 250）÷195 000×100%=5%

6头种牛应分摊 =6×4 000×5%=1 200（元）

15头种猪应分摊 =15×1 400×5%=1 050（元）

600头猪苗应分摊 =600×250×5%=7 500（元）

（2）确定种牛、种猪和猪苗的入账价值。

6头种牛的入账价值 =6×4 000+1 200=25 200（元）

15头种猪的入账价值 =15×1 400+1 050=22 050（元）

600头猪苗的入账价值 =600×250+7 500=157 500（元）

（3）丙农业企业账务处理如下。

```
借：生产性生物资产——种牛                    25 200
              ——种猪                    22 050
    消耗性生物资产——猪苗                   157 500
    贷：银行存款                              204 750
```

【例2-21】丙农业企业2×19年3月使用一台拖拉机翻耕土地100公顷，将其用于小麦和玉米的种植，其中60公顷种植玉米，40公顷种植小麦。该拖拉机原值为60 300元，预计净残值为300元，按照工作量法计提折旧，预计可以翻耕土地6 000公顷。丙企业采用小企业会计准则核算，丙企业的账务处理如下。

应当计提的拖拉机折旧 =（60 300-300）÷6 000×100=1 000（元）

玉米应当分配的机耕作业费 =1 000÷（60+40）×60=600（元）

小麦应当分配的机耕作业费 =1 000÷（60+40）×40=400（元）

```
借：消耗性生物资产——玉米                      600
              ——小麦                      400
    贷：累计折旧                             1 000
```

【例2-22】丙农业企业为改善农作物的生长环境，在农地周围种植林木，其中造林费为40 000元，营林设施费用为800元，调查设计费为300元，其他杂费为400元。丙企业的会计处理如下。

借：消耗性生物资产   41 500

 贷：农业生产成本   41 500

【例2-23】 丙农业企业准备对其圈养的奶牛进行出售，养殖过程中发生饲料费用10 000元，职工工资4 000元，其他杂费6 000元。丙企业的账务处理如下。

借：消耗性生物资产   20 000

 贷：原材料   10 000

  应付职工薪酬   4 000

  银行存款   6 000

【例2-24】 丙农业企业养的肉鸡已经成熟，可以对外出售。但是由于市场上鸡肉价格持续走高，丙企业决定暂缓出售计划，继续饲养肉鸡。3个月后，市场上鸡肉价格开始回落，丙企业决定出售这批肉鸡。这3个月中，肉鸡的饲养费是4 000元，饲养人员的工资是6 000元，应摊销的折旧费用是500元。丙企业的会计处理如下。

借：管理费用   10 500

 贷：原材料   4 000

  应付职工薪酬   6 000

  累计折旧   500

【例2-25】 甲林业有限责任公司下属的乙林班统一组织培植管护一片森林，2×19年3月，发生森林管护费用共计40 000元，其中人员工资20 000元，尚未支付，使用库存肥料16 000元，管护设备折旧4 000元。管护森林总面积为5 000公顷，其中作为用材林的杨树林共计4 000公顷，已郁闭的占75%，其余的尚未郁闭，作为水土保持林的马尾松共计1 000公顷，全部已郁闭。假定管护费用按照森林面积比例进行分配。有关计算如下。

未郁闭杨树林应分配共同费用的比例=4 000÷5 000×（1-75%）=20%

已郁闭杨树林成应分配共同费用的比例=4 000÷5 000×75%=60%

已郁闭马尾松应分配共同费用的比例=1 000÷5 000=20%

未郁闭杨树林应分配的共同费用=40 000×20%=8 000（元）

已郁闭杨树林成应分配的共同费用=40 000×60%=24 000（元）

已郁闭马尾松应分配的共同费用=40 000×20%=8 000（元）

甲公司的账务处理如下。

借：消耗性生物资产——用材林（杨树林）　　　　　8 000

　　管理费用　　　　　　　　　　　　　　　　　　32 000

　　贷：应付职工薪酬　　　　　　　　　　　　　　　　20 000

　　　　原材料　　　　　　　　　　　　　　　　　　　16 000

　　　　累计折旧　　　　　　　　　　　　　　　　　　 4 000

【例 2-26】2×13 年 5 月，甲林业有限责任公司对乙林班用材林进行择伐并更新造林，应支付临时人员工资 15 000 元，领用材料 20 000 元。甲公司的账务处理如下。

借：消耗性生物资产——用材林　　　　　　　　　35 000

　　贷：应付职工薪酬　　　　　　　　　　　　　　　　15 000

　　　　原材料　　　　　　　　　　　　　　　　　　　20 000

【例 2-27】2×11 年 10 月，甲畜牧养殖企业将育成的 40 头仔羊出售给乙食品加工厂，价款总额为 20 000 元，货款尚未收到。出售时仔羊的账面余额为 12 000 元，未计提跌价准备。

甲企业的账务处理如下。

借：应收账款——乙食品加工厂　　　　　　　　　20 000

　　贷：主营业务收入　　　　　　　　　　　　　　　　20 000

借：主营业务成本　　　　　　　　　　　　　　　12 000

　　贷：消耗性生物资产——仔羊　　　　　　　　　　　12 000

相较消耗性生物资产的"消耗性"特质，以产出为目的的生产性生物资产在会计核算中也"独具特色"。本章同样按照时间线的顺序，分别就生产线生物资产的科目设置和初始计量、后续计量、收获与处置三方面进行详细说明，并辅以相关案例阐明所用到的会计核算方法在实际生产中是如何应用的。

3.1 会计科目的设置及初始计量

3.1.1 会计科目的设置

生产性生物资产，是指为产出农产品、提供劳务或出租等目的而持有的生物资产，包括经济林、薪炭林、产畜和役畜等。

根据《企业会计准则解释》，与消耗性生物资产相比，生产性生物资产的最大不同在于，生产性生物资产具有能够在生产经营中长期、反复使用，从而不断产出农产品或者是长期役用的特征。消耗性生物资产收获农产品之后，该资产就不复存在；而生产性生物资产产出农产品之后，该资产仍然保留，并可以在未来期间继续产出农产品，如薪炭林收获柴薪但仍保留树干等。因此，通常认为生产性生物资产在一定程度上具有固定资产的特征，如果树每年产出水果、奶牛每年产奶等。

生产性生物资产具备自我生长性，属于有生命的劳动手段。典型的生产性生物资产主要包括：

经济林：以生产除木材以外的果品、食用油料、工业原料和药材等林产品为主要目的的森林，如油茶林、橡胶林。

薪炭林：指以生产薪炭材和提供燃料为主要目的的林木，如乔木林和灌木林。薪炭林是一种见效快的再生能源，没有固定的树种，几乎所有树木均可作为燃料。

产畜：生产用畜，是指通过饲养能够连续多次提供畜产品的牲畜，如乳牛、产毛羊和产乳羊，以及用于繁殖的各种母畜和公畜等。

役畜：役用牲畜，指用于耕作、驮运挽车、骑乘等作业的牛、马、驴、骡、骆驼等。

企业为了核算生产性生物资产的增加、减少及其减值，需要设置以下会计科目：

（1）生产性生物资产；

（2）生产性生物资产累计折旧；

（3）生产性生物资产减值准备；

（4）生产性生物资产——未成熟生产性生物资产；

（5）生产性生物资产减值准备。

3.1.2　生产性生物资产的初始计量

生产性生物资产的初始入账价值，是指生产性生物资产的取得成本，其所涉及的问题是，当生产性生物资产满足确认标准时，应以什么金额入账。生产性生物资产的取得方式包括购买、自行营造、盘盈、接受捐赠、接受投资、非货币性资产交换、债务重组等。生产性生物资产取得方式的不同，其初始入账价值的确定也不相同。

1. 外购的生物资产

外购的生产性生物资产，以购买价格、相关税费、运输费、保险费以及其他可直接归属于购买该资产的其他支出，作为实际成本。可直接归属于购买该资产的其他支出包括场地整理费、装卸费、栽植费、专业人员服务费等。

根据《企业会计准则解释》，企业外购的生产性生物资产，按应计入生产性生物资产成本的金额，借记"生产性生物资产"科目，贷记"银行存款""应付账款""应付票据"等科目。企业一笔款项一次性购入多项生产性生物资产时，购买过程中发生的相关税费、运输费、保险费等可直接归属于购买该资产的其他支出，应当按照各项生产性生物资产的价款比例进行分配，分别确定各项生产性生物资产的成本。

借：生产性生物资产——未成熟（果树）

　　贷：银行存款

　　　　应付职工薪酬

　　　　原材料——农用材料（农药）

　　　　　　　——农用材料（化肥）

　　　　库存现金

【例3-1】2×14年4月3日，甲农业企业购入10头进口种猪，支付的购买价款为80 000元，发生的运输费为10 000元，保险费为2 000元，装卸费为1 000元，款项全部以银行存款支付。假定不考虑其他相关税费。

甲农业企业购买的10头种猪的成本计算如下。

80 000+10 000+2 000+1 000=93 000（元）

编制会计分录如下。

借：生产性生物资产　　　　　　　　　　　　　　　　　　93 000

　　贷：银行存款　　　　　　　　　　　　　　　　　　　　　93 000

2. 自行营造的生产性生物资产

（1）自行营造的林木类生产性生物资产的成本，包括达到预定生产经营目的前发生的造林费、抚育费、营林设施费、良种试验费、调查设计费和应分摊的间接费用等必要支出。

（2）自行繁殖的产畜和役畜的成本，包括达到预定生产经营目的（成龄）前发生的饲料费、人工费和应分摊的间接费用等必要支出。达到预定生产经营目的是指生产性生物资产进入正常生产期，可以多年连续稳定产出农产品、提供劳务或出租。

未成熟生产性生物资产达到预定生产经营目的时，企业应按其账面余额，借记"生产性生物资产——成熟生产性生物资产"科目，贷记"生产性生物资产——未成熟生产性生物资产"科目。未成熟生产性生物资产已计提减值准备的，还应同时结转已计提的减值准备。

达到预定生产经营目的是生产性生物资产成熟和未成熟的分界点，也是判断其相关费用停止资本化的时点，还是判断其是否具备生产能力、是否对其计提折旧的分界点。企业应当根据具体情况，结合正常生产期的确定，对生产性生物资产是否达到预定生产经营目的进行判断。例如，一般就海南橡胶园而言，同林段内离地 100 厘米处、周围 50 厘米以上的芽接胶树数，占林段总株数的 50% 以上时，该橡胶园就属于进入正常生产期，即达到预定生产经营目的。

生产性生物资产在达到预定生产经营目的之前，其用途一般是已经确定的，如尚未开始挂果的果树、未开始产奶的奶牛等；但是，如果该生产性生物资产的未来用途不确定，则应将其作为消耗性生物资产核算和管理，待确定用途后，再按照用途转换进行处理。

【例 3-2】甲企业自 2×10 年开始自行营造 100 公顷橡胶树，当年发生种苗费 189 000 元，平整土地和定植所需的机械作业费为 55 500 元，定植当年抚育发生肥料及农药费 250 500 元、人员工资 450 000 元。该橡胶树达到正常生产期需要 6 年，从定植后至 2×16 年共发生管护费用 2 415 000 元，以银行存款支付。

甲企业的账务处理如下。

借：生产性生物资产——未成熟生产性生物资产（橡胶树）　945 000
　　贷：原材料——种苗　　　　　　　　　　　　　　　　　189 000
　　　　　　　——肥料及农药　　　　　　　　　　　　　　250 500
　　　　应付职工薪酬　　　　　　　　　　　　　　　　　　450 000
　　　　累计折旧　　　　　　　　　　　　　　　　　　　　 55 500
借：生产性生物资产——未成熟生产性生物资产（橡胶树）2 415 000
　　贷：银行存款　　　　　　　　　　　　　　　　　　　2 415 000

因此，该 100 公顷橡胶树的成本 =189 000+55 500+250 500+450 000+2 415 000=3 360 000（元）。

借：生产性生物资产——成熟生产性生物资产（橡胶树）　3 360 000
　　贷：生产性生物资产——未成熟生产性生物资产（橡胶树）　3 360 000

在自行繁殖、自行营造具有生产性特点的生物资产过程中，由于遭受自然灾害、动物疫病、病虫害等造成的生产性生物资产报废或毁损，减去残料价值和过失人或保险公司等赔款后的净损失，报经批准后计入继续繁殖、营造的生产性生物资产成本（如为净收益，冲减继续繁殖、营造的生产性生物资产成本）；如为非正常原因造成的部分生产性生物资产报废或毁损、资产全部报废或毁损，应将其净损失直接计入当期营业外支出（如为净收益，直接转为当期营业外收入）。

工程物资等具有生产性特点的生物资产过程中发生的盘亏、报废及毁损，其处置损失经批准后，计入所繁殖、营造的生产性生物资产的成本；盘盈的工程物资或其处置收益，冲减所繁殖、营造的生产性生物资产的成本。

【例3-3】2×14年，丙农业企业开始自行营造200公顷橡胶树，为此当年发生的种苗费为378 000元，平整土地和定植所需的机械作业费为111 000元，定植及定植当年抚管的肥料及农药费为501 000元，定植及定植当年抚管的人员工资及间接费用为900 000元；定植后抚管7年共发生抚管费用4 830 000元。

丙农业企业自行营造达到开割标准的200公顷橡胶园的成本为：

378 000+111 000+501 000+900 000+4 830 000=6 720 000（元）

自繁幼畜成龄转为产畜或役畜，按成龄时的账面价值，借记"生产性生物资产"科目，按已计提的幼畜及育肥畜跌价准备，借记"消耗性生物资产跌价准备——幼畜及育肥畜跌价准备或其他消耗性生物资产跌价准备"科目；按账面余额，贷记"消耗性生物资产——幼畜及育肥畜""农业生产成本"等科目。

【例3-4】某实行分群核算的养猪企业于2×14年6月将10头4个月以上幼猪转为母猪。这些幼猪的账面余额为2 900元，该企业未计提幼畜及育肥畜跌价准备。会计分录如下。

借：生产性生物资产——母猪　　　　　　　　　　　　　　　　2 900
　　贷：消耗性生物资产——幼畜及育肥畜（4个月以上幼猪）　　2 900

达到预定经济目的时，未成熟的果树转为成熟的果树，借记"生产性生物资产——成熟生产性生物资产（果树）"等科目，贷记"生产性生物资产——未成熟生产性生物资产（果树）"等科目。

3. 天然起源的生产性生物资产

对于天然起源的生产性生物资产，企业通常几乎没有投入，因此，对于其成本，企业难以按照外购、自行营造方式下发生的必要支出，或者是非货币性资产交换、债务重组和企业合并方式下确定的对价来确定。若以公允价值作为天然起源的生产性生物资产的成本，在我国当前生物资产市场还不发达的情况下，天然起源生产性生物资产公允价值的取得存在相当大的困难。《〈企业会计准则第 5 号——生物资产〉解释》规定，天然起源的生产性生物资产的公允价值无法可靠地取得时，企业应当参照名义金额确定该生产性生物资产的成本，同时计入当期损益，名义金额为 1 元人民币，借记"生产性生物资产"科目，贷记"营业外收入"科目。

4. 其他方式获得的生产性生物资产

企业以其他方式获得的生产性生物资产，如盘盈、接受捐赠、接受投资、非货币性资产交换、债务重组等，应分别按《企业会计制度》《企业会计准则第 4 号——固定资产》《企业会计准则第 1 号——存货》有关固定资产和存货的规定，确定其实际成本。

（1）盘盈获得的生产性生物资产，按以下规定确定其入账价值：同类或类似生产性生物资产存在活跃市场的，按同类或类似生产性生物资产的市场价格，减去按该项生产性生物资产的新旧程度估计的价值损耗后的余额，作为实际成本；同类或类似生产性生物资产不存在活跃市场的，按该项生产性生物资产的预计未来现金流量现值，作为实际成本。

（2）接受捐赠获得的生产性生物资产，按以下规定确定其入账价值。捐赠方提供了有关凭据的，按凭据上标明的金额加上应当支付的相关税费，作为实际成本。捐赠方没有提供有关凭据的，按以下顺序确定其入账价值：同类或类似生产性生物资产存在活跃市场的，按同类或类似生产性生物资产的市场价格估计的金额，加上应当支付的相关税费，作为实际成本；同类或类似生产性生物资产不存在活跃市场的，按该接受捐赠的生产性生物资产的预计未来现金流量现值，作为实际成本。

（3）接受投资获得的生产性生物资产，按投资各方确认的价值，作为实际成本。

（4）非货币性资产交换获得的生产性生物资产，如果不涉及补价，应按换出资产的账面价值减去可抵扣的增值税进项税额后的差额，加上应支付的相关税费，作为实际成本。如果涉及补价，应按以下规定确定换入生产性生物资产的实际成本：收到补价的，按换出资产的账面价值减去可抵扣的增值税进项税额后的差额，加上应确认的损益和应支付的相关税费，减去补价后的余额，作为实际成本；支付补价的，按换出资产的账面价值减去可抵扣的增值税进项税额后的差额，加上应支付的相关税费和补价，作为实际成本。

（5）债务重组获得的生产性生物资产，如果不涉及补价，应按应收债权的账面价值减去可抵扣的增值税进项税额后的差额，加上应支付的相关税费，作为实际成本。如果涉及补价，应按以下规定确定受让生产性生物资产的实际成本：收到补价的，按应收债权的账面价值减去可抵扣的增值税进项税额和补价，加上应支付的相关税费，作为实际成本；支付补价的，按应收债权的账面价值减去可抵扣的增值税进项税额，加上支付的补价和应支付的相关税费，作为实际成本。

3.2 生产性生物资产后续计量

3.2.1 成熟生产性生物资产后续支出

企业的生产性生物资产投入使用后，为了维护或提高生产性生物资产的使用效能，往往需要对现有成熟生产性生物资产进行饲养、维护。《农业企业会计核算办法——生物资产和农产品》第（十）条规定，成熟生产性生物资产发生的后续支出，应在发生当期计入农业生产成本。成熟生产性生物资产投产后发生后续支出时，借记"农业生产成本"等科目，贷记"银行存款""原材料""应付职工薪酬"等科目。

【例 3-5】某农业企业 2×14 年 2 月给 14 公顷桃树（已经进入正常生产期）进行剪枝作业，相关费用为：应付工资 5 000 元，应付福利费 700 元，应分摊低值易耗品费用（分期摊销法）300 元。会计分录如下。

借：农业生产成本——桃树　　　　　　　　　　　　　　6 000

　　贷：应付职工薪酬　　　　　　　　　　　　　　　　　　5 700

　　　　周转材料——低值易耗品（摊销）　　　　　　　　 300

【例 3-6】某奶牛养殖企业 2×14 年 3 月发生奶牛（已进入产奶期）的饲养费用如下：领用饲料 5 000 千克，合计 1 000 元，应付饲养人员工资 3 000 元，应提福利费 420 元，用现金支付防疫费 400 元。会计分录如下。

借：农业生产成本——奶牛　　　　　　　　　　　　　　4 820

　　贷：原材料　　　　　　　　　　　　　　　　　　　　1 000

　　　　应付职工薪酬　　　　　　　　　　　　　　　　　3 420

　　　　库存现金　　　　　　　　　　　　　　　　　　　 400

3.2.2　生产性生物资产折旧的核算

《企业会计准则第 5 号——生物资产》规定，企业对达到预定生产经营目的的生产性生物资产，应当按期计提折旧，并根据用途分别计入相关资产的成本或当期损益。

生产性生物资产的折旧核算，是指在生产性生物资产的使用寿命内，按照确定的方法对应计折旧额进行的系统分摊。其中，应计折旧额，是指应当计提折旧的生产性生物资产的原价扣除其预计净残值后的余额。如果已对生产性生物资产计提减值准备，还应当扣除已计提的生产性生物资产减值准备累计金额。预计净残值，是指预计生产性生物资产使用寿命结束时，在处置过程中所发生的处置收入扣除处置费用后的余额。企业应根据生产性生物资产的性质、使用情况和有关经济利益的预期实现方式，合理确定生产性生物资产的使用寿命、预计净残值和折旧方法。可选用的折旧方法包括年限平均法、工作量法、产量法等。生产性生物资产的使用寿命、预计净残值和折旧方法一经确定，不得随意变更。但是，符合《企业会计准则第 5 号——生物资产》第二十条规定的除外。

经济林木、农田防护林、剑麻、产畜等成熟生产性生物资产计提的折旧，借记“农业生产成本”“制造费用”科目，贷记“生产性生物资产累计折旧”科目。

《企业所得税法实施条例》规定了生产性生物资产计算折旧最低年限：林木类 10 年；畜类 3 年。

【例 3–7】某农业企业为奶牛养殖企业，2×14 年 4 月计算出的奶牛折旧费为 3 000 元，会计分录如下。

借：农业生产成本——奶牛   3 000
　　贷：生产性生物资产累计折旧   3 000

1. 需要计提折旧的生产性生物资产的范围

企业一般应按月计提折旧，当月增加的成熟生产性生物资产，当月不计提折旧，从下月起计提折旧；当月减少的成熟生产性生物资产，当月照提折旧，从下月起不提折旧。成熟生产性生物资产提足折旧后，不管能否继续使用，均不再计提折旧；提前报废的成熟生产性生物资产，也不再补提折旧。

需要注意的是，以融资租赁方式租入的生产性生物资产和以经营租赁方式租出的生产性生物资产，应当计提折旧；以融资租赁方式租出的生产性生物资产和以经营租赁方式租入的生产性生物资产，不应计提折旧。

2. 预计生产性生物资产使用寿命应考虑的因素

企业在预计生产性生物资产的使用寿命时，应当考虑下列因素。

① 该资产的预计产出能力或实物产量。

② 该资产的预计有形损耗，如产畜和役畜衰老、经济林老化等。

③ 该资产的预计无形损耗，如因新品种的出现而使现有的生产性生物资产的产出能力和产出农产品的质量等方面相对下降、市场需求的变化使生产性生物资产产出的农产品相对过时等。

企业至少应当于每年年度终了对生产性生物资产的使用寿命、预计净残值和折旧方法进行复核。使用寿命或预计净残值的预期数与原先估计数有差异的，或者有关经济利益预期实现方式有重大改变的，应当作为会计估计变更，按照《企业会计准则第 28 号——会计政策、会计估计变更和差错更正》处理，调整生产性生物资产的使用寿命或预计净残值或者改变折旧方法。

3. 生产性生物资产的折旧方法

生产性生物资产计提折旧的方法较多，《企业会计准则第 5 号——生物资产》第十八条规定，企业应当根据生产性生物资产的性质、使用情况和有关经济利益的预期实现方式，合理确定生产性生物资产的折旧方法。可选用的折旧方法包括年限平均法、工作量法、产量法等。生产性生物资产的折旧方法一经确定不得随意变更。《中华人民共和国企业所得税法实施条例》第六十三条规定，生产性生物资产按照直线法计算的折旧，准予扣除。也就是说，允许税前扣除的折旧，只能是生产性生物资产按照年限平均法计提的折旧。但是，这并不意味着企业不可以采取其他折旧方法。在会计上，企业根据自身的特殊情况，仍可以采用其他折旧方法，只是采用其他折旧方法计提的折旧，在涉及缴纳企业所得税时，需要对其进行调整。

企业应当按期对达到预定生产经营目的的生产性生物资产计提折旧，并根据受益对象分别计入将收获的农产品成本、劳务成本、出租费用等。对成熟生产性生物资产按期计提折旧时，借记"农业生产成本""管理费用"等科目，贷记"生产性生物资产累计折旧"科目。

① 年限平均法。年限平均法又称直线法，是将生产性生物资产的应计折旧额均衡地分摊到生产性生物资产预计使用寿命内的一种方法。采用这种方法计算的每期折旧额均是相等的。计算公式如下。

年折旧率 =（1- 预计净残值率）÷ 预计使用寿命（年）×100%

月折旧率 = 年折旧率 ÷12

月折旧额 = 生产性生物资产原值 × 月折旧率

年折旧额 =（生产性生物资产原值 – 预计净残值）÷ 预计使用年限

这种方法的优点在于计算简便，有利于税收征管。

② 工作量（产量）法。工作量（产量）法是根据实际工作量或实际产出品的数量计提生产性生物资产折旧额的一种方法。计算公式如下。

单位工作量（产出品）折旧额 = 生产性生物资产原值 ×（1- 预计净残值率）÷ 预计总工作量（产出品总量）

月折旧额 = 生产性生物资产当月工作量（产出品数量）× 单位工作量（产出品）折旧额

【例 3-8】甲农业企业的一头奶牛原价为 8 000 元，预计生产牛奶为 40 000 千克，预计净残值率为 5%，本月生产牛奶 600 千克。

则该头奶牛的月折旧额计算如下。

每千克牛奶折旧额 =8 000×（1-5%）÷40 000=0.19（元）

月折旧额 =600×0.19=114（元）

③ 双倍余额递减法。双倍余额递减法是在不考虑生产性生物资产预计净残值的情况下，根据每年年初生产性生物资产净值和双倍的直线法折旧率计算生产性生物资产折旧额的一种方法。应用这种方法计算折旧额时，由于每年年初生产性生物资产净值没有扣除预计净残值，所以在计算生产性生物资产折旧额时，应在其折旧年限到期前两年内，将此时生产性生物资产的净值扣除预计净残值后的余额平均摊销。计算公式如下。

年折旧率 $=2\div$ 预计的使用年限 $\times100\%$

月折旧率 $=$ 年折旧率 $\div12$

月折旧额 $=$ 生产性生物资产年初账面余额 $\times$ 月折旧率

生产性生物资产期初账面净值 $=$ 生产性生物资产原值 $-$ 累计折旧

最后两年，每年折旧额 $=$（生产性生物资产原值 $-$ 累计折旧 $-$ 净残值）$\div2$

【例 3-9】乙农业企业有一头奶牛，当年购入时原价为 6 000 元，预计在本企业使用寿命为 5 年，预计净残值率为 5%。按双倍余额递减法计算折旧额，每年折旧额计算如下。

年折旧率 $=2\div5\times100\%=40\%$

第 1 年应计提的折旧额 $=6\ 000\times40\%=2\ 400$（元）

第 2 年应计提的折旧额 $=$（6 000-2 400）$\times40\%=1\ 440$（元）

第 3 年应计提的折旧额 $=$（6 000-2 400-1 440）$\times40\%=864$（元）

从第 4 年起改按年限平均法（直线法）计提折旧。

第 4 年、第 5 年应计提的折旧额 $=$（6 000-2 400-1 440-864-6 000$\times5\%$）$\div2=$ 498（元）

【例 3-10】Y 企业 2×20 年 9 月 9 日自行建造设备一台，入账价值为 600 万元，2×20 年 10 月 28 日完工投入使用，预计使用年限为 5 年，预计净残值为 20 万元。在采用双倍余额递减法计提折旧的情况下,该设备 2×21 年应计提折旧为(　　)万元。

A. 144　　　　B. 134.4　　　　C. 240　　　　D. 224

［答案］C

［解析］

年折旧率 $=2\div5\times100\%=40\%$

故 2021 年计提的折旧额 $=600\times40\%=240$（万元）

④ 年数总和法。年数总和法又称年限合计法，是用生产性生物资产的原值减去预计净残值后的余额，乘以一个以生产性生物资产尚可使用寿命为分子，以预计使用寿命逐年数字之和为分母的逐年递减的分数计算每年的折旧额的方法。计算公式如下。

年折旧率 = 尚可使用寿命 ÷ 预计使用寿命的年数总和 × 100%

月折旧率 = 年折旧率 ÷ 12

月折旧额 = （生产性生物资产原值 - 预计净残值）× 月折旧率

【例 3-11】接【例 3-9】，该企业采用年数总和法计算的各年折旧额如表 3-1 所示。

表 3-1　企业各年折旧额

年份	尚可使用寿命	原值净残值	年折旧率	每年折旧额	累计折旧
1	5	5 700	5/15	1 900	1 900
2	4	5 700	4/15	1 520	3 420
3	3	5 700	3/15	1 140	4 560
4	2	5 700	2/15	760	5 320
5	1	5 700	1/15	380	5 700

企业选用不同的生产性生物资产折旧方法，将影响生产性生物资产使用寿命期间内不同时期的折旧费用。因此，《农业企业会计核算办法》规定，企业已经确定并对外报送，或备置于企业所在地的有关成熟生产性生物资产预计使用年限和预计净残值、折旧方法等，一经确定不得随意变更，如需变更，需经股东大会或董事会，或经理（场长）会议或类似机构批准，经批准后报送有关各方备案，并在会计报表附注中予以说明。当企业调整生产性生物资产的折旧方法时，应根据《企业会计准则第 28 号——会计政策、会计估计变更和差错更正》的规定进行会计处理。如果企业随意调整生产性生物资产折旧方法，按《企业会计准则第 28 号——会计政策、会计估计变更和差错更正》的规定，企业属于滥用会计政策，应作为重大会计差错予以更正。

【例 3-12】某主要种植小麦、玉米、大豆企业的农田防护林本年应计提折旧 300 元。会计分录如下。

借：制造费用   300

　　贷：生产性生物资产累计折旧   300

【例 3-13】 某奶牛养殖企业本月应计提折旧 600 元。会计分录如下。

借：农业生产成本——基本牛群（奶牛）   600

　　贷：生产性生物资产累计折旧   600

3.2.3　生产性生物资产减值准备的核算

《企业会计准则第 5 号——生物资产》规定，企业至少应当于每年年度终了对生产性生物资产进行检查，有确凿证据表明由于遭受自然灾害、病虫害、动物疫病侵袭或市场需求变化等原因，使生产性生物资产的可收回金额低于其账面价值的，应当按照可收回金额低于账面价值的差额，计提生物资产减值准备，并计入当期损益。上述可收回金额，应当按照《企业会计准则第 8 号——资产减值》的规定确定。生产性生物资产减值准备一经计提，不得转回。通常情况下，在未遭受自然灾害、病虫害、动物疫病侵袭时，生产性生物资产不计提减值准备，按账面价值计量。

生产性生物资产的减值是指该资产的可收回金额低于其账面价值。可收回金额是指资产的销售净价与预期从该资产的持续使用和使用寿命结束时的处置中形成的现金流量的现值两者之中的较高者。其中，销售净价是指资产的销售价格减去处置资产所发生的相关税费后的余额。

如果对于已经发生的生产性生物资产减值损失不加以确认，必将导致生产性生物资产价值的虚夸，也不符合会计核算中的谨慎性原则。因此，企业应至少在每年年度终了对生产性生物资产进行检查，如果发现某一生产性生物资产发生减值，应当计提相应的减值准备。

1. 判断生产性生物资产减值的主要迹象

《企业会计准则第 5 号——生物资产》解释对生产性生物资产的减值迹象进一步说明如下。

（1）生产性生物资产存在下列情形之一的，通常表明该生产性生物资产可收回金额低于其账面价值。

①遭受旱灾、水灾、冻灾、台风、冰雹等自然灾害等原因，造成生产性生

物资产发生实体损坏，影响该资产的进一步生长或生产，从而降低其产生未来经济利益的能力。

②遭受病虫害或者疯牛病、禽流感、口蹄疫等动物疫病侵袭等原因，造成生产性生物资产的市场价格大幅度持续下跌，并且在可预见的将来无回升的希望。

③因消费者偏好改变而使企业的生产性生物资产收获的农产品的市场需求发生变化，导致市场价格逐渐下跌。

④因企业所处经营环境，如动植物检验检疫标准等发生重大变化，从而对企业产生不利影响，导致生产性生物资产的市场价格逐渐下跌。

⑤其他足以证明生产性生物资产实质上已经发生减值的情形。

（2）生产性生物资产存在下列情形之一的，通常表明该生产性生物资产的可收回金额为零。

①因遭受自然灾害、病虫害、动物疫病侵袭等原因，造成死亡或即将死亡，且无转让价值的生产性生物资产。

②动植物检验检疫标准等发生重大改变，禁止转让的生产性生物资产，如发生禽流感等动物疫病而禁止转让禽类动物等。

③其他足以证明已无实用价值和转让价值的生产性生物资产。

2. 生产性生物资产减值的会计处理

会计期末，企业应当按照生产性生物资产的可收回金额低于账面价值的差额，借记"资产减值损失——计提的生产性生物资产减值准备"科目，贷记"生产性生物资产减值准备"科目。生产性生物资产减值准备一经计提，不得转回。可收回金额参照《企业会计准则第 8 号——资产减值》确定，即可收回金额应当根据资产的公允价值减去处置费用后的净额与资产预计未来现金流量的现值两者之间较高者确定。企业在确定资产公允价值减去处置费用后的净额时，公平交易中存在销售协议价格的，应当根据公平交易中销售协议价格减去可直接归属于该资产处置费用的金额确定；不存在销售协议但存在资产活跃市场的，应当按照该资产的市场价格减去处置费用后的金额确定，资产的市场价格通常应当根据资产的买方出价确定；不存在销售协议和资产活跃市场的，应当以可获取的最佳信息为基础，估计资产的公允价值减去处置费用后的净额，该净额可以参考同行业类似生产性生物资产的最近交易价格或者结果进行估计。

另外，企业如果按照上述规定仍然无法可靠估计资产的公允价值减去处置费用后的净额，应当以该资产预计未来现金流量的现值作为其可收回金额。

【例3-14】2×10年12月31日，乙农业企业对橡胶园进行检查时发现其可能发生减值。该橡胶园销售净价总额为1 200 000元；尚可使用5年，预计其在未来4年内产生的现金流量分别为400 000元、360 000元、320 000元、250 000元；第5年产生的现金流量以及使用寿命结束时处置形成现金流量合计为200 000元；在考虑相关风险的基础上，乙农业企业决定采用5%的折现率。假设2×10年12月31日该橡胶园的账面价值为1 500 000元，以前年度没有计提成熟生产性生物资产减值准备。有关计算过程如表3-2所示。

表3-2　成熟生产性生物资产未来现金流量现值计算

年度	预计未来现金流量（元）	折现率(%)	复利现值系数	现值（元）
2×11	400 000	5	0.952 4	380 960
2×12	360 000	5	0.907 0	326 520
2×13	320 000	5	0.863 8	276 416
2×14	250 000	5	0.822 7	205 675
2×15	200 000	5	0.783 5	156 700
合计				1 346 271

第一步，比较成熟生产性生物资产账面价值与可收回金额。该企业橡胶园的账面价值为1 500 000元，可收回金额为1 346 271元，其账面价值大于可收回金额的差额为153 729元（1 500 000-1 346 271）。

第二步，进行账务处理。在具体计提成熟生产性生物资产减值准备时，企业应按成熟生产性生物资产账面价值超过其可收回金额的部分计提减值准备。计提的成熟生产性生物资产减值准备，借记"资产减值损失"科目，贷记"生产性生物资产减值准备"科目。

乙农业企业的账务处理如下。

借：资产减值损失　　　　　　　　　　　　　　　　　153 729

　　贷：生产性生物资产减值准备　　　　　　　　　　　153 729

3.3 生产性生物资产的收获与处置

3.3.1 基本原则

《企业会计准则第 5 号——生物资产》对生物资产的收获与处置按照类别做了以下规定。

（1）生产性生物资产收获的农产品成本，按照产出或采收过程中发生的材料费、人工费和应分摊的间接费用等必要支出计算确定，并采用加权平均法、个别计价法、蓄积量比例法、轮伐期年限法等方法，将其账面价值结转为农产品成本。收获之后的农产品，应当按照《企业会计准则第 1 号——存货》处理。

（2）生物资产改变用途后的成本，应当按照改变用途时的账面价值确定。

（3）生物资产出售、盘亏或死亡、毁损时，企业应当将处置收入扣除其账面价值和相关税费后的余额计入当期损益。

3.3.2 生产性生物资产收获农产品

由前一章可知，收获是指农产品从生产性生物资产上分离，如从苹果树上采摘下苹果、奶牛产出牛奶、绵羊产出羊毛等。

生产性生物资产具备自我生长性，能够在生产经营中长期、反复使用，从而不断产出农产品。从生产性生物资产上收获农产品后，生产性生物资产这一母体仍然存在。农业生产过程中发生的各项生产费用，按照经济用途可以分为直接材料、直接人工等直接费用以及间接费用，企业应当按照以下规则区别处理。

（1）农产品收获过程中发生的直接材料、直接人工等直接费用，直接计入相关成本核算对象，借记"农业生产成本——农产品"科目，贷记"库存现金""银行存款""原材料""应付职工薪酬""生产性生物资产累计折旧"等科目。

【例 3-15】新星奶牛养殖企业 2×20 年 1 月发生奶牛（已进入产奶期）的饲养费用如下：领用饲料 2 000 千克，合计 2 200 元，应付饲养人员工资 3 500 元，以现金支付防疫费 700 元。

甲奶牛养殖企业账务处理如下。

借：农业生产成本——牛奶 6 400

贷：原材料	2 200
应付职工薪酬	3 500
库存现金	700

（2）农产品收获过程中发生的间接费用，如材料费、人工费、生产性生物资产的折旧费等应分摊的共同费用，应当在生产成本中归集，借记"农业生产成本——共同费用"科目，贷记"库存现金""银行存款""原材料""应付职工薪酬""生产性生物资产累计折旧"等科目。在会计期末按一定的分配标准，将共同费用分配计入有关的成本核算对象，借记"农业生产成本——农产品"科目，贷记"农业生产成本——共同费用"科目。

会计实务中，常用的间接费用分配方法通常以直接费用或直接人工为基础，直接费用比例法以生产性生物资产或农产品相关的直接费用为分配标准，直接人工比例法以直接从事生产的工人工资为分配标准。相关公式如下。

间接费用分配率＝间接费用总额÷分配标准（即直接费用总额或直接人工总额）×100%

某项生产性生物资产或农产品应分配的间接费用额＝该项生产性生物资产相关的直接费用或直接人工×间接费用分配率

除此之外，直接材料、生产工时等也可作为分配基础，企业可以根据实际情况加以选用。例如，蔬菜的温床（温室）费用分配计算公式如下。

蔬菜应分配的温床（温室）费用＝［温床（温室）费用总数÷温床实际使用的格日（温室平方米日）总数］×该种蔬菜占用的温床格日（温室平方米日）数

其中，温床格日数是指某种蔬菜占用温床格数与在温床生产日数的乘积，温室平方米日数是指某种蔬菜占用位的平方米数与在温室生长日数的乘积。

（3）成本结转方法。

在收获时点，企业应当将该时点归属于某农产品生产成本的账面价值结转为农产品的成本，借记"农产品"科目，贷记"农业生产成本——农产品"科目。生产性生物资产收获的农产品成本，按照产出或采收过程中发生的材料费、人工费和应分摊的间接费用等必要支出计算确定，具体的成本结转方法包括加权平均法、蓄积量比例法、轮伐期年限法、折耗率法等，将其账面价值结转为农产品成本。企业可以根据实际情况选用合适的成本结转方法，但是一经确定，不得随意变更。

蓄积量比例法、耗伐期年限法、折耗率法，这 3 种方法都是林业中通常使用的方法，具有林业的特殊性，以下分别进行详细讲解。

① 蓄积量比例法。

蓄积量比例法以达到经济成熟可供采伐的林木为"完工"标志，将包括已成熟和未成熟的所有木材按照完工程度（林龄、林木培育程度、费用发生程度等）折算为达到经济成熟可供采伐的林木总体蓄积量，然后按照当期采伐林木的蓄积量占折算的林木总体蓄积量的比例，确定应该结转的林木资产成本。该方法主要适用于择伐方式和林木资产由于择伐更新使其价值处于不断变动的情况。计算公式如下。

某期应结转的林木资产成本 =（当期采伐林木的蓄积量 ÷ 林木总体蓄积量）× 期初林木资产账面总量

② 轮伐期年限法。

轮伐期年限法将林木原始价值按照可持续经营的要求，在其轮伐期的年份内平均摊销，并结转林木资产成本。其中，轮伐期是指将一块林地上的林木均衡分批、轮流采伐一次所需要的时间（通常以年为单位计算）。计算公式如下。

某期应结转的林木资产成本 = 林木资产原值 ÷ 轮伐期

③ 折耗率法。

折耗率法也是林业中常用的方法之一。该方法按照采伐林木所消耗林木蓄积量占到采伐为止预计该地区、该树种可能达到的总蓄积量摊销、结转所采伐林木资产成本。计算公式如下。

折耗率 = 林木资产总价值 ÷ 预计总蓄积量

采伐的林木应摊销的林木资产价值 = 折耗率 × 所采伐林木的蓄积量

折耗率应按树种、地区分别测算；林木资产总价值是指该地区、该树种的营造林历史成本总和；预计总蓄积量是指到采伐为止预计该地区、该树种可能达到的总蓄积量。

3.3.3　处置生产性生物资产

1. 生产性生物资产出售

生产性生物资产出售时，企业应按实际收到的金额，借记"银行存款"等科目，贷记"主营业务收入"等科目；应按其账面余额，借记"主营业务成本"等科目，贷记"生产性生物资产"等科目；已计提减值准备或折旧的，还应同时结转减值准备或累计折旧。

【例3-16】甲畜牧养殖企业于20×9年3月将40头奶牛出售给乙食品加工厂，价款总额为20 000元，货款尚未收到。出售时，奶牛的账面余额为12 000元，未计提减值准备。

甲畜牧养殖企业的账务处理如下。

借：应收账款——乙食品加工厂   20 000
　　贷：主营业务收入   20 000
借：主营业务成本   12 000
　　贷：生产性生物资产——奶牛   12 000

2. 生产性生物资产盘亏或死亡、毁损

生产性生物资产盘亏或者死亡、损毁时，应当将处置收入扣除其账面价值和相关税费后的余额先记入"待处理财产损溢"科目，待查明原因后，根据企业的管理权限，经股东大会、董事会、经理（场长）会议或类似机构批准后，在期末结账前处理完毕。生产性生物资产因盘亏或死亡、毁损造成的损失，在减去过失人或者保险公司等的赔款和残余价值之后，计入当期管理费用，属于自然灾害等非常损失的，计入营业外支出。

（1）生产性生物资产盘亏的账务处理如下。

借：待处理财产损溢
　　生产性生物资产累计折旧　　　　　　　　　（未成熟没有此项）
　　生产性生物资产减值准备——成熟（或未成熟）
　　贷：生产性生物资产——成熟（或未成熟）

【例3-17】广瑞畜牧养殖公司于2×15年8月14日丢失两头种猪，账面价值是1 600元，已经计提折旧600元；9月29日经核查，饲养员赵某应赔偿300元，其余费用作为管理费用处理。账务处理如下。

①8月14日。

借：待处理财产损溢   1 000
　　生产性生物资产累计折旧   600

　　　　贷：生产性生物资产——种猪　　　　　　　　　　　　　1 600

②9 月 29 日。

借：其他应收款——赵某　　　　　　　　　　　　　　　300

　　管理费用　　　　　　　　　　　　　　　　　　　　700

　　　贷：待处理财产损溢　　　　　　　　　　　　　　　1 000

（2）生产性生物资产盘盈的账务处理如下。

借：生产性生物资产——成熟

　　　贷：待处理财产损益

经批准后

借：待处理财产损益

　　贷：管理费用

3. 债务重组换出生产性生物资产

　　债务人应将生产性生物资产的公允价值与该项生产性生物资产账面价值和清理费用的差额作为转让生产性生物资产的损益处理。同时，将生产性生物资产的公允价值与应付债务的账面价值的差额，作为债务重组利得，计入营业外收入。债权人收到的生产性生物资产按公允价值计量。

　　债务人的核算：

借：应付账款

　　生产性生物资产累计折旧

　　生产性生物资产减值准备——成熟生产性生物资产减值准备

　　　贷：生产性生物资产

　　　　　营业外收入——处置非流动资产利得

　　　　　　　　　　——债务重组利得

　　【例 3-18】2015 年 5 月 31 日，太远农业公司因遭受自然灾害，短期内无法偿还所欠乙公司货款 280 000 元，经与乙公司协商，太远农业公司决定用某生产性生物资产偿还所欠货款。当日，该生产性生物资产的账面原值为 260 000 元，已计提折旧 55 000 元，已计提减值准备 16 000 元，公允价值为 200 000 元，假设不考虑相关税费。太远农业公司的会计处理如下。

借：应付账款　　　　　　　　　　　　　　　　　　　280 000

生产性生物资产累计折旧		55 000
生产性生物资产减值准备——成熟生产性生物资产减值准备		16 000
贷：生产性生物资产		260 000
资产处置损益——处置非流动资产利得		11 000
——债务重组利得		80 000

4. 作价转让生产性生物资产

将成熟生产性生物资产作价转让给家庭农场时，按成熟生产性生物资产账面价值，借记"固定资产清理"科目；按已计提的累计折旧，借记"生产性生物资产累计折旧"科目，按已计提的减值准备，借记"生产性生物资产减值准备"科目；按账面余额，贷记"生产性生物资产"科目。

成熟生产性生物资产作价转让发生净收益的，借记"固定资产清理"科目，贷记"营业外收入——处置生产性生物资产净收益"科目；作价转让发生净损失的，借记"营业外支出——处置生产性生物资产净损失"科目，贷记"固定资产清理"科目。

【**例 3-19**】某农业企业 2×14 年 7 月 5 日将 5 头奶牛作价 25 000 元转让给李××家。这 5 头奶牛的账面原值为 36 000 元，已计提折旧 15 000 元，未计提减值准备。李 ×× 家先支付现款 10 000 元，承诺于年底结清。

① 注销这 5 头奶牛的账面原值。会计分录如下。

借：固定资产清理		21 000
生产性生物资产累计折旧		15 000
贷：生产性生物资产——奶牛		36 000

② 作价收入的会计分录如下。

借：库存现金		10 000
其他应收款——李 ×× 家		15 000
贷：固定资产清理		25 000

③ 计算清理净损益。会计分录如下。

借：固定资产清理		4 000
贷：资产处置损益——处置生产性生物资产净收益		4 000

5. 生物资产间的相互转换

生物资产改变用途后的成本应当按照改变用途时的账面价值确定。也就是说，企业应将转出生物资产的账面价值作为转入资产的实际成本。生物资产间的相互转换通常包括以下 2 类。

（1）产畜或役畜淘汰转为育肥畜，或者林木类生产性生物资产转为林木类消耗性生物资产时，企业应按转群或转变用途时的账面价值，借记"消耗性生物资产"科目，按已计提的累计折旧，借记"生产性生物资产累计折旧"科目，按其账面余额，贷记"生产性生物资产"科目。已计提减值准备的，企业还应同时结转已计提的减值准备。

育肥畜转为产畜或役畜，或者林木类消耗性生物资产转为林木类生产性生物资产时，企业应按其账面余额，借记"生产性生物资产"科目，贷记"消耗性生物资产"科目。已计提跌价准备的，企业还应同时结转跌价准备。

【例 3-20】20×7 年 4 月，甲企业自行繁殖的 50 头种猪转为育肥猪。此批种猪的账面原值为 500 000 元，已经计提的累计折旧为 200 000 元，已经计提的资产减值准备为 30 000 元。

甲企业的账务处理如下。

借：消耗性生物资产——育肥猪　　　　　　　　270 000
　　生产性生物资产累计折旧　　　　　　　　　200 000
　　生产性生物资产减值准备　　　　　　　　　　30 000
　　贷：生产性生物资产——成熟生产性生物资产（种猪）　　500 000

（2）消耗性生物资产、生产性生物资产转为公益性生物资产时，企业应当按照相关准则规定，考虑其是否发生减值。发生减值时，企业应首先计提减值准备，并以计提减值准备后的账面价值作为公益性生物资产的入账价值。转换后，企业应按生物资产扣除减值准备后的账面价值，借记"公益性生物资产"科目；按已计提的生产性生物资产累计折旧，借记"生产性生物资产累计折旧"科目；按已计提的跌价准备或减值准备，借记"消耗性生物资产跌价准备""生产性生物资产减值准备"科目；按账面余额，贷记"消耗性生物资产""生产性生物资产"科目。

第 4 章
公益性生物资产

作为生物资产中独具"公益性"特质的公益性生物资产，其对于保护环境、防护等方面有着较高的社会价值。而对于企业而言，其特殊的服务潜能更有助于企业从相关资产中获得潜在经济利益。本章以时间线为顺序，分别就公益性生物资产的科目设置和初始计量、后续计量、资产处置三方面进行详细说明。在此基础上，针对公益性资产的自身特点，对完善其资产披露提出相关合理化建议。

4.1　会计科目的设置和初始计量

4.1.1　会计科目的设置

公益性生物资产核算涉及的新增相关科目有"公益性生物资产""专项应付款""公益林基金"等科目。

（1）"公益性生物资产"科目。本科目核算已郁闭成林公益林的实际成本。借方反映公益林的增加，贷方反映公益林的减少，期末余额在借方，反映已郁闭成林公益林的实际成本。公益林在郁闭成林前发生的实际支出，在"农业生产成本"科目核算，不在本科目核算；公益林在郁闭成林后发生的管护费用，在"销售费用"等科目核算，也不在本科目核算。企业应根据管理需要，按照林种、小班、造林抚育成本、管护期间费用等设置明细账进行明细核算。

需要注意的是，按照《农业企业会计核算办法》的规定，本科目不仅核算国家拨款形成的公益林，企业以自有资金或信贷资金形成的公益林也在本科目核算。

（2）"专项应付款"科目。本科目核算国家拨付的用于公益林的专项款。在该科目下设置"国家拨款""育林基金"两个明细科目，其属于负债类科目。

（3）"公益林基金"科目。本科目核算企业营造和按规定划转郁闭成林后的公益林所形成的公益林基金。借方反映公益林基金的减少，贷方反映公益林基金的增加，期末余额一般在贷方，表示形成的公益林基金账面余额。

"公益林基金"一级科目下设置两个明细科目——国家拨款和育林基金，分别核算国家拨款和除国家拨款外的其他资金来源形成的公益林基金。"公益林基金"科目的账面金额应与"公益性生物资产"科目账面金额保持一致。

4.1.2 公益性生物资产初始计量

1. 外购的公益性生物资产

外购的公益性生物资产，按购买价格、运输费、保险费以及其他可直接归属于购买公益性生物资产的相关税费，作为实际成本。

【例 4-1】为了降低采购成本，2×15 年 6 月 8 日，乙农业公司从市场上一次性购买了混群核算的 5 头种牛、3 头肉猪和 10 株南方观赏树木。乙农业公司为此共支付价款 40 000 元，发生的运输费为 300 元、保险费为 500 元、装卸费为 600 元。款项全部以银行存款支付。假设所购资产均满足生物资产的定义确认标准，种牛、肉猪、南方观赏树木的公允价值分别为 20 000 元、14 000 元、6 000 元，且不考虑其他相关税费。按公允价分配采购成本。乙农业公司会计处理如下。

（1）确定采购总成本。

采购总成本 =40 000+800+500+600=41 900（元）

（2）确定价值分配比例。

公允价值总额 =20 000+14 000+6 000=40 000（元）

5 头种牛应分配生物资产价值 =（20 000÷40 000）×41 900=20 950（元）

3 头肉猪应分配生物资产价值 =（14 000÷40 000）×41 900=14 665（元）

10 株南方观赏树木应分配生物资产价值 =（6 000÷40 000）×41 900=6 285（元）

（3）账务处理。

借：生产性生物资产——成熟生产性生物资产（种牛）　　　20 950

　　消耗性生物资产——肉猪　　　14 665

　　公益性生物资产——南方观赏树木　　　6 285

　　贷：银行存款　　　41 900

2. 天然起源的公益性生物资产

企业拥有或控制的天然起源的生物资产，通常并未进行相关的生产或培植，如企业从土地、河流、湖泊中取得的天然生产的天然林、水生动植物。只要这些天然资源有确凿证据表明企业能拥有或者控制时才予以确认。天然起源的生物资产的成本，应按照名义金额确定。借记"公益性生物资产"，贷记"营业外收入"科目。

借：公益性生物资产——防风固沙林

　　贷：营业外收入

3. 企业自行营造的公益性生物资产

企业自行营造的公益性生物资产的成本，应当按照郁闭前发生的造林费、抚育费、森林保护费、营林设施费、良种试验费、调查设计费和应分摊的间接费用等必要支出确定。借记"公益性生物资产"科目，贷记"农业生产成本"科目。同时，应贷记"公益林基金"科目。

如果使用的是国家专项拨款营造公益性生物资产，则借记"专项应付款"科目，贷记本科目；如果使用企业自有资金营造公益性生物资产，则借记"资本公积"科目，贷记本科目。

【例4-2】某林业有限责任公司使用国家专项拨款营造的7公顷公益林已经郁闭成林，该公益林的实际成本为36 000元。会计分录如下。

借：公益性生物资产　　　36 000

　　贷：农业生产成本　　　36 000

同时，

借：专项应付款　　　36 000

　　贷：公益林基金　　　36 000

4. 由消耗性林木资产转入的公益林

由于分类经营政策的调整、变化，企业的已郁闭成林消耗性林木资产转为公益林时，应按消耗性林木资产的账面价值，借记"公益性生物资产""消耗性生物资产跌价准备——林木资产跌价准备"等科目，贷记"农业生产成本"科目。同时，应借记"专项应付款"科目或"资本公积"科目，贷记"公益林基金"科目。

【例 4-3】由于区域生态环境需要，某林业有限责任公司的 15 公顷造纸原料林被划为公益林，仍由公司负责管理，该公益林账面价值为 80 000 元，没有计提跌价准备。已知"专项应付款"科目贷方余额为 38 000 元。会计分录如下。

借：公益性生物资产	80 000
贷：消耗性生物资产——消耗性林木资产	80 000

同时，

借：专项应付款	38 000
资本公积	42 000
贷：公益林基金	80 000

企业未郁闭成林的消耗性林木资产转变为公益林，可以不编制会计分录，但需在"农业生产成本"科目中予以说明。

【例 4-4】为满足当地改善生态环境的要求，按照公益林确认标准，将绿瑞林业有限责任公司的 3 000 公顷工业原料林划为公益林，该工业原料林的账面余额为 4 000 000 元，已计提跌价准备 300 000 元。会计分录如下。

借：公益性生物资产	3 700 000
消耗性生物资产跌价准备——林木资产跌价准备	300 000
贷：消耗性生物资产——消耗性林木资产	4 000 000

同时，

借：资本公积	3 700 000
贷：公益林基金——育林基金	3 700 000

4.2 公益性生物资产的后续计量

4.2.1 公益林郁闭成林时

当公益林郁闭成林时，按其账面余额，借记"公益性生物资产"科目，贷记"农业生产成本"科目。同时，借记"专项应付款""资本公积"科目，贷记"公益林基金"科目。

郁闭度是指森林中乔木树冠遮蔽地面的程度，它是反映林分密度的指标。它是以林地树冠垂直投影面积与林地面积之比为标准，以十分数表示，完全覆盖地面为1。简单地说，郁闭度就是指林冠覆盖面积与地表面积的比例。

根据联合国粮农组织规定，郁闭度0.70（含0.70）以上的郁闭林为密林，0.20-0.70（不含0.70）为中度郁闭，0.70以上为密郁闭，0.20（不含0.20）以下为疏林。

4.2.2 林木管护费用的核算

（1）郁闭成林前公益林的管护费用。对于郁闭成林前（或达到预定生产经营目的前）发生的公益林管护费用，直接计入相关林木资产的实际成本。应借记"农业生产成本——公益林"科目，贷记"库存现金""银行存款""原材料"等科目。

（2）郁闭成林后公益林的管护费用。对于企业的公益林在郁闭成林后（或达到预定生产经营目的后）发生的管护费用应按照不同情况分别进行会计处理。

公益林郁闭成林后应负担的管护费用，应首先记入"销售费用"科目。发生相关费用时，应借记"销售费用"科目，贷记"库存现金""银行存款""原材料"等科目。公益林郁闭成林后的管护费用，在办理核销审批手续时，应借记"专项应付款"科目，贷记"销售费用"科目。

【例4-5】某林业有限责任公司发生的森林管护费用为40 000元，其中人员工资为20 000元，原材料为15 000元，管护设备折旧费为5 000元。管护总面积为8 000公顷，其中郁闭成林前的消耗性林木资产、公益林面积分别为3 000公顷、1 000公顷，郁闭成林后的消耗性林木资产、公益林面积分别为2 500公顷、1 500

公顷。管护费用按属面积比例进行分配。

① 计算管护费用分配系数。

管护费用分配系数 =40 000÷8 000=5（元 / 公顷）

② 分配郁闭成林前的消耗性林木资产、公益林应负担管护费用时，会计分录如下。

借：农业生产成本——消耗性林木资产　　　15 000（3 000×5）

　　　　　　　　——公益性生物资产　　　　5 000（1 000×5）

　　贷：应付职工薪酬　　　　　　　　　　　　　　　　　10 000

　　　　累计折旧　　　　　　　　　　　　　　　　　　　2 500

　　　　原材料　　　　　　　　　　　　　　　　　　　　7 500

③ 分配郁闭成林后公益林和消耗性林木资产应负担的管护费用时，会计分录如下。

借：销售费用　　　　　　　　　　　　　　　　　20 000

　　贷：应付职工薪酬　　　　　　　　　　　　　　　　　10 000

　　　　累计折旧　　　　　　　　　　　　　　　　　　　2 500

　　　　原材料　　　　　　　　　　　　　　　　　　　　7 500

（3）择伐、间伐或抚育更新性质采伐而补植林木类公益性生物资产发生的后续支出，会计分录如下。

借：公益性生物资产——防风固沙林

　　贷：银行存款

　　　　原材料——农用材料（农药）

　　　　　　　——农用材料（化肥）

　　　　周转材料——低值易耗品

　　　　应付职工薪酬

　　　　生产成本——农业生产成本（间接费用）

　　　　　　　　——农业生产成本（营林设施费）

（4）利用财政专款建造公益林，郁闭时，会计分录如下。

借：专项应付款

　　贷：资本公积——其他资本公积

报废时，会计分录如下。

借：资本公积——其他资本公积

贷：公益性生物资产——防风固沙林

（5）公益性生物资产不计提折旧，不计提减值准备，在资产负债表中属于其他长期资产。

4.3　公益性生物资产的处置

4.3.1　公益性生物资产处置的会计处理

（1）公益林转入的消耗性林木资产。由于分类经营政策的调整、变化，企业的已郁闭成林公益林转变为商品林（属于消耗性林木资产的部分）时，应按公益林的账面余额借记"消耗性生物资产——消耗性林木资产"科目，贷记"公益性生物资产"科目，同时借记"公益林基金"科目，贷记"资本公积"科目。

【例 4-6】某林业有限责任公司依据国家政策规定，将 A 林班 100 公顷公益林转变为以生产木材为主的商品林，该公益林的账面价值为 150 000 元。会计分录如下。

借：消耗性生物资产——消耗性林木资产（A 林班）　　　150 000

　　贷：公益性生物资产　　　　　　　　　　　　　　　　　150 000

同时，

借：公益林基金　　　　　　　　　　　　　　　　　　150 000

　　贷：资本公积　　　　　　　　　　　　　　　　　　　　150 000

（2）已郁闭成林公益林划转为生产性林木资产。由于分类经营政策的调整、变化，企业的已郁闭成林公益林转为生产性林木资产时，应按公益林的账面余额借记"生产性生物资产"科目（成熟的生产性生物资产部分）或"生产性生物资产——未成熟生产性生物资产"科目（未成熟的生产性生物资产部分），贷记"公益性生物资产"科目。同时，借记"公益林基金"科目，贷记"资本公积"科目。

【例4-7】某林业有限责任公司依据该区域的林业发展规划和相关政策，将该公司所管理的以马尾松为主的1 000公顷公益林全部转化为以采脂为目的的商品林。该公益林的账面价值为3 000 000元，其中，已经具备采脂条件的为600公顷，账面价值为2 200 000元，其余尚不具备采脂条件。会计分录如下。

借：生产性生物资产 2 200 000
　　生产性生物资产——未成熟生产性生物资产 800 000
　　贷：公益性生物资产 3 000 000

同时，

借：公益林基金 3 000 000
　　贷：资本公积 3 000 000

（3）未郁闭成林公益林划转为未成熟生产性林木资产。企业的未郁闭成林公益林划转为未成熟生产性林木资产，应按其账面余额借记"生产性生物资产——未成熟生产性生物资产"科目，贷记"农业生产成本"科目。

【例4-8】某林业有限责任公司的26公顷未郁闭成林的公益林，经批准后转为经营性的母树林（尚需继续培育），该公益林的实际成本为156 000元。会计分录如下。

借：生产性生物资产——未成熟生产性生物资产 156 000
　　贷：农业生产成本 156 000

企业的未郁闭成林公益林转变为商品林，可以不编制会计分录，但需在"农业生产成本"科目中予以说明。

投资转入、债务重组、非货币性资产交换等其他方式增加的已郁闭成林消耗性林木资产，参照《企业会计制度》相关业务核算规定进行处理。

（4）盘盈的公益林，借记"公益性生物资产"科目，贷记"公益林基金"科目。

（5）利用自有资金建造公益林，盘亏、报废和毁损时，会计分录如下。

借：待处理财产损溢——待处理其他长期资产损溢
　　贷：公益性生物资产——防风固沙林

借：其他应收款——保险公司

营业外支出——非常损失 （因自然灾害发生的损失）

银行存款 （按残余价值计入）

管理费用

　　贷：待处理财产损溢——待处理其他长期资产损溢

（6）政府收回、毁损的公益林。企业因政府收回、毁损等原因减少公益林时，按公益林的账面余额，借记"公益林基金"科目，贷记"公益性生物资产"科目。

【例4-9】接林业管理部门通知，某林业有限责任公司管理的67公顷公益林由政府收回统一管理，该公益林的账面价值为400 000元。会计分录如下。

　　借：公益林基金　　　　　　　　　　　　　　　　400 000

　　　　贷：公益性生物资产　　　　　　　　　　　　　　400 000

4.3.2　完善公益性生物资产披露的建议

公益性生物资产存在二律背反现象，即在天然起源情况下，存在着公益性生物资产账面价值较小，但使用价值较大；但在某些情况下，又存在着公益性生物资产账面价值较大，但使用价值较小。所以，在会计报表披露中，应披露公益性生物资产的使用价值，如公益性生物资产的面积、茂盛程度、防护或保护作用、休闲游乐使用价值等。

要切实加强我国能源资源节约和生态环境保护，增加可持续发展能力，加强公益性生物资产的建设、维护、管理和运用，为保护人类环境做出贡献。

第 5 章
农产品的核算

好的企业往往都打着一手"好算盘",即合理恰当的成本核算,这对于企业控制成本、提升利润有着重要意义。而农产品鲜活、易腐等特性,使得其生产、贮藏、运输等过程更加大了成本投入,此时良好的成本核算就起到关键性作用。本章从农产品成本核算概述入手,依据农产品从入库到出售等物流的全过程,针对成本初始计量、出库(出售)核算、期末计价及盘点清查等方面所涉及到的会计核算及账务处理进行详细讲解。

5.1 概述

产品成本是企业一定时期内为生产一定产品所支出的生产费用。产品成本核算时对生产经营过程中实际发生的成本、费用进行计算,并进行相应的会计处理。成本核算一般是对成本计划执行的结果进行事后的反映。企业通过产品成本核算,一方面,可以归集各项生产费用和经营管理费用的支出,分析和考核产品成本计划的执行情况,促使企业降低成本和费用;另一方面,还可以为企业计算利润、预测成本和利润提供数据,有助于提高企业生产技术水平和经营管理水平。

5.1.1 农产品的概念和分类

农产品是指生物资产的收获品,包括种植业产品、畜牧养殖业产品、水产品和林产品。农产品一般具有鲜活、易腐的特点，因此要注意分清农产品、生物资产及收获后加工而得的产品。

　　农产品包括种植业产品、畜牧养殖业产品、水产品和林产品等。农产品的竞争主要体现在价格和质量两个方面，集中体现在价格上。农产品的成本是形成农产品价格的最主要因素。按照马克思主义的价值学说，农产品成本是指为生产一定数量的农产品而消耗的各种物资投入和活劳动的总和，包含了以实物或资金形式支付的各项生产资料费用、劳动力费用、土地费用以及与生产有关的各项管理性支出。农产品成本核算就是将在农产品的生产和经营过程中发生的各项生产费用，通过会计凭证、账簿和报表，按照一定的程序和方法汇集，连续、系统、全面、准确地记录和整理后，计算出生物资产以及从生物资产中收获农产品的总成本和单位成本。在市场经济条件下，农户生产农产品的目的不仅是通过销售农产品对所发生的耗费进行补偿，而且还期望能够得到合理的盈利。决定经营农产品收入的因素有 3 个：可售农产品的产量、农产品的价格、农产品的生产和营销成本。如何合理核算农产品成本对提高农产品经济效益、增加农户收入、促进农村经济发展具有重要的现实意义。

　　生物资产指的是动物和植物，农产品是特指生物资产的收获品，企业收获后加工而得的产品另按存货处理，具体如表 5-1 所示。

表 5-1　生物资产、农产品和收获后加工而得的产品举例

生物资产	农产品	收获后加工而得的产品
绵羊	羊毛	毛线、地毯
人工林场中的林木	原木	木料
剑麻	剑麻纤维	白棕绳、剑麻地毯等制品
橡胶树	干胶（或浓缩乳胶）	橡胶制品
猪	宰杀后的猪	猪肉肠、熏制的火腿
茶树	各种毛茶	商品茶
棉花	皮棉	面纱、棉布
奶牛	牛奶	花色奶、乳酪

　　农产品一般可以分为种植业产品、畜牧养殖业产品、林产品和水产品，具体如表 5-2 所示。

表 5-2　农产品的分类

种植业产品	小麦、水稻、大豆、玉米、棉花、糖料、烟叶、草、剑麻纤维等
畜牧养殖业产品	牛奶、羊毛、肉类、禽蛋、蚕茧等
林产品	种子、苗木、原木、原竹、水果、干胶（或浓缩乳胶）、各种毛茶、竹笋等
水产品	鱼、虾、贝类、藻类、鱼种、鱼苗等

5.1.2　农产品成本核算的原则

社会水平原则和市场价值原则是贯穿农产品成本核算各个环节、各个方面的根本原则。社会水平原则是指农产品成本核算必须具有代表性，必须反映社会平均水平。市场价值原则是指各项投入品的费用和产出物的价值应当参照市场价格进行核算。在核算成本收益指标时，不但通过市场购买或出售的农产品、农业生产资料、劳动等要按照实际交易价格计算，而且自产自用或尚未出售的产品、自产的生产资料、无偿或低价得到的生产资料、他人无偿提供的劳动等一般也要按照可比的市场价格计算。坚持市场价值原则，既是市场经济本身的要求，也是简化成本核算工作的手段。

5.1.3　农产品成本核算的基本程序

农产品成本核算是一项复杂的工作，虽然所涉及的内容和运用的方法很多，但农产品成本核算工作都必须遵循一定的程序，才能有条不紊地展开。一般程序主要包括以下内容。

（1）确定成本计算对象。成本计算对象是生产费用的承受对象，它是计算产品成本的基本前提。对于农业生产来说，成本计算对象即为具体的农产品。

（2）确定成本项目。成本项目是计入农产品成本的费用按照经济用途分类形成的。农业生产过程中所发生的所有成本费用均需按成本项目进行归集和分配，通过各个成本项目，可以反映出农产品生产过程中不同资金耗费的情况。

（3）归集成本费用。以完全成本制度或制造成本制度为基础归集农产品生产过程中发生的所有费用，按照会计分期确定计入当期农产品的成本费用。

（4）分配成本费用。成本费用的分配是指应计入本期农产品成本的成本费用按配比原则在各农产品之间进行归集、分配，最终确定各农产品成本。

从程序上不难看出，农产品成本的核算过程，实际上就是成本费用不断归集、分配的过程。

5.1.4 农产品成本核算的基本方法

1. 品种法

品种法是以产品品种作为成本核算对象的一种成本核算方法。品种法在实际工作中的应用要点为：以"品种"为对象开设生产成本明细账、成本计算单；成本计算期一般采用"会计期间"；以"品种"为对象归集和分配费用；以"品种"为对象进行成本分析。

2. 分批法

分批法是以产品批别作为成本核算对象的一种成本核算方法。这是一种很广义的成本核算方法，可以按下列方式确定成本对象：产品品种、存货核算中分批实际计价法下的"批"、生产批次、制药等企业的产品"批号"、客户订单（即按客户订单计算成本的方法）、其他企业需要并且定义的"批"。在实际工作中，以"批号""批次"为成本核算对象开设生产成本明细账、成本计算单。成本计算期一般采用"自某某时开始到某某时结束"，一般不存在生产费用在完工产品和在产品之间分配。

3. 分步法

分步法是以"产品生产阶段""生产步骤"作为成本核算对象核算成本的一种方法。分步法下的"步"同样是广义的，其可以为部门（计算考核部门成本）、车间、工序、特定的生产、加工阶段、工作重心的随意组合。一般是以"步"作为成本核算、费用归集的对象成本计算期一般采用"会计期间"，期末往往存在本期完工产品、期末在产品，需要采用一定的方法分配生产费用。

5.2　农产品成本的初始计量及入库的核算

5.2.1　农产品成本的概念

农产品的理论成本是指在农产品的生产中，耗费的物化劳动和活劳动的货币表现，即为生产某种农产品而发生的、能以货币计量的劳动资料、劳动对象和活劳动的耗费。劳动资料耗费包含农用机械、生产用房屋等的使用成本；劳动对象耗费是指种子、化肥、农药等成本；活劳动消耗是指支付给从事农产品生产者的脑力和体力消耗。农产品的理论成本能够比较全面体现生产过程中成本耗费的共同特点，正确反映农产品物质和劳动直接消耗的经济内容。

农产品成本包括直接成本和间接成本两种。直接成本包括：种子、种苗、饲料等费用；生产人员工资、奖金等费用；燃料、动力等费用；化肥、农药等费用。间接成本包括：人员工资、奖金等费用；运输费、修理费；生产设备折旧费和实验检验费。

从成本核算的角度来看，农产品成本核算包括农产品生产成本核算和农产品含税成本核算。从成本控制的角度来看，形成农产品生产成本和含税成本具体项目只是农产品成本控制的一个方面，即有形成本动因，而对那些不能量化或未能计入农产品成本，但对农产品成本的形成产生重要影响的无形成本动因，也是农产品成本控制的内容。农产品成本核算是指对农业生产经营过程中的直接成本和间接成本进行计算、分析，从而找出降低成本的有效方法。有效而准确的成本核算对于合理进行农产品成本控制有着重要意义，二者相辅相成，互为表里。

5.2.2　农产品成本核算的对象

为了适应成本管理的要求和简化成本核算手续，在进行农产品的成本核算时，企业首先要区分主要作物和次要作物。对主要作物应当以每种作物为成本核算对象，单独核算其产品成本；对次要作物则以作物类别作为成本核算对象，先计算出各类作物的产品总成本，再按一定标准确定各种作物的产品成本。对不同收获期的同一种作物必须分别核算。企业主要农产品一般为小麦、水稻、大豆、玉米、棉花、糖料、烟叶等。

5.2.3　农业生产费用的计算

农业生产费用是指企业在农作物生产过程中发生的全部费用，包括一年生作物和多年生作物的生产费用。

企业为了归集农业生产费用和计算产品成本，应设置"农业生产成本"科目，该科目是成本类科目，借方归集农业生产所发生的各项费用，贷方登记转出完工农产品的实际成本，期末余额一般在借方，表示期末在产品成本。对于直接计入农产品生产成本的费用，如直接材料、直接人工、其他直接费用等，借记"农业生产成本"科目；对于发生的间接费用，先在"制造费用"科目的借方进行归集，期末按一定的标准分配后转入"农业生产成本"科目。"农业生产成本"科目应按成本核算对象（按作物或作物组）设置明细分类账，并按成本项目分设专栏。

企业的农业生产费用按其经济用途可以划分为下列各成本项目。

1. 直接材料

直接材料指在农业生产中直接耗用的自产或外购的种子、种苗、肥料、农药等费用。

2. 直接人工

直接人工指直接从事农业生产人员的工资、按规定计提并缴纳的社会保险费及住房公积金。

3. 其他直接费用

其他直接费用指除直接材料、直接人工以外的其他直接支出。其他直接费用包括机械作业费、灌溉费、田间运输费等。

4. 制造费用

制造费用指按一定标准分配计入农产品成本的费用。制造费用包括生产单位（如生产队）为组织和管理生产所发生的管理人员工资及社会保险费、住房公积金、折旧费、修理费、差旅费、业务招待费、水电费、办公费等。

5. 摊销费用

摊销费用指多年生作物投产前发生的按规定的摊销方法计算并摊入本期产品成本的费用。由去年结转本年的农业在产品成本，如秋耕地、越冬作物等的成本，按成本项目还原后，再计入本年各有关农产品的成本，不在本项目核算。

5.2.4　会计科目的设置

"农产品"科目核算企业从事农业活动所收获的农产品的实际成本,借方登记已验收入库农产品的实际成本,贷方登记发出、销售农产品按照选定的计价方法计算确定的实际成本,即借记"农产品"科目,贷记"农业生产成本"科目。期末余额在借方,反映库存农产品的实际成本。本科目应按农产品的种类、品种和规格设置明细账。

5.2.5　农产品成本的初始计量

农产品成本核算的基本目标是反映农产品在企业经营管理过程中实际发生的成本,这也是农产品成本初始计量的基础。企业农产品的取得主要是通过企业从事农业活动收获而来。进行农产品成本的初始计量时,凡与收获农产品有关的支出,包括直接材料、直接人工、制造费用、其他直接费用和间接费用均应计入农产品的初始成本。在确认农产品的初始成本时,应注意成本计算的截止时间,它因农作物产品特点而异。例如,粮豆算至入库和在市场上能够销售;橡胶算至干胶或浓缩乳胶;茶算至各种毛茶;棉花算至皮棉;年底尚未脱粒的农产品,其成本应算至预提脱粒费用,下年度实际发生的脱粒费用与预提费用的差额,由下年同一产品负担;林业育苗算至出圃,其他林业产品算至林产品入库。

5.2.6　农产品入库的核算

企业收获的农产品验收入库时,借记"农产品"科目,贷记"农业生产成本"科目。

【例 5-1】某企业收获小麦 50 000 千克,实际成本为 21 000 元。小麦入库。会计分录如下。

借:农产品——小麦　　　　　　　　　　　　21 000
　　贷:农业生产成本——小麦　　　　　　　　　　21 000

【例 5-2】某企业在一农产品生产过程中单位面积(亩,1 亩≈666.67 平方米)投入物质费用为 190 元(其中投入库存物资 110 元,用现金支付 80 元),投入人工费用为 120 元,收获该农产品 500 千克(市场价格为 1 元/千克),农产品现已入库。

① 发生物质费用时，会计分录如下。

借：农产品 190
　　贷：库存商品 110
　　　　库存现金 80

② 发生人工费用时，会计分录如下。

借：农产品 120
　　贷：应付职工薪酬 120

③ 农产品入库时，会计分录如下。

借：农产品 500
　　贷：农业生产成本 500

同时结转农产品成本，会计分录如下。

借：农业生产成本 310
　　贷：农产品 310

5.3　农产品出库（出售）成本的核算

1. 农产品发出（出库）成本的计量

发出农产品的计价方法包括先进先出法、加权平均法、移动平均法和个别计价法，企业可根据实际情况选用农产品出库的计价方法，计价方法一经确定，不能随意变动。

对于不通过入库直接销售的鲜活农产品，按照农业生产成本中归集的实际成本计价。

2. 农产品发出（出库）的核算

（1）销售、领用农产品的核算。结转农产品成本时，按选定的发出农产品计价方法计算确定的实际成本，借记"主营业务成本"科目，贷记"农产品"科目。生产部门、福利部门、销售部门等领用的农产品，按确定的实际成本，分别借记"生产成本""应付职工薪酬""销售费用"等科目，贷记"农产品"科目。

【例 5-3】某农业企业采用加权平均法作为农产品出库的计价方法。2×20 年 12 月 1 日，甲种农产品结存 30 000 千克，实际成本为 21 000 元；12 月 10 日，入库 60 000 千克，实际成本为 48 000 元；12 月 20 日，入库 30 000 千克，实际成本为 21 000 元；12 月 25 日，生产部门领用 40 000 千克。12 月 15 日，出售甲种农产品 50 000 千克，期末采用加权平均法计算的甲种农产品成本如下。

甲种农产品平均单位成本 =（21 000+48 000+21 000）÷（30 000+60 000+30 000）=0.75（元）

本月入库甲种农产品成本 =90 000×0.75=67 500（元）

其中，

出售甲种农产品成本 =50 000×0.75=37 500（元）

生产部门领取甲种农产品成本 =40 000×0.75=30 000（元）

月末库存甲种农产品成本 =（3 000+6 000+3 000-4 000-5 000）×0.75=22 500（元）

农产品入库的相关会计分录如下。

① 12 月 10 日入库。

借：农产品——甲　　　　　　　　　　　　　　　48 000
　　贷：农业生产成本——甲　　　　　　　　　　　　　48 000

② 12 月 20 日入库。

借：农产品——甲　　　　　　　　　　　　　　　21 000
　　贷：农业生产成本——甲　　　　　　　　　　　　　21 000

农产品发出的相关会计分录如下。

③ 12 月 15 日出售农产品。

借：主营业务成本　　　　　　　　　　　　　　　37 500
　　贷：农产品——甲　　　　　　　　　　　　　　　37 500

④ 12 月 25 日生产部门领用农产品。

借：农业生产成本　　　　　　　　　　　　　　　40 000
　　贷：农产品——甲　　　　　　　　　　　　　　　40 000

（2）直接出售农产品的核算。对于不通过入库直接销售的鲜活农产品，直接从"农业生产成本"科目转入"主营业务成本"等科目核算，不通过"农产品"科目核算。

【例5-4】某企业直接销售养殖鱼22 000千克，实际成本为100 000元，会计分录如下。

借：主营业务成本   100 000
  贷：农业生产成本   100 000

5.4　农产品期末计价及会计处理

5.4.1　农产品的期末计价

企业应在期末或至少于每年年度终了对农产品进行检查，如果由于农产品毁损、陈旧过时、霉变或售价下降等原因导致农产品的可变现净值低于成本，则应按照可变现净值低于成本的部分，计提农产品跌价准备。

农产品的可变现净值，是指企业在正常生产经营过程中，以农产品的预计售价减去销售所必需的预计费用后的价值。在估计农产品的可变现净值时，应采用当期取得的最可靠证据作为依据，如果在期末可能发生与价格和成本有关的期后事件，则必须考虑与期后事件有关的价格与成本波动。此外，还应考虑持有农产品的其他因素，如有销售合同约定的农产品，通常按照合同价作为计算基础，当企业期末库存农产品的数量多于销售合同订购的农产品数量时，超出部分的农产品可变现净值应以一般销售价格作为计算基础。

5.4.2　采用成本与可变现净值孰低的会计核算

企业应在"存货跌价准备"科目下设置"农产品跌价准备"二级科目，核算计提的农产品跌价准备。

　　企业在期末或至少于每年年度终了对农产品进行检查，如果发现以下情况之一，使农产品成本高于可变现净值的，应按照可变现净值低于成本的部分，计提农产品跌价准备。

　　（1）农产品市场价格市价持续下跌，并且在可预见的将来无回升希望。

　　（2）企业使用该农产品生产的产品成本大于产品的销售价格。

　　（3）因企业所提供的农产品过时或消费者偏好改变使市场的需求发生变化，导致农产品市场价格逐渐下跌。

　　（4）其他足以证明该农产品实质上已经发生减值的情形。

　　当存在以下一项或若干项情况时，表明农产品的可变现净值为零：（1）已霉烂变质的农产品；（2）已过期且无转让价值的农产品；（3）生产中已不再需要，并且已无使用价值和转让价值的农产品；（4）其他足以证明已无使用价值和转让价值的农产品。

　　农产品跌价准备应按单个农产品项目的成本与可变现净值计量。如果某些农产品具有类似用途并与在同一地区生产和销售的产品系列相关，且实际上难以将其与该产品系列的其他项目区别开来进行计价，可以合并计量成本与可变现净值。对于数量繁多、单价较低的农产品，可以按照农产品类别计量成本与可变现净值。

　　资产负债表日，农产品发生减值的，按其可变现净值低于成本的差额，借记"资产减值损失"科目，贷记"存货跌价准备——农产品跌价准备"。已计提跌价准备的农产品在以后价值得以恢复，应在原已计提的农产品跌价准备金额内，按恢复增加的金额，借记"存货跌价准备——农产品跌价准备"科目，贷记"资产减值损失"科目。对发出农产品结转农产品跌价准备的，借记"存货跌价准备——农产品跌价准备"科目，贷记"主营业务成本""生产成本"等科目。

　　【例 5-5】某农业企业 2×13 年末某类农产品的账面成本为 150 000 元，由于市场价格下降，预计可变现净值为 100 000 元。2×14 年 6 月 30 日，市场价格有所上升，农产品的预计可变现净值为 120 000 元。2×14 年末，市场价格进一步回升，预计可变现净值为 161 000 元。该企业应编制的会计分录如下。

① 2×13 年末。

借：资产减值损失   50 000

    贷：存货跌价准备——农产品跌价准备（某农产品项目）   50 000

② 2×14 年 6 月 30 日。

借：存货跌价准备——农产品跌价准备（某农产品项目）   20 000

    贷：资产减值损失   20 000

③ 2×14 年末。

借：存货跌价准备——农产品跌价准备（某农产品项目）   40 000

    贷：资产减值损失   40 000

5.5　农产品清查盘点的会计处理

5.5.1　农产品的清查盘点

企业农产品的数量应当定期清查盘点；对保质有特殊要求的保险产品，平时应定期盘点，并及时清查和处理；其他农产品每年应至少盘点一次。盘点结果如果与账面记录不符，应于期末前查明原因，并根据企业的管理权限，经股东大会、董事会、经理（场长）会议或类似机构批准后，在期末结账前处理完毕。

年终盘点时要将已收和已发的农产品数量全部登记入账，应事先准备盘点清册，抄列各项农产品的编号、名称、规格和存放的地点。盘点时，要在清册上逐一记入账内农产品结存数量，并由盘点人签章。从实际盘点日期到 12 月 31 日止这段时间内的农产品收发数量和金额要单独核算，并将实地盘点的各类农产品金额调整为年终应存的农产品金额。

5.5.2　农产品盘盈、盘亏及毁损的核算

企业进行农产品清查盘点，应当编制"农产品盘存报告单"，并将其作为农产品清查的原始凭证。将农产品盘存记录的实存数和农产品的账面记录进行核对，若账面数小于实存数，为农产品盈余；反之，为农产品盘亏。如果存在农产品的损坏、变质、失效，为农产品的毁损。对于盘盈、盘亏及毁损的农产品要记入"待处理财产损溢"科目，查明原因后再进行处理。

1. 农产品盘盈的核算

发生盘盈的农产品，经查明是由于收发计量或核算上的误差等原因造成的，应及时办理农产品入账手续，调整农产品账面的实存数，按盘存同类或类似农产品的市场价格作为其实际成本，借记"农产品"科目，贷记"待处理财产损溢"科目。期末经批准后冲减管理费用，借记"待处理财产损溢"科目，贷记"管理费用"科目。

2. 农产品盘亏和毁损的核算

发生盘亏和毁损的农产品，应按其账面的实际成本，借记"待处理财产损溢"科目，贷记"农产品"科目。期末再根据造成盘亏和毁损的原因分以下情况进行处理。

（1）属于计量收发差错和管理不善等原因造成的农产品盘亏、短缺或毁损，经批准在减去过失人或者保险公司等赔偿之后，计入当期管理费用，借记"其他应收款""原材料""管理费用"等科目，贷记"待处理财产损溢"科目。

（2）属于自然灾害或意外事故等非正常原因造成的农产品短缺或毁损，经批准在减去过失人或者保险公司等赔偿之后，计入当期营业外支出，借记"其他应收款""原材料""营业外支出"等科目，贷记"待处理财产损溢"科目。

农产品的盘盈、盘亏及毁损如在期末结账前还未经批准，应在对外提供财务报表时按上述规定进行会计处理，并在财务报表附注中做出说明。如果以后批准确认的金额与已处理的金额不一致，应按其差额调整财务报表相关项目的年初数。

诗有云"谁知盘中餐，粒粒皆辛苦"。从会计人的角度来看，繁重多元的农业生产环节背后是各项成本的有机结合。本章在对农业生产成本所涉及到的概念及账务处理进行充分讲解后，依据农业各细分领域的各色特点，分行业针对种植业、畜牧养殖业、林业水产业的生产成本核算进行详细阐明，并辅以相关案例演绎所用到的会计核算方法在实际生产中是如何应用的。

6.1 农业生产成本的概念与核算的组织

6.1.1 农业生产成本的概念

农业生产成本是指农业企业生产过程中所发生的各种耗费。它主要包括农、林、牧、副、渔各业产品所耗费的种子、饲料、燃料、生产工人工资、农机具折旧以及因管理生产和为生产服务而发生的各种费用。由于农业企业实行一业为主、多种经营，所以对于农、林、牧、副、渔各业的主要产品应单独作为成本核算对象核算成本，次要产品可以分业合并核算成本。

农业企业的成本项目一般包括直接材料、直接人工、其他直接费用以及间接费用等。直接材料是指农业生产过程中实际消耗的各种原材料、辅助材料、备品配件、外购半成品、燃料动力等。直接人工是指农业企业直接从事生产经营人员的工资、奖金、津贴和补贴。其他直接费用包括直接从事生产经营人员的职工福利费用等。间接费用是指农业企业为组织和管理生产所发生的管理人员的工资及福利费、修理机折旧费、机物料消耗、低值易耗品摊销、水电费、办公费、差旅费、运输费、保险费、设计制图费、试验费、劳动保护费、土地开发费摊销等。

6.1.2 农业生产成本核算的组织

1. 组织方式

农业生产成本核算的组织方式，有账内核算、账内账外相结合核算、账外核算 3 种。

（1）账内核算是农业生产成本要求在总账内设置成本计算账户，并在明细账内按成本核算对象设置明细账户。所有农业生产费用的汇集和分配，都必须通过总账和明细账记录反映，期末要求根据有关账户的记录，计算产品生产成本。这种组织方式比较科学、严密，适用于核算水平高的农业企业。

（2）账内账外相结合核算是农业生产成本要求在分类账内核算物质费用，人工费用则是根据账外专设的用工登记簿所登记的用工数量和另外确定的工值进行计算，将账内核算的物质费用与账外核算的人工费用加总，然后分别按照成本核算对象进行分配，即为各产品的生产成本。在这种组织方式下，物质费用的核算比较严密，人工费用的取得比较灵活，分类账与用工登记簿之间不存在核对关系。

（3）账外核算是农业生产成本就是不在账内设置成本核算账户，所有费用都是根据登记簿记录的资料，经过加工整理，计算出产品生产成本。这种组织方式，较简便灵活，但不科学、严密。

2. 组织农业生产成本核算的要求

为了正确、及时地计算产品生产成本，完成核算任务，应做好组织工作，并符合以下要求。

（1）严格执行企业会计准则规定的成本计量要求，正确核算农业企业的成本。

（2）正确划分各种成本耗费的界限。

① 正确划分农产品成本与期间费用的界限。

② 正确划分各期的成本界限。

③ 正确划分各种产品的成本界限。

④ 正确划分完工产品和在产品的成本界限。

（3）做好成本核算的基础工作。

① 建立健全定额管理制度。

② 建立健全原始记录制度。

③ 建立健全材料物资的计量、检验、收发、领退和定期盘点制度。

（4）制定和执行各项费用开支标准，加强生产费用的事前审核和控制。

（5）适应生产特点和管理要求，正确确定成本核算对象、成本计算期和成本核算方法。

① 正确确定成本核算对象。

② 正确确定成本计算期。

③ 选择适当的成本核算方法。

6.2 农业生产成本的核算与账务处理

6.2.1 农业生产成本的核算

农业活动过程中发生的各项生产费用，应按种植业、畜牧养殖业、水产业和林业分别确定成本核算对象和成本项目，并进行费用的归集和分配。

实行混群核算的幼畜（禽）或育肥畜（禽）的实际成本和饲养费用以及实行分群核算的幼畜（禽）或育肥畜（禽）的饲养费用、郁闭成林前消耗性林木资产和公益林的实际成本以及其他消耗性生物资产的实际成本等，在"农业生产成本"科目核算。

经济林木、农田防护林在达到预定生产经营目的前发生的实际成本，在"生产性生物资产——未成熟生产性生物资产"科目核算，不在"农业生产成本"科目核算；达到预定生产经营目的时的实际成本，在"生产性生物资产"科目核算，不在"农业生产成本"科目核算；达到预定生产经营目的后发生的采割、管护费用，在"农业生产成本"科目核算。

由于农、林、牧、副、渔业的生产受自然生长周期的影响，所以，成本计算期不可能完全一致。一般而言，对于经常有产品产出的橡胶、乳品、家禽、工副业等生产，应按月计算产品的实际成本；对于一年只收获一次或几次的粮食、棉花、果、桑、茶等产品应在产品的收获月份计算产品的实际成本。因此，农业产品成本计算期可以是定期的，也可以是不定期的。为了正确计算农业生产成本，应按不同的生产类型分别设置"农业生产成本""林业生产成本""畜牧业生产成本"等科目。对于辅助生产费用、机械作业费用可以在各业生产成本科目下分别设置"辅助生产""机械作业费"明细科目进行归集分配，也可另设一级科目进行核算，先按费用发生的地点进行归集，然后分配计入各业成本明细账中。

6.2.2　农业生产成本核算的方法

农业生产成本的核算方法，是由生产的特点和管理的要求决定的。根据成本核算对象的不同，分为以下3种方法。

1. 品种法

品种法是以产品品种为成本核算对象汇集生产费用、核算产品生产成本的一种方法。品种法适用于单步骤的大量大批生产，或者虽是多步骤生产，但管理上不要求分步计算产品生产成本的企业。品种法主要具有以下特点。

（1）以各种产品的品种为成本核算对象，不需计算产品生产各步骤的半成品成本。

（2）以会计报告期为成本计算期，即按月计算产品生产成本。成本计算期与会计报告期一致，与产品生产周期不一致（计算农、林、牧、渔业产品生产成本除外）。

（3）期末没有在产品或在产品很少的企业，不需计算期末在产品成本。如果期末在产品数量较多，需将该产品的全部费用在完工产品与在产品之间进行分配。

采用品种法计算产品生产成本的程序如下。

（1）按照产品品种设置成本计算单，并按成本项目汇集各产品的生产费用。

（2）进行生产费用的汇集，凡属材料、人工等直接费用，能够区分归属某产品的，直接计入该产品成本计算单的有关成本项目。不能按产品直接区分的，则按一定的方法分配计入成本计算单。为生产产品发生的间接费用，先在有关科目和所属明细科目汇集，月终按一定的方法分配计入成本计算单。

（3）如果期末没有在产品，成本计算单上汇集的生产费用，即是该产品的生产总成本，用生产费用除以产量则是产品单位成本，这种处理方法称为简单法。如果期末在产品较多，需将该产品的全部费用在完工产品与在产品之间进行分配，分别计算完工产品与在产品的生产成本。

2. 分批法

分批法是以产品批别为成本核算对象汇集生产费用、计算产品生产成本的一种方法。分批法适用于单件或小批生产的企业。分批法主要具有以下特点。

（1）以各批产品为成本核算对象，不需计算产品生产各步骤的半成品成本。

（2）发生的间接费用可以按月进行分配，也可累计起来一次分配给各批产品。

（3）以某批产品完工日期为成本计算期，成本计算期与生产周期一致，与会计报告期不一致。生产费用不需在完工产品与在产品之间分配。

采用分批法计算产品生产成本的程序如下。

（1）按产品批别设置成本计算单，并按成本项目汇集每批产品的生产费用。

（2）进行生产费用的汇集，凡属材料、人工等直接费用，直接计入成本计算单的有关成本项目；凡属间接费用，先在有关科目及所属明细科目中汇集，然后按一定的方法分配计入成本计算单。

（3）如果期末该批产品全部完工，则该成本计算单上汇集的生产费用，就是该批产品的生产总成本，用生产费用除以产量则是产品单位成本。如果期末已有一部分产品完工入库或交给客户，该批产品完工部分的成本，可按成本计算转出，在该批产品全部完工后，再计算其实际生产成本。

3. 分步法

分步法是按照产品的生产步骤和产品品种归集生产费用、计算产品生产成本的一种方法。分步法适用于连续、复杂或大批量生产的企业。这样的生产企业，产品生产工艺过程是若干步骤的多阶段生产，直到最后一个步骤生产出产品。分步法主要具有以下特点。

（1）成本核算对象是最后完工的产成品和各步骤的半成品，因此应按生产步骤设置成本计算单，汇集各步骤的生产费用，计算生产成本。

（2）定期计算各步骤的完工产品或半成品生产成本。连续复杂生产的企业，一方面不断地投入原料，另一方面又不断地生产出产品或半成品，所以只能按月定期计算当月完工产品或半成品的生产成本。成本计算期与会计报告期一致，与生产周期不一致。

（3）计算在产品生产成本。大批量生产的企业，每月各步骤都有一定数量的在产品，且各月月末在产品数量不稳定。因此，就要把汇集的生产费用，在完工产品、半成品和各步骤在产品之间进行分配。

由于分步法成本结转的方式不同，又分为逐步结转分步法和平行结转分步法两种。

6.2.3 农业生产成本的账务处理

（1）郁闭成林前消耗性林木资产、公益林以及其他农业活动耗用的直接材料、直接人工和其他直接费用，计入农业生产成本，借记"农业生产成本"科目，贷记"原材料""应付职工薪酬""库存现金""银行存款"等科目。

（2）具有生产性特点的林木资产达到预定生产经营目的后发生的管护费用，直接计入农业生产成本，借记"农业生产成本"科目，贷记"原材料""应付职工薪酬""库存现金""银行存款"等科目。

（3）机械作业等发生的共同费用，借记"农业生产成本——机械作业费"等科目，贷记"累计折旧"等科目。期末，分配计入有关受益对象时，借记"农业生产成本——××产品"科目，贷记"农业生产成本——机械作业费"等科目。

（4）辅助生产单位提供的劳务，按承担劳务费用的金额，借记"农业生产成本"科目，贷记"生产成本——辅助生产成本"科目。

（5）经济林木、农田防护林、剑麻、产畜等成熟生产性生物资产计提的折旧，借记"农业生产成本"科目，贷记"生产性生物资产累计折旧"科目。零星橡胶树、果树、桑树、茶树等经济林木的更新和补植支出，在达到预定生产经营目的前，计入生产性生物资产；在达到预定生产经营目的后，直接计入农业生产成本。

（6）多次收获的多年生消耗性生物资产（如苜蓿），其往年费用按比例分配计入本期产品成本部分，借记"农业生产成本——××产品"科目，贷记"农业生产成本——××年种植××作物"科目。

（7）年终尚未完成脱粒作业的产品，预提脱粒等费用时，借记"农业生产成本"科目，贷记"其它应付款"科目。

（8）畜（禽）产品实行混群核算的，畜（禽）本身的价值及其饲养费用，均通过"农业生产成本"科目核算。购进畜（禽）时，按实际支付或应支付的价款，借记"农业生产成本"科目，贷记"银行存款"等科目。实行分群核算的，由于"农业生产成本"科目只核算各群发生的饲养费用，畜（禽）本身的价值在"消耗性生物资产——幼畜及育肥畜"科目核算。期末结转各群的饲养费用时，借记"消耗性生物资产——幼畜及育肥畜"科目，贷记"农业生产成本"科目。

（9）发生的间接费用，先在"制造费用"科目进行汇集，期末再按一定的分配标准或方法，分配计入有关产品成本，借记"农业生产成本"科目，贷记"制造费用"科目。

（10）收获的农产品（包括自产留用的种子、饲料、口粮）验收入库时，按实际成本，借记"农产品"科目，贷记"农业生产成本"科目；不通过入库直接销售的鲜活农产品，按实际成本，借记"主营业务成本"科目，贷记"农业生产成本"科目。

（11）消耗性林木资产采伐时，按其账面价值，借记本科目，按已计提的消耗性林木资产跌价准备，借记"消耗性生物资产跌价准备——林木资产跌价准备"科目，按其账面余额，贷记"消耗性生物资产——消耗性林木资产"科目。

（12）实行混群核算的幼畜成龄转为产畜或役畜，按账面价值，借记"生产性生物资产"科目，按已计提的其他消耗性生物资产跌价准备，借记"消耗性生物资产跌价准备——其他消耗性生物资产跌价准备"科目；按账面余额，贷记"农业生产成本"科目。

6.3　种植业生产成本核算

6.3.1　种植业简介

种植业是栽培各种农作物以及取得植物产品的农业生产部门，是农业的主要组成部分之一。种植业包括各种农作物、林木、果树、药用和观赏等植物，以及粮食作物、经济作物、蔬菜作物、绿肥作物、饲料作物、牧草、花卉等园艺作物。种植业的特点是以土地为基本生产资料，利用农作物的生物机能将太阳能转化为化学能和农产品。种植业是农业的重要基础，不仅是人类赖以生存的食物与生活资料的主要来源，还为纺织工业、食品工业提供原料，为畜牧业和渔业提供饲料。同时，种植业的分布和发展对我国国民经济各部门有直接影响。

6.3.2　种植业生产成本核算对象

企业应根据种植业生产特点和成本管理要求，按照"主要从细、次要从简"的原则确定种植业生产成本核算对象。

"主要从细，次要从简"原则是指在会计核算时对主要农作物的生产成本实行重点而详细的核算，即以每种作物为对象单独计算生产成本；而对于一些次要农作物在进行成本核算时，实行非重点和简化的核算，没必要按农作物品种单独进行成本核算，可合并核算其生产成本，即以每类作物为对象合并计算该类作物的总成本。种植业主要产品为小麦、水稻、大豆、玉米、棉花、糖料、烟叶、草、剑麻等。

6.3.3　种植业成本计算期

种植业的成本计算期应与其生产周期相一致，在产品产出的月分计算成本。种植业产品生产成本计算的截止时间因农作物产品特点而异。

粮豆算至入库或能够销售；棉花算至皮棉；纤维作物、香料作物、人参、啤酒花等算至纤维等初级产品；草算至干草；不入库的鲜活农产品算至销售；入库的鲜活农产品算至入库；年底尚未脱粒的作物，其产品成本算至预提脱粒费用。下年度实际发生的脱粒费用与预提费用的差额，由下年度同一产品负担。

6.3.4 种植业生产成本核算项目

企业应根据具体情况设置种植业生产成本核算项目。一般情况下可设置以下成本核算项目。

（1）直接材料，指生产中耗用的自产或外购的种子、种苗、肥料、地膜、农药等。

（2）直接人工，指直接从事种植业生产人员的工资、工资性津贴、奖金、福利费。

（3）机械作业费，指生产过程中进行耕耙、播种、施肥、中耕除草、喷药、收割等机械作业所发生的费用支出。

（4）其他直接费用，指除直接材料、直接人工和机械作业费以外的其他直接费用。

（5）制造费用，指应摊销、分配计入各产品的间接生产费用。例如种植业生产中所发生的管理人员工资及福利费、晒场等固定资产折旧费、晒晾费用、场院照明费用、晒场维修费、晒场警卫人员工资等。

6.3.5 种植业成本核算

种植业成本计算参考公式如下。

某种作物单位面积（公顷）成本 = 该种作物生产总成本 ÷ 该种作物播种面积

某种作物主产品单位产量（千克）成本 =（该种作物生产总成本 − 副产品价值）÷ 该种作物主产品产量

某种蔬菜应分配的温床（温室）费用 = 温床（温室）费用总额 ÷ 实际使用的温床格日（温室平方米日）总数 × 该种蔬菜占用的温床格日（温室平方米日）数

草场单位面积（公顷）成本 = 种草生产总成本 ÷ 种草总面积

干草单位产量（吨）成本 = 种草生产总成本 ÷ 干草总产量

一次性收获的多年生作物单位成本 =（往年费用 + 本年费用 − 副产品价值）÷ 主产品总产量

多次收获的多年生作物主产品单位成本 =（往年费用本年摊销额 + 本年费用 −

副产品价值）÷ 本年主产品产量

【例 6-1】某农场将番茄、茄子、黄瓜 3 种作物合并为一个成本计算对象，成本明细账上归集的生产费用总额为 32 000 元。番茄产量 20 000 千克，每千克平均售价 2.5 元；茄子产量 20 000 千克，每千克平均售价 1.5 元；黄瓜产量 50 000 千克，每千克平均售价 1.4 元。要求以蔬菜的销售额为标准分配成本费用。蔬菜生产成本计算如表 6-1 所示。

表 6-1　蔬菜生产成本计算

2×15 年 6 月 30 日

产品	产量（千克）①	单位售价（元）②	销售额（元）③=①×②	分配率（%）④	总成本（元）⑤	单位成本（元）⑥=⑤÷①
番茄	20 000	2.5	50 000	33	10 560	0.53
茄子	20 000	1.5	30 000	20	6 400	0.32
黄瓜	50 000	1.4	70 000	47	15 040	0.30
合计	90 000	—	150 000	—	32 000	—

【例 6-2】某农场利用温床培育番茄、黄瓜两种秧苗，温床费用为 3 200 元。其中：番茄占用温床 10 格，生长期为 40 天；黄瓜占用温床 40 格，生长期为 30 天。秧苗育成移至温室栽培后，发生温室费用共计 15 200 元。其中：番茄占用温室 1 500 平方米，生长期为 80 天；黄瓜占用温室 1 000 平方米，生长期为 70 天。两种蔬菜发生的直接生产费用为 3 000 元，其中番茄 1 640 元，黄瓜 1 360 元。应负担的间接费用共计 4 500 元，采用直接费用比例法分配。两种蔬菜的产量分别为：番茄 27 358 千克，黄瓜 38 000 千克。现将各种费用计算分配如下。

番茄应分配的温床费用 =3 200÷（10×40+40×30）×10×40=300（元）

番茄应分配的温室费用 =15 200÷（1 500×80+1 000×70）×1 500×80=9 600（元）

番茄应分配的间接费用 =4 500÷3 000×1 640=2 460（元）

黄瓜应分配的温床费用 =3 200÷（10×40+40×30）×40×30=2 400（元）

黄瓜应分配的温室费用 =15 200÷（1 500×80+1 000×70）×1 000×70=5 600（元）

黄瓜应分配的间接费用 =4 500÷3 000×1 360=2 040（元）

根据以上资料，编制成本计算表如表 6-2 所示。

表 6-2 蔬菜生产成本计算

2×15 年 6 月 30 日

产品	产量（千克）	直接费用（元）	温床费用（元）	温室费用（元）	间接费用（元）	总成本（元）	单位成本（元）
番茄	27 358	1 640	800	9 600	2 460	14 500	0.53
黄瓜	38 000	1 360	2 400	5 600	2 040	11 400	0.30
合计	—	3 000	3 200	15 200	4 500	25 900	—

6.4 畜牧养殖业生产成本核算

6.4.1 畜牧养殖业简介

畜牧养殖业是用放牧、圈养或者二者结合的方式，饲养畜禽以取得动物产品或役畜，如肉、蛋、奶、羊毛、皮张、蚕丝和药材等畜产品的生产部门，畜牧养殖的整个过程是人类与自然界进行物质交换的重要环节。畜牧养殖业区别于自给自足家畜饲养，它的主要特点是集中化、规模化，并以营利为生产目的。畜牧养殖业主要包括牛、马、驴、骡、骆驼、猪、羊、鸡、鸭、鹅、兔、蜂等家畜家禽饲养业，以及鹿、貂、水獭、麝等野生经济动物驯养业。畜牧养殖业不但为纺织、油脂、食品、制药等工业提供原料，也为人们生活提供肉、乳、蛋、禽等丰富食品，还为农业提供役畜和粪肥。畜牧养殖业是农业的组成部分之一，与种植业并列为农业生产的两大支柱。

6.4.2　畜牧养殖业生产成本核算对象

从畜牧养殖业简介来看，它主要是通过饲养畜禽来获得动物产品或役畜，所以畜牧养殖业的成本核算对象是畜（禽）群及其产品。主要畜禽产品有牛奶、羊毛、肉类、禽蛋、蚕茧等。畜禽饲养可实行分群饲养，也可实行混群饲养。实行分群饲养的主要畜（禽）群别划分如下。

（1）养猪业。养猪业成本核算对象主要是母猪、种公猪、检定母猪、2 个月以内的未断奶仔猪等基本猪群、2 ~ 4 个月幼猪、4 个月以上幼猪和育肥猪等。

（2）养牛业。养牛业成本核算对象主要包括母牛和公牛等基本牛群、6 个月以内的犊牛以及 6 个月以上的幼牛。

（3）养马业。养马业成本核算对象主要有母马、种公马、未断奶的马驹等基本马群、当年生幼马、二年生幼马、三年生幼马。

（4）养羊业。养羊业成本核算对象主要有母羊、种公羊、未断奶的羔羊等基本羊群、当年生幼羊、往年生幼羊、去势羊和非种用公羊。

（5）养禽业。养禽业成本核算对象有基本禽群（包括成龄禽）、幼禽和育肥禽以及人工孵化群。

6.4.3　畜牧养殖业成本核算项目

1. 直接材料

直接材料是指畜牧养殖业生产耗用的饲料、燃料、动力、畜禽医药费等。产品生产实行混群核算的，产品本身的价值及饲养中发生的直接材料费直接计入"农业生产成本——×× 畜（禽）类别（猪或牛、羊等）"科目；对于实行分群核算的，饲养中发生的直接材料费，直接计入"农业生产成本——×× 群别"科目。

2. 直接人工

直接人工是指直接从事畜牧养殖业生产人员的工资、工资性津贴、奖金、福利费。

分配率 = 全部群别发生的直接人工费用总额 ÷ 全部群别耗用的生产工时总数

某群别应负担的直接人工费用 = 某群别耗用的生产工时数 × 分配率

3. 其他直接费用

其他直接费用是指除直接材料、直接人工以外的其他费用，如猪、鸡、牛饲舍的维修费等费用。

4. 制造费用

制造费用是指应摊销、分配计入各群别的间接生产费用，如生产过程中发生的管理人员的工资及福利费、防疫费、产役畜折旧、各畜（禽）饲舍的折旧、照明电费等。

6.4.4 畜牧养殖业成本核算

1. 混群核算的成本计算参考公式

某类畜（禽）本期生产总成本（元）= 期初存栏价值 + 本期饲养费用 + 本期购入畜（禽）价值 + 本期无偿调入畜（禽）价值 − 期末存栏价值 − 本期无偿调出畜（禽）价值

某类畜（禽）主产品单位成本（元）= ［某类畜（禽）生产总成本 − 副产品价值］ ÷ 该类畜（禽）主产品总产量

2. 分群核算的成本计算参考公式

畜（禽）饲养日成本［元 / 头（只）·日］= 该群本期饲养费用 ÷ 该群饲养头（只）日数

离乳幼畜活重单位成本（元 / 千克）=（该群累计饲养费用 − 副产品价值）÷离乳幼畜活重

幼畜或育肥畜增重单位成本（元 / 千克）=（该群本期饲养费用 − 副产品价值）÷ 该群增重数

某畜群增重量（千克）= 该群期末存栏活重 + 本期离群活重（不包括死畜重量，下同）− 期初结转、期内购入和转入的活重

某群幼畜或育肥畜活重单位成本（元 / 千克）=（期初活重总成本 + 本期增重总成本 + 购入、转入总成本 − 死畜残值）÷（期末存栏活重 + 本期离群活重）

主产品单位成本（元 / 千克）=（该畜群累计全部饲养费用 − 副产品价值）÷

该畜群主产品总产量

3. 畜牧养殖业成本核算应用举例

【例 6-3】绿地农场本期"农业生产成本——基本猪群"明细账有关资料如下：
本期饲养费用为 42 590 元，包括饲料费 30 000 元，应付工资 10 000 元，应付福利
费 2 590 元；副产品估值为 240 元；期初结存未断乳仔猪 50 头，活重为 350 千克，
成本为 1 890 元；本期繁殖仔猪 600 头，出生活重及增重共计 8 400 千克；本期转
群 2 个月仔猪 500 头，活重为 7 700 千克，死亡未满 2 个月仔猪 20 头，活重为 100
千克；期末结存未断乳仔猪 130 头，活重为 950 千克。根据上述资料计算成本如下。

相关的账务处理如下。

发生饲养费用时，会计分录如下。

借：农业生产成本——基本猪群　　　　　　　　　　　42 590
　　贷：原材料——饲料　　　　　　　　　　　　　　　　30 000
　　　　应付职工薪酬——工资　　　　　　　　　　　　10 000
　　　　　　　　　　——福利费　　　　　　　　　　　　2 590

如果农作物使用畜群副产品（厩肥），会计分录如下。

借：农业生产成本——×× 作物　　　　　　　　　　　240
　　贷：农业生产成本——基本猪群　　　　　　　　　　　　240

如果副产品直接对外出售，会计分录如下。

借：库存现金 / 银行存款　　　　　　　　　　　　　　240
　　贷：农业生产成本——基本猪群　　　　　　　　　　　　240

离乳仔猪转群时，会计分录如下。

借：消耗性生物资产——幼畜及育肥畜（2 个月幼猪及育肥猪）42 350
　　贷：农业生产成本——基本猪群　　　　　　　　　　　42 350

【例 6-4】某农场畜牧业采用分群核算制，本期"农业生产成本——2 ~ 4 个
月幼猪及育肥猪"和"消耗性生物资产——幼畜及育肥畜（2 ~ 4 个月幼猪及育肥猪）"
明细账有关资料如下。本期饲养费用为 117 630 元，其中：饲料费为 106 230 元，
饲养人员工资为 10 000 元，福利费为 1 400 元（其他略）；死畜残值为 1 050 元；
期初结存 20 头，活重为 1 000 千克，成本为 4 500 元；本期转入仔猪 500 头，活重
为 7 700 千克，成本为 42 350 元；购入幼猪 50 头，活重为 700 千克，成本为 3 780 元；

本期转出 540 头，转为"4 个月以上幼猪及育肥猪"，活重为 35 100 千克；死亡 2 头，活重为 90 千克；期末结存 28 头，活重为 1 250 千克。根据上述资料计算幼猪成本如下。

幼猪增重量 =1 250+35 100−（1 000+700+7 700）=26 950（千克）

幼猪增重单位成本 =（117 630−1 050）÷26 950=4.33（元/千克）

幼猪活重单位成本 =（4 500+42 350+3 780+117 630−1 050）÷（1 250+35 100）=4.6（元/千克）

幼猪群期末存栏总成本 =1 250×4.6=5 750（元）

幼猪群转出总成本 =35 100×4.6=161 460（元）

相关账务处理如下。

发生饲养费用时，会计分录如下。

借：农业生产成本——2～4 个月幼猪及育肥猪　　　　　　　117 630
　　贷：原材料——饲料　　　　　　　　　　　　　　　　　　106 230
　　　　应付职工薪酬——工资　　　　　　　　　　　　　　　 10 000
　　　　　　　　——福利费　　　　　　　　　　　　　　　　　1 400

如果农作物使用 2～4 个月幼猪的副产品（厩肥），会计分录如下。

借：农业生产成本——××作物　　　　　　　　　　　　　　　1 050
　　贷：农业生产成本——2～4 个月幼猪及育肥猪　　　　　　　1 050

如果副产品直接对外出售，会计分录如下。

借：库存现金/银行存款　　　　　　　　　　　　　　　　　　1 050
　　贷：农业生产成本——2～4 个月幼猪及育肥猪　　　　　　　1 050

结转 2～4 个月幼猪增重成本 116 580 元（117 630−1 050）时，会计分录如下。

借：消耗性生物资产——幼畜及育肥畜（2～4 个月幼猪及育肥猪）
　　　　　　　　　　　　　　　　　　　　　　　　　　　　116 580
　　贷：农业生产成本——2～4 个月幼猪及育肥猪　　　　　　116 580

2～4 个月幼猪转为 4 个月以上的幼猪及育肥猪时，会计分录如下。

借：消耗性生物资产——幼畜及育肥畜（4 个月以上幼猪及育肥猪）
　　　　　　　　　　　　　　　　　　　　　　　　　　　　161 460
　　贷：消耗性生物资产——幼畜及育肥畜（2～4 个月幼猪及育肥猪）
　　　　　　　　　　　　　　　　　　　　　　　　　　　　161 460

出售 2 ~ 4 个月幼猪结转其活重成本时，会计分录如下。

借：主营业务成本——2 ~ 4 个月幼猪及育肥猪　　　116 580

　　贷：消耗性生物资产——幼畜及育肥畜（2 ~ 4 个月幼猪及育肥猪）

　　　　　　　　　　　　　　　　　　　　　　　116 580

4 个月以上幼猪与育肥猪转为基本猪群时，会计分录如下。

借：生产性生物资产——基本猪群　　　　　　　　161 460

　　贷：消耗性生物资产——幼畜及育肥畜（4 个月幼猪及育肥猪）

　　　　　　　　　　　　　　　　　　　　　　　161 460

【例6-5】某农场养牛场5月基本牛群饲养费用（饲料费、养牛人员工资、福利费等）为 369 000 元，副产品价值为 1 000 元，期内共生产牛奶 364 000 千克，产牛犊 40 头，牛犊每头约 100 千克。牛奶和牛犊的成本计算如下。

牛奶单位成本 =（369 000-1 000）÷（364 000+40×100）=1（元/千克）

每头牛犊成本 = 100×1=100（元）

牛奶总成本 = 364 000×1=364 000（元）

牛犊总成本 = 40×100=4 000（元）

根据以上计算结果，进行账务处理如下。

结转牛奶的生产成本时，会计分录如下。

借：主营业务成本——牛奶　　　　　　　　　　　364 000

　　贷：农业生产成本——基本牛群　　　　　　　　364 000

结转牛犊的出生成本时，会计分录如下。

借：消耗性生物资产——幼畜及育肥畜（6个月以内的牛犊）　4 000

　　贷：农业生产成本——基本牛群　　　　　　　　　4 000

如果农作物使用副产品（厩肥）或对外出售，会计分录如下。

借：农业生产成本——××作物/库存现金等　　　　1 000

　　贷：农业生产成本——基本牛群　　　　　　　　　1 000

6.5 林业生产成本核算

6.5.1 林业简介

林业是指使生态环境保持生态平衡，培育和保护森林以取得木材和其他林产品、利用林木的自然特性以发挥防护作用的生产部门，是国民经济的重要组成部分之一。此外，林业也是指在人和生物圈中，通过先进的科学技术和管理手段，从事培育、保护、利用森林资源的工作，充分利用森林产生多种效益，且持续经营森林资源，促进人口、经济、社会、环境和资源协调发展的基础性产业和社会公益事业。

6.5.2 林业生产成本核算对象

林木生产包括种子、苗木、木材生产等，其主要产品有种子、苗木、原木、原竹、水果、干果、干胶（或浓缩胶乳）、茶叶、竹笋等。林木按生产阶段一般可分为种苗、造林抚育、采割 3 个阶段，不同阶段的林木也应分别核算成本。

1. 种苗成本核算对象

种子应按树种分别归集费用，核算种子成本；育苗阶段应按树种、育苗方式、播种年份分别归集费用，核算种苗成本。

2. 造林抚育成本核算对象

消耗性林木资产和公益林根据企业管理的需要，可按照小班、树种等归集费用，核算造林抚育成本。

3. 木材采割成本核算对象

木材按采伐运输方式、品种、批别及其生产过程等，根据企业管理的需要归集费用，核算木材成本。

4. 其他林产品成本核算对象

其他林产品按照收获的品种、批别、生产过程等，根据企业管理的需要归集费用，核算其他林产品的成本。

6.5.3　林业成本计算期及成本核算项目

各阶段林木及林产品的成本计算期：育苗阶段算至出圃时；造林抚育阶段，消耗性林木资产和公益林算至郁闭成林前；采割阶段，林木采伐算至原木产品，橡胶算至干胶或浓缩胶乳，茶算至各种毛茶，其他收获活动算至其他林产品入库。

林业企业的成本核算项目可按照种植业企业的成本核算项目设置，也可根据企业管理需要自行设置。一般而言，需要在每个成本核算对象中设置直接材料、直接人工、制造费用等成本项目。

6.5.4　林业生产成本核算

1. 林木种子生产成本核算

林木种子是育苗造林的物质基础，种子的质量和数量直接影响更新造林的进展和成效。林木种子生产一般包括种子收购、自营采集加工和在林木良种基地（种子园或母树林）培育 3 种方式。

（1）林木种子生产成本核算内容。林木种子生产成本核算内容包括自原果采集到原果加工完成的生产费用以及应负担的林木良种基地的培育成本和采收期的管护费用。这个过程可以分为原果采集（含收购）和原果加工两个阶段。原果采集（含收购）阶段，核算内容包括由结实调查到原果验收入库（或到晾晒场）前各生产工序发生的费用以及应负担的林木良种基地的培育成本和采收期的管护费用；原果加工阶段，核算内容包括干燥脱壳、精选包装到纯子入库各工序发生的费用。林木种子的生产成本，应按树种区分生产阶段进行核算。

（2）林木种子生产成本核算方法。林木种子生产以生产周期为成本计算期，以千克为计量单位，采用分批法计算产品成本。产品完成验收后，其成本由原果采集（含收购）和原果加工两个阶段平行转入完工产品成本。

【例 6-6】某林业局种子站 2×20 年 9 月在种子林采集杉木原果 50 000 千克至晾晒场，支付采集工资 10 000 元，计提福利费 1 400 元，耗用材料 1 600 元。杉木原果经干燥、脱壳、精选包装，生产种子 4 000 千克，已验收入库，支付工资 2 000 元，计提福利费 280 元，耗用材料 1 720 元，以银行存款支付委托生产费 1 000 元。该种子林营育总成本（成熟生产性生物资产账面原值）为 200 000 元，预计采收 10 年，按年限平均法计提折旧。当年发生的种子林管护费用为 1 000 元，以银行存款支付。同时，该种子站收购红松种子 2 000 千克，支付价款 30 000 元；收购杉木种子 1 000 千克，支付价款 16 000 元。该种子站当年发生各项制造费用合计 14 000 元。杉木种子成本计算如下。

第 1 步，归集生产费用。登记"林木种子生产费用明细账"（见表 6-3、表 6-4、表 6-5）。

表 6-3　林木种子生产费用明细账

产品类别：杉木种子　　　　　　　2×20 年 9 月

阶段类别：原果采集　　　　　　　　　　　单位：元

2×20年 月	日	凭证号	摘要	直接材料	直接人工	其他直接费用	制造费用	合计
9	略	略	生产费用合计	22 600	11 400		5 600	39 600
			完工产品成本	22 600	11 400		5 600	39 600

表 6-4　林木种子生产费用明细账

产品类别：杉木种子　　　　　　　2×20 年 9 月

阶段类别：原果加工　　　　　　　　　　　单位：元

2×20年 月	日	凭证号	摘要	直接材料	直接人工	其他直接费用	制造费用	合计
9	略	略	生产费用合计	17 720	2 280	1 000	3 500	24 500
			完工产品成本	17 720	2 280	1 000	3 500	24 500

表 6-5　林木种子生产费用明细账

产品类别：红松种子　　　　　　　2×20 年 9 月

阶段类别：原果加工　　　　　　　　　　　单位：元

2×20年 月	日	凭证号	摘要	直接材料	直接人工	其他直接费用	制造费用	合计
9	略	略	生产费用合计	30 000			4 900	34 900
			完工产品成本	30 000			4 900	34 900

计提当年种子林折旧，支付当年管护费用，会计分录如下。

当年应计提种子林折旧 =1×200 000÷10=20 000（元）

借：农业生产成本——林木种子生产（杉木原果采集） 21 000

　　贷：生产性生物资产累计折旧 20 000

　　　　银行存款 1 000

核算杉木原果采集支出，会计分录如下。

借：农业生产成本——林木种子生产（杉木原果采集） 13 000

　　贷：应付职工薪酬——工资 10 000

　　　　　　　　　　——福利费 1 400

　　　　原材料 1 600

核算杉木原果加工支出，会计分录如下。

借：农业生产成本——林木种子生产（杉木原果加工） 5 000

　　贷：应付职工薪酬——工资 2 000

　　　　　　　　　　——福利费 280

　　　　原材料 1 720

　　　　银行存款 1 000

支付收购种子款项46 000 元，会计分录如下。

借：农业生产成本——林木种子生产（杉木种子） 16 000

　　　　　　　　——林木种子生产（红松种子） 30 000

　　贷：银行存款 46 000

第2步，分配种子站制造费用（本例以种子生产的直接成本比例分配制造费用，见表6-6）。

表6-6 制造费用分配

成本对象	直接成本（元）	分配比例（%）	分配金额（元）
杉木原果采集	34 000	40（34 000÷85 000×100%）	5 600
杉木原果加工	21 000	25（21 000÷85 000×100%）	3 500
红松原果加工	30 000	35（30 000÷85 000×100%）	4 900
合计	85 000	100	14 000

会计分录如下。

借：农业生产成本——林木种子生产（杉木原果采集）　　5 600

　　　　　　　　——林木种子生产（杉木原果加工）　　3 500

　　　　　　　　——林木种子生产（红松原果加工）　　4 900

　　贷：制造费用　　　　　　　　　　　　　　　　　　　14 000

借：农产品——林木种子（杉木种子）　　　　　　　　64 100

　　　　　　　　　　　　　（红松种子）　　　　　　34 900

　　贷：农业生产成本——林木种子生产（杉木原果采集）　39 600

　　　　　　　　　　——林木种子生产（杉木原果加工）　24 500

　　　　　　　　　　——林木种子生产（红松原果加工）　34 900

第3步，根据"林木种子生产费用明细账"资料，编制"林木种子成本计算单"（见表6-7），并据以结转完工入库林木种子产品成本。

表6-7　林木种子成本计算单

树种类别	生产阶段	产量（千克）	直接材料(元)	直接人工(元)	其他直接费用(元)	制造费用(元)	合计（元）
杉木	采集		22 600	11 400		5 600	39 600
	加工		17 720	2 280	1 000	3 500	24 500
	总成本	5 000	40 320	13 680	1 000	9 100	64 100
	单位成本		8.06	2.74	0.20	1.82	12.82
红松	加工	2 000	30 000			4 900	34 900
	单位成本		15.00			2.45	17.45

借：农产品——林木种子（杉木种子）　　　　　　　　64 100

　　　　　——林木种子（红松种子）　　　　　　　　34 900

　　贷：农业生产成本——林木种子生产（杉木原果采集）　39 600

　　　　　　　　　　——林木种子生产（杉木原果加工）　24 500

　　　　　　　　　　——林木种子生产（红松原果加工）　34 900

2. 苗木生产成本核算

（1）苗木生产成本的核算对象与内容。

苗木生产成本核算，以树种、育苗方式（大田、温室、容器、苗床、换床、育大苗等）区分成本核算对象，核算由整地作床起至苗木出圃止的累计生产成本。

出圃苗木的选苗、查苗、打小捆、临时假植的费用计入苗木成本。捆包、运输的费用由用苗单位负责。越冬窖藏、假植的苗木仍在原树种的账面上反映，视同在床苗木，不计算完工产品成本。所发生的入窖、运沙、出入土和临时假植的费用等，仍计入该树种的成本。第 2 年苗木出窖、出圃时，再计算和结转完工产品成本。

（2）苗木生产成本的核算方法。

① 1 年生苗本，采用简单法计算育苗作业成本和出圃苗木生产成本。按树种、育苗方式归集的年度总费用，即是该苗木的总成本。其单位成本计算公式如下。

某树种苗木单位面积培育成本 = 该树种育苗总费用 ÷ 该树种苗木面积

某树种出圃苗木（千株）成本 = 该树种育苗总费用 ÷ 该树种苗木产量（千株）

② 多年生苗木，采用近年累计平均法计算育苗作业累计总成本和单位成本。生产费用在各育苗方式间采用分项结转方式结转。起用苗木和在床苗木之间采用约当产量进行分配，计算公式如下。

某树种起用苗木（千株）成本 = 该树种育苗总费用 ÷ ［该树种起用苗木产量（千株）+ 在床苗木约当产量（千株）］

某树种起用种苗总成本 = 该树种起用种苗数量（千株）× 该树种起用种苗（千株）成本

在床种苗约当产量 = 在床种苗数量（千株）× 约当比例

约当比例可采用培育年限系数法、定额成本法、计划成本法等方法计算，培育年限系数法的计算公式如下。

约当比例 = 在床苗木实际培育年限（或在床苗木定额成本、计划成本）÷ 起用苗木培育年限（或在床苗木定额成本、计划成本）

对于 1 年插条多年割条的母本林苗木生产，第 1 年在产品只计算直接材料费，其他费用均由完工苗木（萌条）负担，第 2 年培育成本及上年转来的种苗费，均由完工产品负担，刨根整地费用由最后年度完工产品负担。

【例 6-7】晨阳林场以大田生产的方式培育杉木苗木。2×20 年 5 月该林场大田培育杉木苗木累计生产费用，如表 6-8 所示。该林场本年出圃 3 年生杉木苗木 900 千株，年末在床杉木苗木 2 生 1 065 千株、1 年生 1 170 千株。该林场采用培育年限系数法计算在床苗木的约当产量。杉木苗木生产费用的直接材料，按实际产量比例在出圃苗木与在床苗木之间进行分配，其他费用按约当产量比例分配。多年生苗木生产费用，在出圃苗木与在床苗木之间分配。

第 1 步，计算在床苗木的约当产量。

1 年生在床苗木的约当产量 =1 170×1/3=390（千株）

2 年生在床苗木的约当产量 =1 065×2/3=710（千株）

2×20 年 5 月登记苗木生产成本明细账的会计分录如下。

借：农业生产成本——杉木苗木　　　　　　　　　　 21 400
　　　贷：原材料——种子　　　　　　　　　　　　　　　 2 606
　　　　　　——材料　　　　　　　　　　　　　　　　 1 450
　　　　　　——肥料、农药　　　　　　　　　　　　　　 900
　　　　　　——种子处理　　　　　　　　　　　　　　　 124
　　　　应付职工薪酬——工资　　　　　　　　　　　　 13 000
　　　　　　——福利费　　　　　　　　　　　　　　　 1 820
　　　　制造费用　　　　　　　　　　　　　　　　　　 1 500

表 6-8　杉木苗木生产成本明细账

树种：杉木　　　　　　　　　　2×20 年 5 月

作业方式：大田　　　　　　　　　　　　　　　　单位：元

2×20 年		凭证号	摘要	直接材料	直接人工	其他直接费用	制造费用	合计
月	日							
5	略	略	期初结转	14 400	12 000	3 200	9 600	39 200
			种子费	2 606				2 606
5	略	略	材料费	1 450				1 450
			肥料、农药	900				900
			育苗工资		13 000			13 000
			福利费		1 820			1 820
			种子处理费	124				124
			委托灌机费			1 500		1 500
			分配制造费用				1 500	1 500

2×20年		凭证号	摘要	直接材料	直接人工	其他直接费用	制造费用	合计
月	日							
			本期发生额	5 080	14 820	1 500	1 500	22 900
			生产费用合计	19 480	26 820	4 700	11 100	62 100
			完工产品成本	5 589	12 069	2 115	4 995	24 768
			期末结存	13 891	14 751	2 585	6 105	37 332

第2步，根据表5-8"苗木生产成本明细账"的成本费用以及产量等信息，编制"杉木苗木成本计算单"（见表6-9），并计算苗圃杉木苗木成本。

表6-9　杉木苗木成本计算单

2×20年5月　　金额单位：元　产量单位：千株

项目	实际产量	约当产量	直接材料	直接人工	其他直接费用	制造费用	合计
期初在产品成本			14 400	12 000	3 200	9 600	39 200
本期生产费用			5 080	14 820	1 500	1 500	22 900
生产费用合计	3 135	2 000	19 480	26 820	4 700	11 100	62 100
单位成本（元/千株）			6.21	13.41	2.35	5.55	27.52
完工产品成本	900	900	5 589	12 069	2 115	4 995	24 768
期末在产品成本	2 235	1 100	13 891	14 751	2 585	6 105	37 332

会计分录如下。

借：农产品——杉木苗木　　　　　　　　　　　　　24 768

　　贷：农业生产成本——杉木苗木　　　　　　　　　24 768

3. 营林生产成本核算

（1）营林生产成本核算概述。

① 营林生产成本的概念。

营林生产成本是指为当年造林、抚育、次生低产林改造、营林设施、森林管护及调查设计等各项营林生产作业所耗费的生产费用，包括直接人工、直接材料、委托生产费、其他直接生产费。根据规定，营林成本按制造成本法核算，不包括场部管理费和财务费用。营林成本是进行林木资产价值量核算的基础。在进行营林成本核算时，既要满足考核营林生产作业成本计划执行情况的需要，又要满足分类核算林木资产成本的需要。

② 营林生产成本的核算对象和内容。

营林生产成本核算对象应分为用材林、经济林、竹林、薪炭林、特种用途林、防护林 6 类，并进一步以营林生产造林、抚育生产的作业项目以及林木管护的项目为对象，分别核算各生产作业项目的作业成本和各管护项目的年度费用。为便于将造林、抚育、次生低产林改造的费用支出归属于其所培育的林木成本，在进行造林、抚育、次生低产林改造等营林生产作业项目成本归集时，应区分林种（用材林、经济林、竹林、薪炭林、特种用途林、防护林）和树种进行核算。

营林生产成本核算的具体内容，区分为造抚作业成本和森林管护费用两类。造抚作业成本分设林种（用材林、经济林、竹林、薪炭林、特种用途林、防护林）核算。林种以下分"造林"和"抚育"归集有关作业项目的生产费用，计算作业成本。

造林指当年完工的造林作业，按下列作业项目归集费用，计算作业成本。

a. 整地（亩）。整地包括各种类型的整地，如劈山、炼山、挖穴、开垦整地等。

b. 栽植（亩）。栽植包括耗用的苗木、种子。

c. 补植（折合亩）。补植包括补苗和必要的整地。

抚育划分为 3 个作业项目归集费用，计算作业成本。

a. 幼林抚育（亩）。幼林抚育指新造林开始至林木郁闭成林时止的除草、松土、施肥、灭萌作业等。

b. 中成林抚育（亩）。中成林抚育指林木郁闭成林后发生的各项抚育作业，不包括成林后正式投产的经济林、一般性经营的竹林抚育。

c. 次生低产林改造（亩）。次生低产林改造指以抚育为主、不减少原林地面积的林地改造。成片采伐更新的林木，应列造林作业核算。

为利于成本核算和比较分析，营林造抚作业还要求按成本项目分别反映各项直接支出。

森林管护费用以费用项目为核算对象，分为森林保护费、营林设施费、良种试验费、调查设计费及其他管护费 5 个项目，分项核算。森林保护费包括护林人员经费、防火设施、林道和通信线路维修费、扑火费、病虫害防治费等。营林设施费包括购建不构成固定资产的新建防火线、瞭望台、林道和其他简易设施等费用，营林设施费按设置项目归集费用，计算工程成本。良种试验费指引进林木良种试验而发生的直接费用，不包括设备等固定资产的购置。调查设计费指为进行营林生产作业的调查设计费用、区划设计费、森林资源调查费。其他管护费指除上列各项费用以外的有关森林管护费用，如护林防火宣传费，分场、林区的制造费用等。

（2）营林生产的成本计算期。

营林生产作业是一种季节性的生产作业，如秋整地、春植苗等，每年规律性地重复进行。所以，营林生产作业成本计算应按年度进行，分别核算各年度营林生产作业项目的成本。

（3）营林生产成本核算。

① 营林生产成本明细科目的设置。营林生产成本应根据成本核算对象的内容设置明细科目，进行营林生产成本明细分类核算。一般可采用多栏式明细账。造抚作业成本在按林种开设"农业生产成本——营林生产成本"科目时：用材林、竹林可分别以"造林""抚育"设置两个明细科目；经济林则应按主要树种分别开设明细科目；营造速生丰产林的林场，可在所属林种下增设相应的明细科目。森林管护费用应按照森林保护费、营林设施费、良种试验费、调查设计费、成林抚育费、其他管护费等分类核算。

② 营林生产成本的归集和结转。营林生产成本应负担的各项直接费用，应在费用发生时直接记入"农业生产成本——营林生产成本"有关明细科目；应负担的制造费用，应于各月月末由"制造费用"科目转入"农业生产成本——营林生产成本"各明细科目中。森工企业营林生产所负担的管理费用、经济林培育达到预定生产目的后再发生的林木管护支出，不计入营林生产成本。年度终了，在归集年度营林生产所应负担的全部生产费用的基础上，应将营林生产成本分配给营林生产所培育和管护的林木生产成本，并在林木资产郁闭或达到预定生产经营目的时转入相关资产成本。营林生产的造林、抚育、次级低产林改造等作业项目，是按所培育的林种-树种进行明细核算的，根据明细核算资料就可归类计算林种、树种的各年造抚成本。营林生产的森林管护费用，是企业为管护全部林木而发生的支出，应区分不同情况，按各年所管护的各种林木的面积比例分配。

4. 营林生产成本举例

【例6-8】世彩林场2×20年发生的营林生产费用如表6-10所示，"农业生产成本——营林生产成本"科目归集的生产费用如表6-11所示。

表6-10 营林生产费用汇总

2×20年12月31日 单位：元

林种	树种	作业项目	直接材料	直接人工	其他直接费用	制造费用	总成本
用材林	杉木	造林	50 000	42 000	5 000	8 000	105 000
	杉木	抚育		40 000	2 000	3 000	45 000
×	×	森林保护		300 000	30 000	20 000	350 000
×	×	营林设施	100 000	20 000	20 000	10 000	150 000
×	×	良种试验	3 000	1 000		1 000	5 000
		合计	153 000	403 000	57 000	42 000	655 000

表6-11 营林生产成本汇总

2×20年12月31日

林种	树种	作业项目	计量单位	数量（株）	单位成本（元）	总成本（元）
用材林	杉木	造林	公顷	100	1 050	105 000
	杉木	抚育	公顷	150	300	45 000
×	×	森林保护				350 000
×	×	营林设施				150 000
×	×	良种试验				5 000
		合计				655 000

2×20年登记营林生产成本明细账的有关会计分录如下。

① 材料费用归集。

借：农业生产成本——杉木（造林） 50 000

　　　　　　　　——营林费用（营林设施） 100 000

　　　　　　　　——营林费用（良种试验） 3 000

　　贷：原材料　　　　　　　　　　　　　　　　　　　153 000

②工资费用归集。

　　借：农业生产成本——杉木（造林）　　　　　　　　42 000

　　　　　　　　——营林费用（抚育）　　　　　　　　40 000

　　　　　　　　——营林费用（森林保护）　　　　　　300 000

　　　　　　　　——营林费用（营林设施）　　　　　　20 000

　　　　　　　　——营林费用（良种试验）　　　　　　1 000

　　贷：应付职工薪酬　　　　　　　　　　　　　　　　403 000

③其他直接费用分配。

　　借：农业生产成本——杉木（造林）　　　　　　　　5 000

　　　　　　　　——营林费用（抚育）　　　　　　　　2 000

　　　　　　　　——营林费用（森林保护）　　　　　　30 000

　　　　　　　　——营林费用（营林设施）　　　　　　20 000

　　贷：农业生产成本——其他直接费用　　　　　　　　57 000

④制造费用分配。

　　借：农业生产成本——杉木（造林）　　　　　　　　8 000

　　　　　　　　——营林费用（抚育）　　　　　　　　3 000

　　　　　　　　——营林费用（森林保护）　　　　　　20 000

　　　　　　　　——营林费用（营林设施）　　　　　　10 000

　　　　　　　　——营林费用（良种试验）　　　　　　1 000

　　贷：制造费用　　　　　　　　　　　　　　　　　　42 000

　　该林场 2×14 年管护林木面积：用材林 5 000 公顷，其中杉木 4 000 公顷，松木 1 000 公顷；防护林 40 公顷；2×20 年新造柑橘林 10 公顷。假定杉木造抚成本 150 000 元。

　　根据以上资料，编制营林管护费用分配表如表 6-12 所示，林木资产年度成本计算汇总表如表 6-13 所示。

表 6-12　营林管护费用分配

2×20 年 12 月 31 日

林种	树种	面积（公顷）	分配率（%）	分配金额（元）
用材林	杉木	4 000	79.21	400 000
用材林	松木	1 000	19.80	100 000
防护林		40	0.79	4 000
经济林	柑橘	10	0.20	1 000
合计		5 050	100	505 000

表 6-13　林木资产年度成本计算汇总

2×20 年 12 月 31 日　　　　　　　单位：元

林种	树种	造抚成本	管护费用	总成本
用材林	杉木	150 000	400 000	550 000
用材林	松木		100 000	100 000
防护林			4 000	4 000
经济林	柑橘		1 000	1 000
合计		150 000	505 000	655 000

会计分录如下。

借：农业生产成本——用材林（杉木）　　　　　　　　　400 000

　　　　　　　——用材林（松木）　　　　　　　　　100 000

　　　　　　　——防护林　　　　　　　　　　　　　4 000

　　生产性生物资本——未成熟生产性生物资本（柑橘）　1 000

　　贷：农业生产成本——营林费用　　　　　　　　　　505 000

　　假定松木林 1 000 公顷和防护林 40 公顷已经郁闭成林，并在 2×14 年年底经过成林验收，10 公顷柑橘林也在 2×14 年年底达到预定生产经营目的，故应该将它们的营林生产成本转入相关的林木资产中。假定这 1 000 公顷松木林、40 公顷防护林和 10 公顷柑橘林在 2×14 年年前累计的营林生产成本分别为 3 500 000 元、150 000 元和 140 000 元，那么，结转林木资产的会计分录如下。

① 结转林木资产。

借：消耗性生物资产——消耗性林木资产（松木）　　　3 500 000

　　贷：农业生产成本——用材林（松木）　　　　　　　　　3 500 000

借：公益性生物资产　　　　　　　　　　　　　　　　150 000

　　贷：农业生产成本——防护林　　　　　　　　　　　　　150 000

借：生产性生物资产——成熟生产性生物资产（柑橘）　140 000

　　贷：生物性在建工程（柑橘）　　　　　　　　　　　　　140 000

② 结转公益林基金。

借：专项应付款/资本公积　　　　　　　　　　　　　150 000

　　贷：公益林基金　　　　　　　　　　　　　　　　　　　150 000

5. 木材生产成本核算

（1）木材生产成本核算的特点。

木材生产是对林木进行采伐，并将木材运至贮木场或其他销售地的生产过程。木材生产是多阶段、连续式的大量生产，木材产品一般要经过采伐、集材、运材和贮木等生产阶段，才能成为可供出售的产品。只有研究和掌握木材生产成本核算的特点，才能正确组织木材生产成本核算。

（2）木材生产成本核算对象。

确定木材生产成本的核算对象，应根据木材生产工艺的组织特点以及企业经济管理的要求而定。木材的生产成本包括从采伐、收购起，经过不同方式集材、运材，到达最终贮木场或销售点归楞，到可供销售为止的全部生产费用。为了正确归集计算和分析考核，应以木材生产阶段为核算对象。木材生产阶段一般划分为伐区生产、运材和贮木场阶段。各生产阶段核算内容如下。

① 伐区生产阶段。伐区生产阶段包括从木材采伐开始，经集材到指定的集材地归楞，并将木材装上运材工具止的各项生产作业。此阶段核算采伐、集材、装车的成本。收购林农交售的木材支付的收购价，也在本阶段核算。

② 运材阶段。运材阶段包括木材从集材地运到最终贮木场或指定的原木卸车地止的全部生产作业。此阶段核算木材运输过程中所发生的费用。企业应根据运输方式的不同分别核算成本，如水路运材、汽车运材和森铁运材等。

③ 贮木场阶段。贮木场阶段包括从木材卸车起，经造材、选材到归楞止的

生产作业。此阶段核算卸车、搬运、造材、选材和归楞的生产费用。如果木材生产组织是"一条龙"混合生产作业，也可以不划分生产阶段进行核算，直接以木材产品为成本核算对象。

（3）木材生产的成本项目。

① 直接材料。直接材料指直接用于木材生产的外购和自制的原料、材料、燃料和动力以及其他直接材料等。直接材料包括以下内容。

a. 收购价及林价，包括收购农村集体经济组织或林农的木材价款，企业采伐农村集体经济组织或林农所有林支付的林价（山价）款，采伐林木按规定结转的林木培育成本，实行林价制度的国有森工企业按规定计入木材成本的林价。

b. 辅助材料，指直接用于木材生产的外购和自制的材料，包括列入木材生产成本的生产工人对生产设备和道路进行日常保养和维护所耗用的材料。

c. 燃料和动力，指直接用于木材生产的外购和自制的燃料和动力，包括木材采运机械所耗用的柴油、汽油以及机械设备和生产照明所耗用的外购和自产的电力等。

② 直接人工。直接人工指直接参加木材产品生产的生产工人工资、奖金和津贴，以及按生产工人工资总额和规定的比例计算提取的职工福利费。实行内部核算或承包给职工经营的费用列入"其他直接费用"项目，不在该项目核算。

③ 其他直接费用。其他直接费用包括除直接材料、直接人工外的其他直接支出，如委托生产费、生产准备费、维简费和其他等。其他直接费用包括以下内容。

a. 委托生产费，指委托外部单位或个人从事产品生产所支付的费用。

b. 生产准备费，指为产品生产而提前进行的生产前准备作业费用，包括集材道、临时性架空索道（不包括绞盘机）、装车架杆、装车场、楞场、简易车库、牛马棚、帐篷架设、简易房舍、森铁岔线、简易公路等的修建费用。属于构成准备作业工程的钢丝绳、滑车等的摊销费也包括在内，但不包括属于固定资产的帐篷和流动钢轨的价值。

c. 维简费，指按规定标准和木材产品产量在生产成本中提取的伐区道路延伸费。

d. 其他，指不属于以上各项的其他直接费用。

④ 制造费用。制造费用指基层生产单位为组织和管理生产所发生的生产单

位管理人员工资、职工福利费、固定资产的折旧费、租赁费（不包括融资租赁费）、修理费、机物料消耗、低值易耗品摊销、取暖费、水电费、办公费、差旅费、运输费、保险费、设计制图费、试验检验费、劳动保护费、修理期间的停工损失以及其他费用。

（4）木材生产费用的汇集和分配。

由于木材生产为单一产品的生产，生产费用在按用途和发生地点归集后，没有必要做过多的内部分配，规定准备作业费和制造费用分别列入伐区生产、运材和贮木场完成产品的阶段成本，阶段内不再分配。为正确核算木材产品成本，加强在产品管理的经济责任制，木材产品成本中的伐区生产成本只能是运抵贮木场的部分，不能按伐区运出的产量计算。因此，应计算运材阶段的木材在产品成本，运材途中的掉道材由运材部门建账管理。运材在产品只计算伐区生产成木，不包括运输费用。

林业企业一般实行企业（或总场）与林场（或分场）两级成本核算。林场（或分场）核算本单位发生的成本费用，企业（或总场）核算维简费和待摊预提费用，并汇总核算全部木材产品生产成本。基层生产单位日常按生产费用要素组织核算的，应由企业在汇总时合并为成本项目。为了获得完整的木材成本核算资料，林业企业财务部门应将木材生产采、运、贮各基层生产单位报送的成本报表和企业直接发生的有关费用进行必要的整理和汇总，最终计算木材采运生产的产品成本。木材验收入库时，借记"农产品——木材"科目，贷记"农业生产成本——木材生产成本'科目。

6. 橡胶生产成本核算

橡胶生产过程包括割胶生产、制胶生产和停割期抚管 3 个生产作业阶段。

（1）割胶生产的核算。

割胶生产在"农业生产成本——干胶生产（割胶）"科目进行核算。割胶阶段的主产品是鲜胶乳，副产品有胶丝、胶块、胶泥等，胶园间种植其他作物的收入也计入副产品价值。计算鲜胶乳成本时，应按干含比例折合为标准胶产量进行计算。在橡胶开割期间发生的直接材料费、工资及福利费、其他直接费用、橡胶树折旧费、制造费用等成本费用，按费用项目直接列入割胶生产成本。在停割期间发生的，则在"农业生产成本——干胶生产（开割树停割期抚管费用）"科目中归集，季度或年终决算时按一定的比例分配转入"农业生产成本——干胶生产（割胶）"科目。鲜胶乳生产总成本由直接割胶费用、分摊转入的开割树抚育管理费、计提的橡胶树折旧费以及分配计入的制造费用等组成；鲜胶乳成本计算至鲜胶乳送交收胶站为止。收胶站费用列入鲜胶乳成本。其计算公式如下。

标准胶单位成本 =（鲜胶乳生产总成本 − 副产品价值）÷ 鲜胶乳折合干胶产量

（2）制胶生产的核算。

制胶生产主要是将鲜胶乳加工成各种干胶产品。其成本核算是计算干胶的加工总成本和单位加工成本。干胶产品包括标准胶、浓缩胶乳、胶清片、绉片等，干胶加工成本算至交到仓库为止，浓缩胶乳加工成本算至装罐为止。在核算中，如各种干胶产品所发生的加工费用能基本分开，可按照加工产品分别设明细账进行单独核算；如分不开的，可统一设"农业生产成本——干胶生产（制胶）"科目进行核算，但对其中某些专用的材料（如浓缩胶乳专用的氧化锌、促进剂等）在成本明细账上要单独登记。其计算公式如下。

干胶加工总成本 = 制胶费用 + 折旧费 + 制造费用 + 摊销的停割期费用

干胶加工单位成本 = 干胶加工总成本 ÷ 加工干胶总产量

（3）停割期费用的核算。

停割期是指从当年冬季停割起至来年春季开割时止的时期。停割期费用包括开割胶园的冬春管理投入的人工费用以及肥料、农药等费用，为开割做准备的割胶工具用具的补充和对胶工进行培训的费用，胶厂设备的检修费用等。

停割期费用较大，一般集中发生在 1 ~ 3 月。为了合理计算季度或月份干胶产品的生产成本，对停割期发生的费用应在期末按一定的比例在各季度（月份）干胶产品中分摊。停割期费用分为开割树停割期抚管费用和制胶厂停产期费用。开割树停割期抚管费用主要包括开割胶园在停割期发生的人工、肥料、农药、工具用具等费用。未全部开割的林段，以一个定植年度或林段为单位计算，平均开割率达到 50% 以上的林段视为全部开割投产，其抚管费用计入鲜胶乳成本；开割率未达到 50% 的林段，其抚管费用计入营林成本，其割胶费用计入鲜胶乳成本。胶厂停割期费用主要是指停产后对机器设备进行维护所发生的人工费和材料费。开割树停割期抚管费用和胶厂停产期费用的摊销，一般每个季度分摊一次（如实行按月决算则需按月分配摊销）。季度决算摊销时，可按年度计划产量和账面实际费用的总额计算分摊计入本期割胶费用成本，年终余额不论多少，全部转入割胶费用账户。季度摊销计算公式如下。

某成本项目摊销额 = 摊销率 × 该成本项目抚育管理费用总额

摊销率 = 本期计划（或实际）产量 ÷ 全年计划产量

开割树停割期抚育费用和胶厂停产期费用的摊销一律按费用项目还原计入割胶或制胶的成本项目。

（4）干胶产品成本的计算。

标准胶（烟胶片）、浓缩胶乳、胶清片的生产成本由鲜胶乳成本和加工成本组成，绉片的生产成本由原材料（胶丝、胶块等）成本和加工费用组成。只有一种产品的，其鲜胶乳成本和加工成本直接结转，有两种以上产品的，其鲜胶乳成本和加工成本则需按一定比例划转。鲜胶乳成本按标准胶、浓缩胶乳、胶清片的产量比率结转，加工成本其中明确属于某一产品耗用的材料和费用的应直接划转，属共同耗用的按其产量的比率划转。各种产品的比率，季度结算时按本季度的产量比率结转，年度结算时按全年产量比率调整。基本计算公式如下。

某种胶（标准胶）生产成本 = 鲜胶乳成本 + 加工成本

7. 其他林木生产成本计算的参考公式

某树种苗木单位面积培育成本 = 该树种生产费用 ÷ 该树种苗木面积（公顷）

某树种出圃苗木单株成本 = 该树种出圃苗木总成本 ÷ 该树种苗木产量（株）

经济林木的培育成本 = 成熟前经济林木造林抚育成本 + 成熟前经济林木管护费用

消耗性林木资产的培育成本 = 郁闭成林前消耗性林木资产造林抚育成本 + 郁闭成林前消耗性林木资产管护费用

消耗性林木资产的木材生产成本 = 采伐的消耗性林木资产培育成本（或账面价值）+ 木材采运成本

6.6 水产业生产成本核算

6.6.1 水产业简介

水产业，又称渔业，是指利用各种可利用的水域或开发潜在水域（包括低洼地、废坑、古河道、坑塘、沼泽地、滩涂等），以采集、栽培、捕捞、养殖具有经济价值的鱼类或其他水生动植物产品的行业，其包括采集水生动植物资源的水产捕捞业和养殖水生动植物的水产养殖业两部分。广义的水产业还包括水产品的贮藏、加工、综合利用、运输和销售等产后部门，渔具、渔船、渔业机械、渔用仪器及其他生产资料的制造、维修、供应等产前部门以及渔港的建设等辅助部门，它们与捕捞、养殖和加工部门一并，构成统一的生产体系。按照不同的标准划分，水产业可以分为以下5类。

（1）按生产性质、功能和方式，水产业分为水产捕捞业（包括海洋和内陆捕捞业）、水产养殖业（包括海水、浅海滩涂和内陆养殖业）、水产栽培业、水产采集业和水产品加工业等。

（2）按作业水域空间和地理环境条件特点，水产业分为海洋水产业和内陆水产业。前者按距陆远近又分为沿岸水产业、近海水产业、外海水产业、远洋水产业，后者按水域类型分为湖泊水产业、江河水产业、水库水产业、池塘水产业。

（3）按水域，水产业可分为海洋渔业和淡水渔业。

（4）按水界，水产业可分为内陆水域渔业、沿岸渔业、近海渔业、外海渔业和远洋渔业等。

（5）按水产品的获取方式，水产业分为捕捞渔业和养殖渔业。

6.6.2 水产业生产成本的核算对象及成本计算期

水产业一般以水产品品种为成本核算对象：淡水养殖场一般计算鱼苗、鱼种和成鱼等主要产品成本；海水养殖场一般计算对虾、牡蛎、蛤、海带、紫菜、海水鱼等主要产品成本。

水产业成本计算期一般与生产周期相一致，在水产品产出的月份计算产品生产成本。计入水产品成本的生产费用，对于不入库、入窖的鲜活水产品，算至销售；对于入库、入窖的水产品，算至入库、入窖为止。

6.6.3　水产业成本核算项目

1. 直接材料

直接材料指直接用于养殖生产的苗种、饲料、肥料和材料等。苗种指直接用于养殖生产的鱼苗、鱼种、虾苗、蟹苗、贝苗、藻苗、水生植物的种子等，孵化用的亲鱼、亲虾也属于本项目；饲料（肥料）指直接用于养殖生产的各种饲料（肥料）；材料指直接用于养殖生产的各种渔需物资和渔具等。其中渔具指的是渔网、工具等价值低、容易消耗的物品。

2. 直接人工

直接人工指直接从事水产养殖人员的工资、工资性津贴、奖金、福利费。

3. 其他直接费用

其他直接费用指除直接材料、直接人工以外的其他费用。

4. 制造费用

制造费用指应摊销、分配计入各水产品的间接生产费用，如渔船的折旧摊销费等。

6.6.4　水产业成本核算

1. 淡水养殖成本核算

（1）鱼苗、鱼种、成鱼的生产成本核算。

淡水养殖的产品有鱼苗、鱼种和成鱼 3 种。鱼苗又叫鱼花，是孵化不久的幼鱼，一般体长 6 ~ 9 毫米。鱼苗可以人工繁殖，也可以从江河中捕捞。鱼种是将人工繁殖的鱼苗或捕捞的天然鱼苗投入池塘或天然水域继续养殖，培育成一定体长的幼鱼。鱼种根据出塘季节和培育时间的长短，有夏花（夏片）、冬花（冬片）、春花（春片）、仔口、老口等不同名称，体长一般在 3 ~ 14 厘米。成鱼指将鱼种养殖成可供食用的鱼，一般要经过 1 ~ 2 年或更长的时间。由于养鱼业是多阶段生产，而且鱼苗、鱼种和成鱼都可出售，所以养鱼的成本核算对象包括鱼苗、鱼种和成鱼。

鱼苗通常计算每万尾成本。其成本计算公式如下。

每万尾鱼苗成本 = 育苗期的全部生产费用 ÷ 育成鱼苗万尾数

鱼种既可计算每万尾成本，也可计算每千克成本。其成本计算公式如下。

每万尾（千克）鱼种成本 = 育种期的全部生产费用 ÷ 育成鱼种万尾（千克）数

成鱼生产有两种方式：一种是多年放养，一次捕捞；另一种是逐年放养，逐年捕捞。多年放养，一次捕捞的成鱼成本，包括捕捞前各年作为在产品结转的费用和当年发生的费用。其成本计算公式如下。

成鱼单位（千克）成本 = （捕捞前各年发生的生产费用 + 本年生产费用）÷ 成鱼总产量

逐年放养、逐年捕捞的成鱼成本，当年发生的全部费用，由当年捕捞的成鱼负担，可不计算在产品价值。其成本计算公式如下。

成鱼单位（千克）成本 = 本年成鱼放养的全部费用 ÷ 本年成鱼产量

在同一水域内，一般都饲养多种鱼类，如果需要计算每种成鱼的生产成本，可采用产值比率法进行成本分离。

（2）植莲的生产成本核算。

植莲生产的主产品是莲子和莲藕。在莲湖（田）未提供产品前，对湖（田）的平整，小型堤埂兴修，莲种、莲秧培植和移栽等费用，应作为长期待摊费用处理，在 3 ~ 4 年内按各收获年度的预产量比例进行摊销。投产后所发生的当年生产费用，全部计入当年产品成本。当年生产费用和该年应摊销的往年费用之和一般可按照莲子和莲藕的产值比例进行分配。其成本计算公式如下。

某年莲子和莲藕生产总成本 = 往年费用本年摊销额 + 本年费用

某年莲子（莲藕）生产成本 = 该年莲子和莲藕生产总成本 ÷ 莲子和莲藕当年总产值 × 莲子（莲藕）当年产值

（3）珍珠的生产成本核算。

珍珠生产周期较长，利用天然河蚌插片育珠，也需要 2 ~ 3 年的时间。因此，珍珠生产成本核算采取哪年收获珍珠，生产费用就摊入哪年的办法。在收获珍珠前各年发生的生产费用，列为在产品成本结转下年，在珍珠收获的年度一次计入珍珠成本。采取鱼蚌混养培育珍珠的生产方式，其各年鱼类收入可采用逐年冲销生产费用的办法。

2. 海水养殖成本核算

（1）海水成鱼养殖的生产成本核算。

海水成鱼养殖的方式有网箱养殖、港塭养殖和池塘养殖 3 种。海水成鱼养殖一般生产周期较长，多年放养，一次捕捞。在捕捞成鱼前，一般只将鱼用费用和当年发生的生产费用及捕捞费用计入成本。其成本计算公式如下。

海水成鱼养殖单位成本 =（捕捞前各年结转的生产费用 + 当年发生的生产费用 + 捕捞费用）÷ 海水成鱼养殖总产量

（2）对虾养殖的生产成本核算。

对虾养殖的产品有虾苗和成虾两种。虾苗一般为人工繁殖；成虾为每年春季放养，秋季捕捞。养殖场自繁自用虾苗的成本，应转入"养殖成虾"明细科目的"直接材料"项目；对外销售虾苗成本，转作产品销售成本，记入"主营业务成本"科目。对于繁殖苗种用的自养亲虾，应根据核定的固定价格，或外购年末存塘（池）同等数量亲虾市价，记入"虾苗"明细科目的"直接材料"项目，作为在产品结转下年。对于贝虾混养的，可以将贝虾合并为一个成本核算对象，汇集其总成本，再按售价或者测定的成本系数的比例，分摊计算各产品的成本。

（3）贝类养殖的生产成本核算。

贝类包括牡蛎、泥蚶、文蛤、扇贝及鲍鱼等水产品。贝类采取分场地（堤地）按品种核算成本的方法。为了计算贝类养殖的生产成本，应在"农业生产成本——水产业生产成本"二级科目下，按品种设置"贝类苗种"和"贝类养殖"两个明细科目，分别汇集和计算各种贝苗和贝类的养殖成本。根据总成本和实际产量，计算产品的单位成本。养殖场自繁自用贝苗成本，应转入有关"贝类养殖"明细科目的"直接材料"项目；对外销售贝苗成本，转作产品销售成本。养殖的贝类，尚未收获的，其已发生的生产费用，作为在产品结转下年；开始大量收获时，其已发生的生产费用全部转作产成品成本。贝类养殖生产采取轮捕轮放、收大留小的办法，当年发生的生产费用全部列为当年收获产品的成本。

（4）藻类养殖的生产成本核算。

藻类主要有海带、裙带菜、紫菜等，一般采用品种法计算其生产成本。为了计算藻类养殖的生产成本，应在"农业生产成本——水产业生产成本"二级科目下，按品种设置"藻苗培育""藻类养殖"两个明细科目，分别汇集和计算各种藻苗培育和藻类养殖的生产成本，根据总成本和实际产量，计算产品的单位成本。养殖场自繁自用的藻苗成本，转入有关"藻类养殖"明细科目的"直接材料"项目，对外销售的藻苗成本，转作产品销售成本。藻类养殖，一般采用哪年收获，生产费用就摊入哪年产品成本的办法。为下年生产所支付的生产费用，可作为在产品结转下年。本年收获产品的成本，应包括本年内发生的生产费用和上年结转的在产品成本。贝藻混养的海水养殖场，可将藻类、贝类合并为一个成本核算对象，归集其总成本，然后再按售价比例或测定的成本系数分摊计算各种产品的成本。

第 7 章
生物资产和农产品的列报和披露

作为检验生产好坏的"成绩单",会计信息在财务报表及附注等的披露成为了农业企业与外界进行信息交流的重要媒介。本章分别就生物资产及农产品在资产负债表、会计报表批注、账面价值变动表及减值准备和跌价准备明细表中如何进行合理披露及披露相关内容进行了充分讲解,并通过样表展示的方式进一步阐明了披露的具体格式要求。

7.1 概述

农业的基本特点是动植物的自然再生产与经济再生产相互交织。正是这一特点导致了对农业活动会计确认、计量和披露的复杂性。会计信息作为一种信息传导机制,在信息社会中起着越来越重要的作用。农业活动所涉及的生物资产和农产品,经过会计确认与计量的结果,需要通过信息披露的方式传递给信息的使用者。完整、公允、规范的信息披露是农业会计核算中至关重要的一个环节。

为了统一规范农业企业生物资产和农产品的会计核算和相关信息的披露,根据《中华人民共和国会计法》《企业财务会计报告条例》《企业会计制度》等有关法律、法规,并结合农业企业生物资产和农产品的特点,财政部印发了《农业企业会计核算办法——生物资产和农产品》,以进一步完善农业类上市公司"生物资产"及"农产品"信息披露。

7.2 生物资产和农产品在资产负债表中的列示

生物资产相关科目是资产类科目，在借方反映其取得，即外购、自行生产以及用其他方式取得的相关成本，以及满足条件的后续支出和收获。在贷方反映其折旧和减值，以及出售、盘亏或死亡、毁损。期末余额在借方，反映生物资产相关科目的净值。根据生物资产相关科目借方期末余额填列资产负债表生物资产相关项目。

7.2.1 消耗性生物资产在资产负债表中的列示

存货在资产负债表中按其账面价值列示，即以其账面余额减去计提的减值准备后的净额填列。因此，农业企业的种植业、水产业、林业中郁闭成林前消耗性林木资产和公益林，以及实行混群核算的畜牧养殖业的消耗性生物资产，应将"农业生产成本"科目（该科目虽归入成本类，平时核算有关成本，但在期末则具有资产类的特征）借方余额减去"消耗性生物资产跌价准备——其他消耗性生物资产跌价准备"科目贷方余额后的净额，归并在资产负债表的"存货"项目中列示；企业实行分群核算的畜牧养殖业的消耗性生物资产，将"消耗性生物资产——幼畜及育肥畜"科目借方余额减去"消耗性生物资产跌价准备——幼畜及育肥畜跌价准备"科目贷方余额后的净额，也归并在资产负债表的"存货"项目中列示。

已郁闭成林的消耗性林木资产在资产负债表中的列示，按"消耗性生物资产——消耗性林木资产"科目的借方余额，减去"消耗性生物资产跌价准备——林木资产跌价准备"科目的贷方余额后的净额，在资产负债表"其他长期资产"项目下增设"消耗性林木资产"项目反映。

对起生态建设作用的公益林，企业不计提跌价准备，因此，可直接将核算已郁闭成林公益林实际成本的"公益性生物资产"科目的借方余额，在资产负债表"其他长期资产"项目下增设的"其中：公益性生物资产"项目中列示（同时计入"其他长期资产"项目）；与此相对应的公益林基金，将"公益林基金"科目的贷方余额，在资产负债表的"资本公积"项目下，增设"其中：公益林基金"项目反映（同时计入"资本公积"项目）。

7.2.2　成熟生产性生物资产在资产负债表中的列示

在资产负债表中，企业固定资产的原价、净值、净额，应分别按"固定资产原价""累计折旧""固定资产净值""固定资产减值准备""固定资产净额"等项目反映。因此，成熟生产性生物资产应分别将其原值、已提折旧、计提的减值准备，即将"生产性生物资产"科目的借方余额、"生产性生物资产累计折旧"科目的贷方余额、"生产性生物资产减值准备"的贷方余额分别计入资产负债表的"固定资产原价""累计折旧""固定资产减值准备"等项目；同时，分别在"固定资产原价""累计折旧""固定资产减值准备"项目下增设"其中：生产性生物资产""其中：生产性生物资产累计折旧""其中：生产性生物资产减值准备"项目反映。

部分资产负债表如表 7-1 所示。

表 7-1　资产负债表（局部）

会企 01 表

编制单位：　　　　　× 年 × 月 × 日　　　　　单位：元

资产	期末余额	上年年末余额	负债和所有者权益（或股东权益）	期末余额	上年年末余额
非流动资产：					
……					
生产性生物资产					
公益性生物资产					
……					
资产总计			负债和所有者权益（或股东权益）总计		

7.2.3　未成熟生产性生物资产在资产负债表中的列示

在建工程在资产负债表中也应按其账面价值列示，即以其账面余额减去计提的减值准备后的净额列示。因此，未成熟生产性生物资产直接计入资产负债表中"生产性生物资产"项目。畜牧养殖业的未成熟生产性生物资产，如后备产畜中

123

的后备母猪等，视为消耗性生物资产，在"存货"项目反映，不作为未成熟生产性生物资产在"生产性生物资产"项目反映。经济林木中的未投产橡胶，在资产负债表日，可将未达开割标准（同林段内，离地 100 厘米处，树围 50 厘米以上的橡胶树，占林段总株数的比例在 50% 以下时）的橡胶林段的账面价值作为未成熟生产性生物资产在资产负债表的"生产性生物资产"项目中列示。

7.2.4　农产品在资产负债表中的列示

农产品在资产负债表中，应并入"存货"项目，按"农产品"科目的借方余额减去"存货跌价准备——农产品跌价准备"科目的贷方余额后的净额，在资产负债表的"存货"项目中列示。

7.3　生物资产和农产品有关信息在财务报表附注中的披露

财务报表附注是为了便于财务报表使用者理解财务报表的内容而对财务报表的编制基础、编制依据、编制原则和方法及主要项目所进行的解释。它是财务报表的补充说明，是财务会计报告的重要组成部分。例如，有关生物资产重要会计政策和会计估计及其变更的说明，有关生物资产重要事项的说明，有关生物资产或有事项的说明。此外，对于归并反映在资产负债表"存货"项目中的畜牧养殖业未成熟生产性生物资产和农产品等需要说明的有关情况，都是生物资产和农产品财务报表附注应当包括的内容。《农业企业会计核算办法——生物资产和农产品》根据生物资产和农产品的特性对《企业会计制度》财务报表附注的披露内容补充了以下规定。

7.3.1　企业应当在附注中披露与生物资产有关的信息

（1）生物资产的类别以及各类生物资产的实物数量和账面价值。

（2）各类消耗性生物资产的跌价准备累计金额，以及各类生产性生物资产的使用寿命、预计净残值、折旧方法、累计折旧和减值准备累计金额。

（3）天然起源的生物资产的类别、取得方式和实物数量。

（4）用于担保的生物资产的账面价值。

（5）与生物资产相关的风险情况与管理措施。

7.3.2　企业应当在附注中披露与生物资产增减变动有关的信息

（1）因购买而增加的生物资产。

（2）因自行培育而增加的生物资产。

（3）因出售而减少的生物资产。

（4）因盘亏或者死亡、损毁而减少的生物资产。

（5）计提的折旧及计提的跌价准备或减值准备以及跌价或减值的原因。

（6）披露报告期内生物资产的重大处置活动。

（7）披露公益林及公益林基金账面价值在报告期内增减变动及结存情况。

其中，"消耗性生物资产"属于存货的一种，要在"存货"项目中予以披露，而"生产性生物资产"和"公益性生物资产"则要单独披露。

7.3.3　生物资产的披露要求

1. 生物资产披露的一般要求

（1）企业应披露当期内由于初始确认生物资产和农产品产生的利得和损失，以及生物资产的公允价值减去预计至销售将发生的费用的变化产生的利得和损失的总额。

（2）企业应对每组生物资产分别加以说明，这种说明可以采用文字叙述方式也可以采用定量说明方式。但是，鼓励企业对各组生物资产采用定量说明方式加以披露。如果恰当，披露时要求区分消耗性生物资产和生产性生物资产，或者成熟生物资产和未成熟生物资产。

（3）如果没有通过其他渠道披露，财务报表应当说明：涉及每组生物资产的活动的性质；非财务指标或对实物数量的估计（包括期末各组生物资产和本期内农产品的产出）。

（4）企业应该披露确定各类农产品收获时公允价值和各组生物资产的公允价值所运用的方法和重要假设，以及当期内收获的农产品在收获时的公允价值减去预计至销售将发生的费用。

（5）企业应该披露：所有权受到限制的生物资产的账面金额及其所有权受到限制的情况，以及作为抵押品的生物资产的账面金额；因开发或购买生物资产而承担义务的金额；与农业活动相关的财务风险的管理战略。

（6）企业应提供当期期初和期末生物资产账面价值变动的调节表。不要求提供比较数据。

（7）鼓励企业进行分组披露，或者将计入净损益的资产公允价值减去预计至销售将发生的费用的变动，按照实物变动和价格变动原因分别披露。

（8）农业活动经常面临着天气、病害和其他自然灾害的侵袭。如果发生上述事件，考虑到其规模、性质和发生频率，如果有助于了解企业当期的业绩，企业应该按照《国际会计准则第8号——当期净损益、重大差错和会计政策变更》的规定披露收入和费用相关项目的性质和金额。例如，严重的病疫、洪水或干旱、大面积的虫害等。

2. 生物资产的补充披露要求

生物资产的补充披露要求，主要是指在生物资产的公允价值不能够可靠计量时而增加的要求。

（1）当企业按照成本减去累计折旧和累计减值损失计量生物资产时，应披露生物资产的下列信息：生物资产的描述；对公允价值不能够可靠计量的原因的解释；如果可能，公允价值高度可靠所处的估计期间；使用的折旧方法；使用的折旧期限和折旧率；期初和期末的账面原值和累计折旧（包含累计减值损失）。

（2）如果当期内按照成本减去累计折旧和累计减值损失计量生物资产，企业应单独披露处置该项生物资产而确认的利得和损失。

（3）按照成本减去累计折旧和累计减值损失计量的生物资产，如果公允价值在当期内变得能够可靠计量时，企业应披露下列信息：对该项生物资产的描述；对公允价值变为能够可靠计量的原因的解释；变化的影响。

3. 关于政府补助的披露要求

生物资产与政府补助相关，企业应披露：在财务报表中确认的政府补助的性质和概述；未履行的与政府补助相关联的条件或其他或有事项；预计政府补助的重大减少。

7.3.4　生物资产的披露格式

（1）消耗性生物资产披露格式如表 7-2 所示。

表 7-2　消耗性生物资产披露格式

存货种类	期初账面余额	本期增加额	本期减少额	期末账面余额
1. 原材料				
2. 在产品				
3. 库存商品				
4. 周转材料				
5. 消耗性生物资产				
……				
合计				

（2）说明消耗性生物资产的期末实物数量，并按下列格式披露金额信息，如表 7-3 所示。

表 7-3　说明消耗性生物资产期末实物数量的披露格式

项目	期初账面余额	本期增加额	本期减少额	期末账面余额
一、种植业				
1.				
……				
二、畜牧养殖业				
1.				
……				
三、林业				
1.				

项目	期初账面余额	本期增加额	本期减少额	期末账面余额
……				
四、水产业				
1.				
……				
合计				

（3）说明生产性生物资产和公益性生物资产的期末实物数量，并按表7-4所示格式披露金额信息。

表7-4 生产性生物资产和公益性生物资产披露格式

项目	期初账面价值	本期增加额	本期减少额	期末账面价值
一、种植业				
1.				
……				
二、畜牧养殖业				
1.				
……				
三、林业				
1.				
……				
四、水产业				
1.				
……				
合计				

如有天然起源的生物资产，还应披露该资产的类别、取得方式和数量等。

7.4　生物资产账面价值变动表的作用及其编制

7.4.1　生物资产账面价值变动表编制要求

为了反映企业年初、年末生物资产账面价值和报告期生物资产账面价值的增减变动情况及其变动构成，《农业企业会计核算办法——生物资产和农产品》补充了"生物资产账面价值变动表"。

生物资产账面价值变动表包括表首和正表两部分。其中：表首说明报表名称、编制单位、编制年度、报表编号、货币名称等；正表是本表的主体，具体说明本表的各项内容，包括按农业内部各业别划分的各项消耗性生物资产和生产性生物资产的年初、年末账面价值和报告期账面价值增减变动情况及其变动构成。每个项目中，又分为"年初账面价值""本年增加数""本年减少数""年末账面价值"4栏，分别列示其年初数、年度变化过程和结果。

7.4.2　生物资产账面价值变动表编制范例

生物资产账面价值变动表包括在年度会计报表中，其格式见表7-5。

表7-5　生物资产账面价值变动表

会企01表附表4

编制单位：　　　　　××年度　　　　　　　　　　单位：元

项目①	行次	年初账面价值②	本年增加数③				本年减少数④						年末账面价值⑤
			小计	其中			小计	其中					
				购买	繁育	其他资产转入		出售	收获	其他资产转入	本年计提折旧	本年计提减值	
一、种植业小计	1												
其中：生产性生物资产	2								×				

续表

项目①	行次	年初账面价值②	本年增加数③				本年减少数④						年末账面价值⑤
			小计	其中			小计	其中					
				购买	繁育	其他资产转入		出售	收获	其他资产转入	本年计提折旧	本年计提减值	
消耗性生物资产	3												
二、畜牧养殖业小计	4												
其中：生产性生物资产	5								×				
消耗性生物资产	6												
三、林业小计	7												
其中：生产性生物资产	8								×				
消耗性生物资产	9												
四、水产业小计	10												
其中：生产性生物资产	11								×				
消耗性生物资产	12												
五、生物资产合计	13												

续表

项目①	行次	年初账面价值②	本年增加数③				本年减少数④						年末账面价值⑤
			小计	其中			小计	其中					
				购买	繁育	其他资产转入		出售	收获	其他资产转入	本年计提折旧	本年计提减值	
其中：生产性生物资产	14								×				
消耗性生物资产	15												

1. 本表"年初账面价值"栏，反映各项目本报告年度年初的账面价值

"年初账面价值"栏内各项数字，应根据上年年末生物资产账面价值变动表"年末账面价值"栏内所列数字填列。如果本年度生物资产账面价值变动表规定的各个项目的名称和内容同上年度不一致，应对上年年末生物资产账面价值变动表各项目的名称和数字按照本年度的规定进行调整，填入本表"年初账面价值"栏内。

2. 本表"本年增加数""本年减少数"栏，分别反映各项目本报告年度的增减变动情况

"生产性生物资产"项目，应分别根据"生产性生物资产""生产性生物资产累计折旧""生产性生物资产减值准备"等科目的本年发生额分析填列。

"消耗性生物资产"项目，应分别根据"消耗性林木资产""农业生产成本""幼畜及育肥畜""消耗性生物资产跌价准备——林木资产跌价准备""消耗性生物资产跌价准备——幼畜及育肥畜跌价准备""消耗性生物资产跌价准备——其他消耗性生物资产跌价准备"等科目的本年发生额分析填列。

3. 本表"年末账面价值"栏，反映各项目本报告年度年末的账面价值

"生产性生物资产"项目，应分别根据"生产性生物资产""生物性在建工程""生产性生物资产累计折旧""生产性生物资产减值准备""生物性在建工程减值准备"等科目的期末余额分析填列。

"消耗性生物资产"项目，应分别根据"消耗性林木资产""农业生产成本""幼畜及育肥畜""消耗性生物资产跌价准备——林木资产跌价准备""消耗性生物资产跌价准备——幼畜及育肥畜跌价准备""消耗性生物资产跌价准备——其他消耗性生物资产跌价准备"等科目期末余额填列。

本表有关项目对应关系如下：

2 行 +3 行 =1 行；

5 行 +6 行 =4 行；

8 行 +9 行 =7 行；

11 行 +12 行 =10 行；

14 行 +15 行 =13 行；

1 行 +4 行 +7 行 +10 行 =13 行；

2 行 +5 行 +8 行 +11 行 =14 行；

3 行 +6 行 +9 行 +12 行 =15 行；

② 栏 +③ 栏 −④ 栏 =⑤ 栏。

7.5 生物资产及农产品减值准备和跌价准备明细表的作用及其编制

为了反映企业一定期间生物资产减值准备和农产品跌价准备的增减变动情况，补充了"生物资产及农产品减值准备和跌价准备明细表"，其格式见表 7-6。

表 7-6 生物资产及农产品减值准备和跌价准备明细表

会企 01 表附表 × ×

编制单位　　　　　　　　　　　　× × 年度　　　　　　　　　　　单位：元

项目①	行次	年初余额②	本年增加数③	本年减少数④		年末余额⑤
				转回	转销	
一、生物资产减值（跌价）准备	1					

项目①	行次	年初余额②	本年增加数③	本年减少数④		年末余额⑤
				转回	转销	
其中：消耗性生物资产跌价准备合计	2					
生产性生物资产减值准备合计	3					
（一）种植业小计	4					
其中：消耗性生物资产跌价准备	5					
生产性生物资产减值准备	6					
（二）畜牧养殖业小计	7					
其中：消耗性生物资产跌价准备	8					
生产性生物资产减值准备	9					
（三）林业小计	10					
其中：消耗性生物资产跌价准备	11					
生产性生物资产减值准备	12					
（四）水产业小计	13					
其中：消耗性生物资产跌价准备	14					
生产性生物资产减值准备	15					
二、农产品跌价准备	16					
（一）种植业产品跌价准备	17					
（二）畜牧养殖业产品跌价准备	18					
（三）林业跌价准备	19					
（四）水产品跌价准备	20					

　　企业应至少于每年年末对各类生物资产和农产品进行检查，并根据谨慎性原则的要求，合理地预计生物资产和农产品可能发生的损失，对可能发生的资产损失计提减值准备。在资产负债表中，生物资产和农产品是以其账面价值列示的，即扣除了其减值部分。企业编制和对外提供本表，可以全面反映企业各类生物资产和农产品的减值情况，给会计信息使用者提供决策指导以及有用的信息，便于会计信息使用者深入分析生物资产和农产品减值情况，以对农业企业的未来发展

前景进行预测。

生物资产及农产品减值准备和跌价准备明细表包括表首和正表两部分。其中，表首说明报表名称、编制单位、编制年份、报表编号、货币名称等；正表是本表的主体，具体说明减值准备明细表的各项内容，包括各业的生产性生物资产减价准备、消耗性生物资产跌价准备和各业农产品跌价准备等内容。每个项目中，又分为"年初余额""本年增加数""本年减少数"（如出售该项资产、非货币性资产交换、债务重组等）"年末余额" 4栏，分别列示其年初数、年度变化过程和结果。

（1）本表"年初余额"栏，反映各项目本报告年度期初余额。该栏内各项数字应根据上年年末生物资产及农产品减值准备和跌价准备明细表"年末余额"栏内所列数字填列。如果本年度生物资产及农产品减值准备和跌价准备明细表规定的各个项目的名称和内容同上年度不一致，应对上年年末生物资产及农产品减值准备和跌价准备明细表各项目的名称和数字按照本年度的规定进行调整，填入本表"年初余额"栏内。

（2）本表"本年增加数""本年减少数"栏，分别反映各项目本报告年度的增减变动情况。

"消耗性生物资产跌价准备"项目，应分别根据"消耗性生物资产跌价准备——林木资产跌价准备""消耗性生物资产跌价准备——幼畜及育肥畜跌价准备""消耗性生物资产跌价准备——其他消耗性生物资产跌价准备"等科目的本年发生额分析填列。

"生产性生物资产减值准备"项目，应分别根据"生产性生物资产减值准备"等科目的本年发生额填列。

"农产品跌价准备"项目，应根据"存货跌价准备——农产品跌价准备"科目的本年发生额分析填列。

（3）本表"年末余额"栏，反映各项目本报告年度期末余额。

"消耗性生物资产跌价准备"项目，应分别根据"消耗性生物资产跌价准备——林木资产跌价准备""消耗性生物资产跌价准备——幼畜及育肥畜跌价准备""消耗性生物资产跌价准备——其他消耗性生物资产跌价准备"等科目的期末余额填列。

"生产性生物资产减值准备"项目，应分别根据"生产性生物资产减值准备"

等科目的期末余额填列。

"农产品跌价准备"项目，应根据"存货跌价准备——农产品跌价准备"科目的期末余额填列。

本表有关项目对应关系如下：

2 行 +3 行 =1 行 =4 行 +7 行 +10 行 +13 行；

5 行 +8 行 +11 行 +14 行 =2 行；

6 行 +9 行 +12 行 +15 行 =3 行；

5 行 +6 行 =4 行；

8 行 +9 行 =7 行；

11 行 +12 行 =10 行；

14 行 +15 行 =13 行；

17 行 +18 行 +19 行 +20 行 =16 行；

② 栏 +③ 栏 – ④ 栏 =⑤ 栏。

随着"营改增"进程的不断推开，农业企业增值税实务也面临着各项变化。本章从建筑施工企业增值税基础概述入手，针对农业企业纳税人身份的确认、混合经营企业的增值税纳税实务、农业企业代销方式选择、运输及销售等环节涉及到的增值税纳税实务进行详细讲解。通过生动的日常案例，进一步分析了农业企业在日常生产过程中税收筹划的重要性。

8.1 增值税概述

2016 年 5 月 1 日，"营改增"在建筑业、房地产业、金融业、生活服务业 4 大行业全面推开，这标志着我国已进入全面实施"营改增"的新阶段。"营改增"本质上是一种结构性减税，是推动结构性改革尤其是供给侧结构性改革的重要内容，是全面深化改革向纵深推进的背景下，国家深化财税体制改革的重要举措，旨在将"道道征收、全额征税"的营业税，改为"环环征收、层层抵扣"的增值税，从而达到减少重复征税，促进专业化分工，优化资源配置，激发市场活力的目的。

《财政局 国家税务总局关于全面推开营业税改征增值税试点的通知》（财税〔2016〕36 号，以下简称"36 号文"）附件 1 规定，在中华人民共和国境内销售服务、无形资产或者不动产的单位和个人，为增值税纳税人，应当缴纳增值税，不缴纳营业税。

8.1.1　增值税纳税人

《中华人民共和国增值税暂行条例》（中华人民共和国国务院令第 691 号）（以下简称《增值税暂行条例》）第一条规定，在中华人民共和国境内销售货物或者提供加工、修理修配劳务以及进口货物的单位和个人，为增值税的纳税人。36 号文附件 1《营业税改征增值税试点实施办法》（以下简称《试点实施办法》）规定，在中华人民共和国境内销售服务、无形资产或者不动产的单位和个人，为增值税纳税人，应当按照本办法缴纳增值税。单位，是指企业、行政单位、事业单位、军事单位、社会团体及其他单位；个人，是指个体工商户和其他个人。

《中华人民共和国增值税暂行条例实施细则》（以下简称《增值税暂行条例实施细则》）将纳税人按其经营规模大小以及会计核算是否健全划分为一般纳税人和小规模纳税人。

（1）一般纳税人认定条件。

① 生产货物或者提供应税劳务的纳税人，以及以生产货物或者提供应税劳务为主（即纳税人的年货物生产或者提供应税劳务的销售额占应税销售额的比重在 50% 以上）并兼营货物批发或者零售的纳税人，年应税销售额超过 50 万的。

② 从事货物批发或者零售经营，年应税销售额超过 80 万元的。

（2）小规模纳税人认定条件。

① 从事货物生产或者提供应税劳务的纳税人，以及从事货物生产或者提供应税劳务为主（即纳税人的年货物生产或者提供应税劳务的销售额占年应税销售额的比重在 50% 以上），并兼营货物批发或者零售的纳税人，年应征增值税销售额（简称“应税销售额”）在 50 万元以下（含本数）的。

② 除上述规定以外的纳税人，年应税销售额在 80 万元以下（含本数）的。

注：年应税销售额是指纳税人在连续不超过 12 个月的经营期内累计应征增值税销售额，包括免税销售额。

8.1.2　增值税的征税范围

根据《增值税暂行条例》的规定，增值税的征税范围包括销售货物、进口货物及部分加工性劳务 如修理、修配劳务。现行增值税的征税范围如下。

1. 销售货物

销售货物，是指在中华人民共和国境内（以下简称"中国境内"）有偿转让货物的所有权。货物，是指除土地、房屋和其他建筑物等不动产之外的有形动产，包括电力、热力、气体在内。单位和个人在中国境内销售货物，即销售货物的起运地或所在地在境内，不论是从受让方取得货币，还是获得货物或其他经济利益，都应视为有偿转让货物的销售行为，征收增值税。

2. 提供加工、修理修配劳务

提供加工、修理修配劳务又称销售应税劳务，是指在中国境内有偿提供加工、修理修配劳务。加工，是指受托加工货物，即由委托方提供原料及主要材料，受托方按照委托方的要求制造货物并收取加工费的业务。修理修配，是指受托对损伤和丧失功能的货物进行修复，使其恢复原状和功能的业务。单位和个人在中国境内提供或销售上述劳务，即应税劳务的发生地在中国境内，不论受托方从委托方收取的加工费是以货币的形式，还是以货物或其他经济利益的形式，都应视作有偿销售行为，征收增值税。但是，单位或个体经营者聘用的员工为本单位或雇主提供加工、修理修配劳务，不包括在内。

3. 进口货物

进口货物，是指进入中国关境的货物。对于进口货物，除依法征收关税外，还应在进口环节征收增值税。

4. 视同销售货物应征收增值税的特殊行为

单位和个体经营者的下列行为，虽然没有取得销售收入，也视同销售应税货物，征收增值税。

① 将货物交付他人代销。

② 销售代销货物。

③ 设有两个以上机构并实行统一核算的纳税人，将货物从一个机构移送其他机构用于销售，但相关机构在同一县（市）的除外。

④ 将自产或委托加工的货物用于非应税项目。

⑤ 将自产、委托加工或购买的货物作为投资，提供给其他单位或个体经营者。

⑥ 将自产、委托加工或购买的货物分配给股东或投资者。

⑦ 将自产、委托加工的货物用于集体福利或个人消费。

⑧ 将自产、委托加工或购买的货物无偿赠送他人。

以上行为可以归纳为下列 3 种情形。

① 转让货物但未发生产权转移。

② 虽然货物产权发生了变动，但货物的转移不一定采取直接的销售方式。

③ 货物产权没有发生变动，货物转移也未采取销售形式，而是用于类似销售的其他用途。

一般来说，对货物征收增值税应以货物所有权的有偿转让为前提，但是上述 3 种情形在实际经济生活中经常出现。为了便于税源的控制，防止税款流失，保持增值税抵扣链条的完整、连续，平衡自制货物与外购货物的税收负担，根据《增值税暂行条例》规定，对上述行为视同销售处理，纳入增值税的征收范围。

5. 混合销售行为

混合销售行为，是指一项销售行为既涉及货物，又涉及非应税劳务的行为。非应税劳务，是指属于应缴营业税的劳务，如提供交通运输、建筑、金融保险、邮电通信、文化体育、娱乐以及服务等劳务。混合销售行为的特点是销售货物与提供非应税劳务是由同一纳税人实现，价款是同时从一个购买方取得的。例如乙公司向甲单位销售电梯并负责安装调试，根据合同规定，乙公司销售电梯的货款及安装调试的劳务费由甲单位一并支付。在这项业务中既存在销售货物，又存在提供非应税劳务，属于混合销售行为。

《增值税暂行条例实施细则》中规定，对于从事货物的生产、批发或零售的企业、企业性单位及个体工商户的混合销售行为，均视为销售货物，征收增值税。对于其他单位和个人的混合销售行为，视为销售非应税劳务，不征收增值税。以上所说的从事货物的生产、批发或零售的企业、企业性单位和个体工商户，包括以从事货物的生产、批发或零售为主，并兼营非增值税应税劳务的企业、企业性单位及个体工商户在内。

注：① 同一项销售行为中既包括销售货物又包括提供非应税劳务，强调同一项销售行为。

② 销售货物和提供非应税劳务的价款是同时从一个购买方取得的。

③ 出现混合销售行为，涉及的货物和非增值税应税劳务只是针对一项销售行为而言的。

6. 兼营应税劳务与非应税劳务

兼营应税劳务与非应税劳务，又称兼营行为，是指纳税人的经营范围兼有销售货物和提供非应税劳务两类经营项目，并且这种经营业务并不发生在同一项业务中。应税劳务，是指属于应缴增值税的劳务，如提供加工、修理修配劳务。纳税人的兼营行为和混合销售行为既有联系又有区别。

它们的共同点是：纳税人在生产经营过程中涉及销售货物和提供非应税劳务两类经营项目。不同点是：混合销售行为是指同一项销售业务同时涉及销售货物和非应税劳务，销售货款及劳务价款是同时从一个购买方取得的，两者难以分开核算；而兼营行为是指纳税人兼有销售货物和提供非应税劳务两类经营项目，并且这种经营业务并不发生在同一项业务中，即销售货物和应税劳务与提供非应税劳务不是同时发生在同一购买者身上，可以分开进行核算。例如某酒店在提供住宿和餐饮服务时，又在酒店内开设商品销售部，由于住宿和餐饮与销售商品不同时发生在同一购买者身上，即不发生在同一项销售行为中。

纳税人兼营应税劳务与非应税劳务的，应分别核算货物或应税劳务和非应税劳务的销售额。如果不分别核算或者不能准确核算的，其非应税劳务应与货物或应税劳务一并征收增值税。对于纳税人兼营的非应税劳务，是否应当一并征收增值税，由国家税务总局所属征收机关确定。

7. 属于增值税征税范围的其他项目

① 货物期货，包括商品期货和贵金属期货，在期货的实物交割环节纳税。

② 银行销售金银的业务。

③ 典当业的死当物品销售业务和寄售业代委托人销售寄售物品的业务。

④ 集邮商品，如邮票、明信片、首日封等的生产、调拨，以及邮政部门以外的其他单位与个人销售集邮商品。

⑤ 邮政部门以外其他单位和个人发行报刊。

⑥ 单独销售无线寻呼机、移动电话，不提供有关的电信劳务服务的。

⑦ 缝纫业务。

⑧ 税法规定的其他项目。

8.1.3　增值税免征范围

1. 自产农产品

（1）农业生产者销售的自产农业产品免征增值税。（对于上述单位和个人销售的外购的农产品，以及单位和个人外购农业产品生产、加工后销售的农业产品，按照规定征收增值税。）

（2）农民个人按照竹器企业提供的样品规格，自产或购买竹、芒、藤、木条等，再通过手工简单编制成竹制或竹、芒、藤、柳混合坯具的，属于自产农业初级产品，免征销售环节增值税。

（3）自 2010 年 12 月 1 日起，制种企业在下列生产经营模式下生产、销售种子，属于农业生产者销售自产农业产品，免征增值税。

① 制种企业利用自有土地或承租土地，雇用农户或雇工进行种子繁育，再经烘干、脱粒、风筛等深加工后销售种子。

② 制种企业提供基本种子委托农户繁育并从农户手中收回，再经烘干、脱粒、风筛等深加工后销售种子。

2. 粮食和食用植物油

（1）对承担粮食收储任务的国有粮食购销企业销售的粮食免征增值税。

（2）享受免税优惠的国有粮食购销企业可继续使用增值税专用发票。

属于一般纳税人的生产、经营单位从国有粮食购销企业购进的免税粮食，可依照国有粮食购销企业开具的增值税专用发票注明的税额抵扣进项税额。

（3）凡享受免征增值税的国有粮食购销企业，均按增值税一般纳税人认定，并进行纳税申报、日常检查及有关增值税专用发票的各项管理。

注：此项优惠限定了特定销售方。

（4）其他粮食企业经营粮食用于军队用粮、救灾救济粮、水库移民口粮、退耕还林还草补助粮（凡符合国家规定标准的）的免征增值税，用于其他方面的照章征税（9% 税率）。

注：此项优惠限定了特定用途。

（5）对销售食用植物油业务，除中国储备粮总公司及各分公司所属的政府储备食用植物油承储企业，按照国家指令计划销售的政府储备食用植物油继续免征增值税外，一律照章征收增值税（9% 税率）。

注：此项优惠限定了特定品目。

3. 农业生产资料

下列货物免征增值税。

（1）饲料（不含宠物饲料）。

（2）其他。

① 农膜。

② 生产销售的氮肥、磷肥及免税化肥为主要原料的复混肥。

自 2008 年 1 月 1 日起，对纳税人生产销售的磷酸二铵产品免征增值税。

③ 批发和零售的种子、种苗、化肥、农药、农机。

④ 生产销售、批发、零售有机肥（含有机肥料、有机－无机复混肥料、生物有机肥）。

⑤ 自 2007 年 2 月 1 日起，硝酸铵不再享受化肥产品免征增值税政策。

⑥ 自 2007 年 7 月 1 日起，纳税人生产销售和批发、零售滴灌带和滴灌管产品免征增值税。

注：列举的品目、环节免税，非列举品目和环节适用 9% 的低税率征税。

8.1.4　增值税应纳税额的计算

增值税计税方法，包括一般计税方法和简易计税方法。一般纳税人发生应税行为适用一般计税方法计税。一般纳税人发生财政部和国家税务总局规定的特定应税行为，可以选择适用简易计税方法计税，但一经选择，36 个月内不得变更。

小规模纳税人发生应税行为适用简易计税方法计税。除了提供建筑服务的小规模纳税人适用简易计税方法以外，36 号文还明确在以下情形下，一般纳税人提供建筑服务也可以选择适用简易计税方法，按 3% 征收率计税。

（一）一般纳税人以清包工方式提供的建筑服务，可以选择适用简易计税方法计税。

以清包工方式提供建筑服务，是指施工方不采购建筑工程所需的材料或只采购辅助材料，并收取人工费、管理费或者其他费用的建筑服务。

（二）一般纳税人为甲供工程提供的建筑服务，可以选择适用简易计税方法计税。

甲供工程，是指全部或部分设备、材料、动力由工程发包方自行采购的建筑工程。

（三）一般纳税人为建筑工程老项目提供的建筑服务，可以选择适用简易计税方法计税。

1. 一般计税方法应纳税额

一般计税方法的应纳税额，是指当期销项税额抵扣当期进项税额后的余额。应纳税额计算公式如下。

应纳税额 = 当期销项税额 − 当期进项税额

当期销项税额小于当期进项税额不足抵扣时，其不足部分可以结转下期继续抵扣。

销项税额，是指纳税人发生应税行为按照销售额和增值税税率计算并收取的增值税额。销项税额计算公式如下。

销项税额 = 销售额 × 税率

一般计税方法的销售额不包括销项税额，纳税人采用销售额和销项税额合并定价方法的，按照下列公式计算销售额。

销售额 = 含税销售额 ÷（1+ 税率）

进项税额，是指纳税人购进货物、加工修理修配劳务、服务、无形资产或者不动产，支付或者负担的增值税额。

（1）下列进项税额准予从销项税额中抵扣。

① 从销售方取得的增值税专用发票（含税控机动车销售统一发票，下同）上注明的增值税额。

② 从海关取得的海关进口增值税专用缴款书上注明的增值税额。

③ 购进农产品，除取得增值税专用发票或者海关进口增值税专用缴款书外，按照农产品收购发票或者销售发票上注明的农产品买价和 9% 的扣除率计算的进项税额。计算公式如下。

进项税额 = 买价 × 扣除率

买价，是指纳税人购进农产品在农产品收购发票或者销售发票上注明的价款和按照规定缴纳的烟叶税。购进农产品，按照《农产品增值税进项税额核定扣除试点实施办法》抵扣进项税额的除外。

④ 从境外单位或者个人购进服务、无形资产或者不动产，自税务机关或者扣缴义务人取得的解缴税款的完税凭证上注明的增值税额。

本条对纳税人可抵扣增值税进项税额的情况进行了列示，需要注意的是，上述规定第 ③ 项中，一般纳税人购进农产品抵扣进项税额存在以下 5 种情况。

a. 从一般纳税人处购进农产品，按照取得的增值税专用发票上注明的增值税额。

b. 进口农产品，按照取得的海关进口增值税专用缴款书上注明的增值税额。

c. 自农业生产者购进自产农产品以及自小规模纳税人购入农产品（不含享受批发零售环节免税政策的鲜活肉蛋产品和蔬菜），按照取得的销售农产品的增值税普通发票上注明的农产品买价和 9% 的扣除率计算的进项税额。

d. 向农业生产者个人收购其自产农产品，按照收购单位自行开具农产品收购发票上注明的农产品买价和 9% 的扣除率计算的进项税额。

e.《财政部 国家税务总局关于在部分行业试行农产品增值税进项税额核定扣除办法的通知》（财税〔2012〕38 号）规定，以购进农产品为原料生产销售液体乳及乳制品、酒及酒精，植物油的增值税一般纳税人，纳入农产品增值税进项税额核定扣除试点范围，其购进农产品无论是否用于生产上述产品，增值税进项税额均按照《农产品增值税进项税额核定扣除试点实施办法》的规定抵扣。

（2）下列项目的进项税额不得从销项税额中抵扣。

① 用于简易计税方法计税项目、免征增值税项目、集体福利或者个人消费的购进货物、加工修理修配劳务、服务、无形资产和不动产。其中涉及的固定资产、无形资产、不动产，仅指专用于上述项目的固定资产、无形资产（不包括其他权益性无形资产）、不动产。纳税人的交际应酬消费属于个人消费。

② 非正常损失的购进货物，以及相关的加工修理修配劳务和交通运输服务。

③ 非正常损失的在产品、产成品所耗用的购进货物（不包括固定资产）、加工修理修配劳务和交通运输服务。

④ 非正常损失的不动产，以及该不动产所耗用的购进货物、设计服务和建筑服务。

⑤ 非正常损失的不动产在建工程所耗用的购进货物、设计服务和建筑服务。纳税人新建、改建、扩建、修缮、装饰不动产，均属于不动产在建工程。

⑥ 购进的旅客运输服务、贷款服务、餐饮服务、居民日常服务和娱乐服务。

⑦ 财政部和国家税务总局规定的其他情形。

2. 简易计税方法应纳税额

简易计税方法应纳税额，是指按照销售额和增值税征收率计算的增值税额，不得抵扣进项税额。应纳税额计算公式如下。

应纳税额 = 销售额 × 征收率

简易计税方法的销售额不包括其应纳税额，纳税人采用销售额和应纳税额合并定价方法的，按照下列公式计算销售额。

销售额 = 含税销售额 ÷（1+ 征收率）

纳税人适用简易计税方法计税的，因销售折让、中止或者退回而退还给购买方的销售额，应当从当期销售额中扣减。扣减当期销售额后仍有余额造成多缴的税款，可以从以后的应纳税额中扣减。

3. 销售额的确定

（1）销售额，是指纳税人发生应税行为取得的全部价款和价外费用，财政部和国家税务总局另有规定的除外。价外费用，是指价外收取的各种性质的收费，但不包括以下项目。

① 代为收取并符合《营业税改征增值税试点实施办法》第十条规定的政府性基金或者行政事业性收费。

② 以委托方名义开具发票代委托方收取的款项。

（2）纳税人发生应税行为价格明显偏低或者偏高且不具有合理商业目的的，或者发生《营业税改征增值税试点实施办法》第十四条所列行为而无销售额的，主管税务机关有权按照下列顺序确定销售额。

① 按照纳税人最近时期销售同类服务、无形资产或者不动产的平均价格确定。

② 按照其他纳税人最近时期销售同类服务、无形资产或者不动产的平均价格确定。

③ 按照组成计税价格确定。组成计税价格的公式如下。

组成计税价格 = 成本 ×（1+ 成本利润率）

成本利润率由国家税务总局确定。不具有合理商业目的，是指以谋取税收利益为主要目的，通过人为安排，减少、免除、推迟缴纳增值税税款，或者增加退还增值税税款。

8.1.5　部分农产品增值税税率

《国家税务总局关于农用挖掘机养鸡设备系列养猪设备系列产品增值税适用税率问题的公告》（国家税务总局公告〔2014〕12号）规定，农用挖掘机、养鸡设备系列、养猪设备系列产品属于农机，适用9%增值税税率。

农用挖掘机是指型式和相关参数符合《农用挖掘机质量评价技术规范》（NY/T 1774—2009）要求，用于农田水利建设和小型土方工程作业的挖掘机械，包括拖拉机挖掘机组和专用动力挖掘机。

拖拉机挖掘机组是指挖掘装置安装在轮式拖拉机三点悬挂架上，且以轮式拖拉机为动力的挖掘机械；专用动力挖掘机指挖掘装置回转角度小于270°，以专用动力和行走装置组成的挖掘机械。

养鸡设备系列包括喂料设备（系统）、送料设备（系统）、刮粪清粪设备、集蛋分蛋装置（系统）、鸡只生产性能测定设备（系统）、产品标示鸡脚环、孵化机、小鸡保温装置、环境控制设备（鸡只）等。养猪设备系列包括猪只群养管理设备（系统）、猪只生产性能测定设备（系统）、自动喂养系统、刮粪清粪设备、定位栏、分娩栏、保育栏（含仔猪保温装置）、环境控制设备（猪）等。

8.1.6　增值税发票管理

1. 增值税专用发票概念

增值税专用发票，是增值税一般纳税人销售货物或者提供应税劳务开具的发票，是购买方支付增值税税额并可按照增值税有关规定据以抵扣增值税进项税额的凭证。一般纳税人应通过增值税防伪税控系统使用专用发票。"使用"包括领购、开具、缴销、认证纸质专用发票及其相应的数据电文。

2. 增值税发票分类

增值税发票分为增值税普通发票、增值税专用发票，两者区别是增值税专用发票可以抵扣进项税款。

36号文规定，增值税扣税凭证包括增值税专用发票（机动车销售统一发票，下同）、海关进口增值税专用缴款书、农产品收购发票、农产品销售发票和完税凭证。试点纳税人取得的增值税扣税凭证不符合法律、行政法规或者国家税务总局有关规定的，其进项税额不得从销项税额中抵扣。增值税专用发票的使用和管理状况如何，直接关系到整个增值税系统能否正常有效运作，关系到增值税原理能否实现。

3. 增值税专用发票的领购

增值税专用发票的领购和使用，须遵守《增值税专用发票使用规定》。

（1）领购：一般纳税人凭《发票领购簿》、IC 卡和经办人身份证明领购专用发票。

（2）不得领购：一般纳税人有下列情形之一的，不得领购开具专用发票。

① 会计核算不健全，不能向税务机关准确提供增值税销项税额、进项税额、应纳税额数据及其他有关增值税税务资料。上列其他有关增值税税务资料的内容，由省、自治区、直辖市和计划单列市国家税务局确定。

② 有《中华人民共和国税收征收管理法》规定的税收违法行为，拒不接受税务机关处理的。

③ 有下列行为之一，经税务机关责令限期改正而仍未改正的。

a. 虚开增值税专用发票。

b. 私自印制专用发票。

c. 向税务机关以外的单位和个人买取专用发票。

d. 借用他人专用发票。

e. 未按《增值税专用发票使用规定》第十一条开具专用发票。

f. 未按规定保管专用发票和专用设备。有下列情形之一的，为未按规定保管专用发票和专用设备。

Ⅰ. 未设专人保管专用发票和专用设备。

Ⅱ. 未按税务机关要求存放专用发票和专用设备。

Ⅲ. 未将认证相符的专用发票抵扣联、《认证结果通知书》和《认证结果清单》装订成册。

Ⅳ. 未经税务机关查验，擅自销毁专用发票基本联次。

g. 未按规定申请办理防伪税控系统变更发行。

h. 未按规定接受税务机关检查。

4. 增值税专用发票开具范围

① 一般纳税人销售货物或者提供应税劳务，应向购买方开具专用发票和普通发票。

② 增值税小规模纳税人需要开具专用发票的，可向主管税务机关申请代开。

③ 销售免税货物不得开具专用发票，法律、法规及国家税务总局另有规定的除外。

8.2 农业企业增值税纳税实务

8.2.1 农业企业确认纳税人身份

增值税纳税人分为一般纳税人和小规模纳税人，一般纳税人可以实行税款抵扣制，即购进货物的进项税额可以与销售货物的销项税额相抵减，其应纳税额占销售收入的比例一般比较低。而小规模纳税人不能实行税款抵扣制，应按照销售额与规定的征收率计算应纳税额。因此，作为中小企业来说，可以利用纳税人的身份进行相应的选择，以达到减少应纳税额的目的。那么，中小企业如何选择纳税人身份呢？主要判别方法有增值率判别法、可抵扣进项占销售额比重判别法、含税购货金额占含税销售额比重判别法3种。增值税暂行条例及实施细则对一般纳税人和小规模纳税人的规定不同，这为增值税纳税人的税收筹划提供了可能。纳税人可根据自己的具体情况，在设立、变更时，正确选择增值税纳税人身份。

1. 增值率判别法

从两类增值税纳税人的计税原理看，一般纳税人的增值税计算是以增值额为计税基础，而小规模纳税人的增值税计算是以全部不含税收入为计税基础。在销售价格相同的情况下，税负的高低取决于增值率的大小。一般来说，对于增值率高的企业，适宜作为小规模纳税人；反之，适宜作为一般纳税人。当增值率达到某一数值时，两类纳税人的税负相同，这一数值称为无差别平衡点增值率。其计算公式如下。

进项税额 ＝ 销售额 × （1－增值率）× 增值税税率

增值率 ＝（销售额 － 可抵扣购进项目金额）÷ 销售额

增值率 ＝（销项税额 － 进项税额）÷ 销项税额

2. 可抵扣进项占销售额比重判别法

在税收实务中，一般纳税人税负取决于可抵扣的进项税额。通常情况下，若可抵扣的进项税额较大，则适宜作为一般纳税人，反之则适宜作为小规模纳税人。当抵扣额占销售额的比重达某一数值时，两类纳税人的税负相等，此时的抵扣率称为无差别平衡点抵扣率。其计算公式如下。

进项税额 ＝ 可抵扣购进项目金额 × 增值税税率

增值率 ＝（销售额 － 可抵扣购进项目金额）÷ 销售额

　　　　 ＝1－ 可抵扣购进项目金额 ÷ 销售额

　　　　 ＝1－ 抵扣率

一般纳税人应纳税额 ＝ 销项税额 － 进项税额

　　　　　　　　　　 ＝ 销售额 × 增值税税率 － 销售额 × 增值税税率 × （1－增值率）

　　　　　　　　　　 ＝ 销售额 × 增值税税率 × 增值率

　　　　　　　　　　 ＝ 销售额 × 增值税税率 × （1－抵扣率）

小规模纳税人应纳税额 ＝ 销售额 × 征收率

当两者税负相等时，其抵扣率则为无差别平衡点抵扣率。则此时以下公式成立。

销售额 × 增值税税率 × （1－抵扣率）＝ 销售额 × 征收率

$$抵扣率 ＝1－ \frac{征收率}{增值税税率} ＝1－ \frac{3\%}{13\%} ＝76.92\%$$

注：当抵扣率达到无差别平衡点抵扣率时，两种纳税人的税负相同；当抵扣率低于无差别平衡点抵扣率时，一般纳税人的税负重于小规模纳税人的税员，农业企业适宜选择作为小规模纳税人；而当抵扣率高于无差别平衡点抵扣率时，小规模纳税人的税负重于一般纳税人的税员，农业企业应当选择作为一般纳税人。

农业企业应当综合考虑自身的特点，针对销售产品的增值率、购进资产的可抵扣税额等情况，在法律规定的范围内，选择合适的纳税人身份。

3. 含税购货金额占含税销售额比重判别法

当纳税人提供的资料是含税销售额和含税购进金额时，可根据前述计算公式求得无差别平衡点抵扣率。

例：假设 Y（元）为含增值税的销售额，X（元）为含增值税的购货金额（两者均为同期），则下式成立。

$$Y \div (1+13\%) \times 13\% - X \div (1+13\%) \times 13\% = Y \div (1+3\%) \times 3\%$$

解得无差别平衡点抵扣率满足 $X = 74.78\%Y$。

即当企业的含税购货额为同期含税销售额的 74.78% 时，两种纳税人的税负完全相同；当企业的含税购货额大于同期含税销售额的 74.78% 时，一般纳税人税负轻于小规模纳税人税员；当企业含税购货额小于同期含税销售额的 74.78% 时，则一般纳税人税负重于小规模纳税人税员。

4. 需要考虑的其他因素

（1）选择纳税人身份的基本前提。

《增值税暂行条例实施细则》第二十九条规定，年应税销售额超过小规模纳税人标准的其他个人按小规模纳税人纳税；非企业性单位、不经常发生应税行为的企业可选择按小规模纳税人纳税。这说明，个人无论销售额、购进额的情况如何，即使达到一般纳税人规模，也必须按照小规模纳税人处理。

（2）企业产品的性质及客户的类型。

企业产品的性质及客户的要求决定了企业进行税收筹划空间的大小。如果企业产品销售对象多为一般纳税人，那么意味着企业受开具增值税专用发票的制约，必须选择做一般纳税人才有利于产品的销售。如果企业生产、经营的产品为固定资产或客户多为小规模纳税人，不受发票类型的限制，则税收筹划空间较大。

（3）纳税人身份转化的成本。

一旦农业企业已经认定了纳税人身份，就必须考虑法律的制约，在法律上，不同身份之间的转换会受到不同的影响。从小规模纳税人转换成一般纳税人相对而言是允许的，而且不能恶意隐瞒。但是，从一般纳税人转换成小规模纳税人，则受到限制。《增值税一般纳税人资格认定管理办法》第十二条规定，除国家税务总局另有规定外，纳税人一经认定为一般纳税人后，不得转为小规模纳税人。

8.2.2　混合经营企业的增值税纳税实务

2016 年我国正式全面开展"营改增"，《营业税改征增值税试点实施办法》第三十九条规定："纳税人兼营销售货物、劳务、服务、无形资产或者不动产，适用不同税率或者征收率的，应当分别核算适用不同税率或者征收率的销售额；未分别核算的，从高适用税率"。第四十条规定："一项销售行为如果既涉及服务又涉及货物，为混合销售。从事货物的生产、批发或者零售的单位和个体工商户的混合销售行为，按照销售货物缴纳增值税；其他单位和个体工商户的混合销售行为，按照销售服务缴纳增值税"。未分别核算的，由主管税务机关核定其货物的销售额。

【例 8–1】甲农业公司的主营产品包括饲料、乳制品和肉制品 3 种，2×19 年甲农业公司的各项收入来源为：饲料 242 178.97 元，乳制品 110 662.94 元，肉制品 104 628.01 元，

分析：

纳税人兼营不同税率的货物或者应税劳务的，应当分别核算不同税率的货物或者应税劳务的销售额。未分别核算销售额的，从高适用税率。对于涉及不同增值税税率的销售收入，企业也应分开核算，以便享受增值税的税收优惠政策。

从上述甲农业公司的收入来源资料可知，饲料收入占其主营业务收入的比例大于 50%。饲料加工行业免征增值税。以饲料 2×19 年的收入核算，可以节省 21 796万元（242 178.97×9%）的销项税额。在乳品行业中，其控股子公司中乳品企业的初加工奶适用增值税税率为 9%，其他奶制品收入适用增值税税率为 13%。这就要求公司要将初加工奶制品和其他奶制品的收入分开核算，以享受增值税低税率。甲公司中的食品加工企业初加工产品适用增值税税率为 9%，深加工产品适用增值税税率为 13%。这也促使公司将初加工产品和深加工产品分开核算，从而有效进行增值税纳税筹划。

8.2.3　农业企业代销方式的选择

农业企业代销通常有两种方式：一是收取手续费，即受托方根据所代销的商

品数量向委托方收取手续费，这对受托方来说是一种劳务收入，应缴纳增值税；二是视同买断，即由委托方和受托方签订协议，委托方按协议价收取所代销的货款，实际售价可由双方在协议中明确规定，也可由受托方自定，实际售价与协议价之间的差额归受托方所有，委托方不再支付代销手续费。对双方来说，两种代销方式的税务处理及总体税负水平是不相同的，合理选择代销方式可达到节税的目的。

8.2.4　农业企业运输过程中的增值税纳税实务

从 2013 年开始，运输业票据有 4 种类型：货物运输业增值税专用发票、税务机关代开的增值税专用发票、增值税普通发票、铁路运输费用结算票据。对于我国的增值税一般纳税人，取得这 4 种发票可以抵扣的进项税额各不相同：取得货物运输业增值税专用发票，按发票记载的 9% 的税率认证抵扣进项税额；取得税务机关代开的增值税专用发票，按发票记载的 3% 的征收率认证抵扣进项税额；取得增值税普通发票，不能抵扣进项税额；取得铁路运输费用结算票据，按费用结算单据上注明的运输费用金额和 7% 的扣除率抵扣进项税额。

1. 购货方运输方式的选择

一般纳税人外购货物和销售货物所支付的运输费用，准予按运费结算单据所列运费 9%、3%、7% 的扣除率计算抵扣进项税额。运输公司从事运输业需缴纳增值税。企业一般都有自己的运输部门，可按车辆可抵扣物耗金额（汽油、维修费以及其他费用等）的 13% 作为可以抵扣的进项税额。若车辆可抵扣物耗金额比较小，其可以抵扣的进项税额就更少了。此时可以考虑把运输部门分立出来设立运输子公司，这样虽然需按运费的 9% 缴纳增值税，但可按运费的 9% 作为可抵扣的进项税额，两者一抵即可节税。

2. 销货方运输方式的选择

企业无自有车辆，请外面的运输公司运输货物，这类业务的付费方式分为支付运费和代购货方垫付运费两种方式。如果要降低税负，可以采用代购货方垫付运费的方式。企业以正常的产品价格与购货方签订产品购销合同，并商定运输公司的运输发票直接开给购货方，由企业将该发票转交给购货方，企业为购货方代垫运费。此外，与运输公司签订代办运输合同，企业在货物运到后向运输公司支付代垫运费。

8.2.5　农业企业选择销售结算方式过程中的纳税实操

销售结算方式通常有直接收款、委托收款、托收承付、赊销或分期收款、预收款销售、委托代销等。不同的销售结算方式，其纳税义务发生时间是不相同的。

1. 增值税纳税义务发生时间的相关规定

（1）《增值税暂行条例》。

① 销售货物或者应税劳务，增值税纳税义务发生时间为收讫销售款项或者取得索取销售款项凭据的当天；先开具发票的，为开具发票的当天。

② 进口货物，增值税纳税义务发生时间为报关进口的当天。

（2）《增值税暂行条例实施细则》。

按销售结算方式的不同，销售货物或应税劳务的纳税义务发生时间如下。

① 采取直接收款方式销售货物，不论货物是否发出，均为收到销售款或者取得索取销售款凭据的当天。

② 采取托收承付和委托银行收款方式销售货物，为发出货物并办妥托收手续的当天。

③ 采取赊销和分期收款方式销售货物，为书面合同约定的收款日期的当天；无书面合同的或者书面合同没有约定收款日期的，为货物发出的当天。

④ 采取预收货款方式销售货物，为货物发出的当天，但生产销售生产工期超过 12 个月的大型机械设备、船舶、飞机等货物，为收到预收款或者书面合同约定的收款日期的当天。

⑤ 委托其他纳税人代销货物，为收到代销单位的代销清单或者收到全部或者部分货款的当天。未收到代销清单及货款的，为发出代销货物满 180 天的当天。

⑥ 销售应税劳务，为提供劳务同时收讫销售款或者取得索取销售款的凭据的当天。

⑦ 纳税人发生视同销售货物行为，为货物移送的当天。

（3）36 号文。

① 增值税纳税义务发生时间为纳税人提供应税服务并收讫销售款项或者取得索取销售款项凭据的当天；先开具发票的，为开具发票的当天。

② 纳税人提供有形动产租赁服务采取预收款方式的，其纳税义务发生时间为收到预收款的当天。

③ 纳税人发生视同提供应税服务的，其纳税义务发生时间为应税服务完成的当天。

2. 销售结算方式的税收筹划

（1）赊销和分期收款方式的税收筹划。

赊销和分期收款结算方式都是以合同约定日期为纳税义务发生时间。因此，企业在产品销售过程中，在应收货款一时无法收回或部分无法收回的情况下，可以选择赊销或分期收款结算方式进行税收筹划。

（2）委托代销方式的税收筹划。

委托代销商品是指委托方将商品交付给受托方，受托方根据合同要求，将商品出售后开具销货清单并交给委托方。此时，委托方才确认销售收入的实现。因此，根据这一原则，如果企业的产品销售对象是商业企业，并且产品以商业企业销售后付款结算方式销售，则可以采用委托代销结算方式，根据实际收到的货款分期计算销项税额。

【例 8-2】某甲农业企业主要生产保鲜水果，其委托分布在全国多个大中城市的代理商销售。在与各代理商签订销售合同时，明确每千克不含税销售价格为 10 元，代理手续费为每千克 0.7 元。

方案一：收取手续费。收取手续费即受托方按协议约定，根据所代销的商品数量，向委托方收取一定比例的手续费，这是受托方收取的一种劳务收入。它的主要特点是受托方通常按照委托方制定的价格标准销售货物，受托方无权决定商品的价格。在这种销售方式下，委托方在受托方将商品销售后，按受托方提供的代销清单确认销售收入；受托方在商品销售后，按协议约定的比例收取手续费确认收入。

假设当期委托代销商品销售额为 100 万元，则双方的缴税情况如下。

① 甲企业：当期销售收入为 100 万元，增值税销项税额为 13 万元（100×13%），城市维护建设税及教育费附加共计 1.3 万元。

② 代理商（假定代理商是一般纳税人）：代理商收取手续费，应缴纳增值税税额 0.42 万元（0.7×10×6%），城市维护建设税及教育费附加共计 0.042 万元。

③ 甲企业与代理商合计：应缴纳增值税 13.42 万元，应缴纳城市维护建设税及

教育费附加共计 1.342 万元。

方案二：视同买断。视同买断即由委托方和受托方签订协议，委托方按合同价收取所代销的货款，实际售价由受托方在委托方确定的价格范围内自主决定，实际售价与合同价的差额归受托方所有，委托方不再支付代销手续费。

假设甲企业采用这种代销方式，甲企业以 93 万元的合同价格确认收入，代理商仍以 100 万元确认销售收入。

① 甲企业：当其销售收入为 93 万元，增值税销项税额为 12.09 万元（93×13%），应缴纳城市维护建设税及教育费附加共计 1.209 万元。

② 代理商：销项税销项税额为 13 万元（100×13%），进项税额为 12.09 万元（93×13%），两者抵扣后，代理商就该项业务应缴纳的增值税为 0.91 万元，应缴纳城市维护建设税及教育费附加共计 0.091 万元。

③ 甲企业与代理商合计：应缴纳增值税 13 万元，应缴城市维护建设税及教育费附加 1.3 万元。

分析：

与收取手续费方式相比，视同买断方式下甲企业共节约税金 1.001 万元（13+1.3-12.09-1.209），而代理商却多交了税金 0.539 万元（0.91+0.091-0.42-0.042）。从企业整体的角度来看，视同买断方式共节约税款 0.462 万元（13.42+1.342-13-1.3），节约的税款可以在双方之间本着共同利益最大化的原则进行协商，合理分配。

8.2.6　农业企业销售地点的选择

1. 增值税纳税地点相关规定

① 固定业户应当向其机构所在地或者居住地主管税务机关申报纳税。如果固定业户设有分支机构，且不在同一县（市）的，应当分别向各自所在地的主管税务机关申报纳税。经财政部和国家税务总局或者其授权的财政和税务机关批准，可以由总机构汇总向总机构所在地的主管税务机关申报纳税。具体审批权限如下。

a. 总机构和分支机构不在同一省、自治区、直辖市的，经财政部和国家税务总局批准，可以由总机构汇总向总机构所在地的主管税务机关申报纳税。

b. 总机构和分支机构不在同一县（市），但在同一省、自治区、直辖市范围内的，经省、自治区、直辖市财政厅（局）、国家税务总局审批同意，可以由总机构汇总向总机构所在地的主管税务机关申报纳税。

② 非固定业户应当向应税行为发生地的主管税务机关申报纳税；未申报纳税的，由其机构所在地或者居住地的主管税务机关补征税款。

③ 其他个人提供建筑服务，销售或者租赁不动产，转让自然资源使用权，应向建筑服务发生地、不动产所在地、自然资源所在地主管税务机关申报纳税。这样可以使各地财政收入保持稳定，也可以保证征管质量，促进各地税务机关征管积极性。

④ 扣缴义务人应当向其机构所在地或者居住地的主管税务机关申报缴纳扣缴的税款。这样可以促使扣缴义务人履行扣缴义务，同时方便其申报缴纳所扣缴税款。

2. 农业企业销售地点的选择

农业企业发展到一定规模以后，出于对稳定供货渠道、开辟新市场或方便客户服务的考虑，不可避免地需要在销售业务相对集中的地区设立业务联络点。联络点的形式大致有两种：一是办事处，二是分公司。从增值税上来看，办事处由于不从事经营活动，所以在当地无须缴纳增值税；而分公司的经营活动必须在当地缴纳增值税。同时，也应当注意到，国家为了鼓励某些地区的发展，在税法上体现为因地区倾斜政策而导致的地区性税负差别，以及不同国家之间税收政策的差异，这也是在销售地点上进行税收筹划的依据。

【例8-3】王氏农业公司是增值税一般纳税人。2×14年1-6月，该公司在异地某市设置了临时性办事处。该办事处在2×14年1-6月，接到总公司调拨的货物500吨，取得销售收入200万元，调入价为160万元，在经营地就地采购材料10 000吨，购进价为900万元，取得销售收入1 000万元，1-6月盈利100万元（注：总公司2×13年经税务部门认定亏损200万元；上述进价及销售收入均为不含税价格）。

分析：

该办事处2×14年1-6月收入应纳税额如下。

① 作为办事处机构缴税。

公司调拨货物有合法经营手续，应向总机构所在地纳税。

应纳税额＝（200-160）×13%=5.2（万元）

办事处在经营地所采购材料超出《外出经营活动税收管理证明》的范围，应在经营地纳税。

应纳税额 =1 000×6%=60（万元）

两者共计应缴纳增值税税额为 65.2 万元。

② 按分支机构缴税。

在经营地应纳税额 =[（1 000-900）+（200-160）]×13%=18.2（万元）

按《中华人民共和国企业所得税暂行条例》的规定，100 万元利润可以弥补总公司的上一年度亏损。两者共计应缴纳增值税税额为 18.2 万元。

③ 按独立核算企业缴税。

应缴纳增值税 =[（1 000-900）+（200-160）]×13%=18.2（万元）

应缴纳所得税 =100×25%=25（万元）

共计应缴纳税额为 51.2 万元。

8.2.7　农业企业选择销售价格过程中的纳税实操

产品的销售价格对企业来说至关重要。在市场经济条件下，纳税人有自由定价的权利。纳税人可以利用定价的自由权，制定合理的价格，从而获得更多的收益。与纳税筹划有关的定价策略有两种表现形式。

1. 与关联企业间合作定价

与关联企业间合作定价的目的是减轻企业间的整体税负。

【例 8-4】某农业生产企业生产了一批产品，对外销售时定价会根据销售对象的不同而不同。若其由集团内部负责销售的企业销售，价格定为 120 000 元；若直接对外销售，价格定为 150 000 元。以上价格均为含税价格。假定本期准予抵扣的进项税额为 0。

分析：

该公司在确定销售对象时可选择的方案如下。

方案一：该企业全部产品直接对外销售。

本期应缴纳增值税 =150 000÷（1+13%）×13%=17 256.64（元）

本期应缴纳消费税 =150 000÷（1+13%）×30%=39 823.01（元）

合计税金 =17 256.64+39 823.01=57 079.65（元）

方案二：该企业全部产品对内销售。

本期应缴纳增值税 =120 000÷（1+13%）×13%=13 805.31（元）

本期应缴纳消费税 =120 000÷（1+13%）×30%=31 858.41（元）

合计税金 =13 805.31+31 858.41=45 663.72（元）

因此，两个方案对比，采取方案二更合适。

2. 主动制定一个稍低一点的价格

主动制定一个稍低一点的价格目的是获得更大的销量，从而让企业获得更多的收益。企业在制定价格时，应该特别注意价格的高低对企业税负可能造成的影响。在现实生活中，产品的销售价格提高，会导致销量的减少，可能导致总收入的下降。企业销售货物或应税劳务时，并不一定按原价销售，往往为促使购货方多买货物而给予购货方较优惠的价格。税法规定，只有满足下面3个条件的折扣销售，纳税人才能按折扣余额作为销售额。

① 销售额和折扣额在同一张发票上分别注明的，可按折扣后的余额作为销售额计算增值税；如果将折扣额另开发票，不论其在财务上如何处理，均不得从销售额中减除折扣额。

② 折扣销售不同于销售折扣。销售折扣是指销货方为了鼓励购货方及早偿还货款，而协议许诺给予购货方的一种折扣待遇。销售折扣发生在销货之后，是一种融资性质的理财费用，因而不得从销售额中减除。

③ 折扣销售仅限于货物价格的折扣。实物折扣应按《增值税暂行条例》"视同销售货物"中的"赠送他人"计算征收增值税。此外，纳税人销售货物后，由于品种、质量等原因，虽购货方未予退货，但销货方需给予购货方价格折让，销货方可以按折让后的货款作为销售额。

第 9 章
社会性收支

实际生产中，农业企业常常扮演着多种社会角色，由此衍生而来的社会性收支问题也成为农业企业会计核算的又一研究重点。本章从社会性收入和支出两个主线出发，分别就其涉及的概念和分类、确认和计量、科目设置及核算内容进行详细讲解，并在此基础上进一步对企业企业社会性收支的列报和披露进行补充说明。

9.1 社会性收入

9.1.1 社会性收入的概念和分类

1. 社会性收入的概念

社会性收入，是指企业取得的用于支付社会性支出的资金来源。所谓"社会性"，是指企业因社会管理服务职能未移交当地政府而发生的行政性、政策性和公益性方面的收支。

这个概念的界定是从会计制度的角度加以概括的，和一般意义上的社会性收入的含义是有区别的。它涉及以下三层含义：一是界定了收入取得的主体，社会性收入取得的主体是企业，如果不是企业取得的收入，则不能计入社会性收入；二是界定了收入的用途，是用于支付社会性支出，如果不是用于支付社会性支出的资金来源，则不应作为社会性收入；三是界定了收入的属性，社会性收入是一种资金来源。

2. 社会性收入的分类

社会性收入的分类，是指对社会性收入按资金来源渠道所做的划分。划分社会性收入有利于反映企业社会事业性活动，有利于企业统筹安排和合理使用各项资金。

农业企业承担了除征税以外的许多其他社会性职能，其社会性收入是复杂多样的。按社会职能单位（或部门）划分，有来自承担公检法司、工商物价管理、交通管理、社区管理、武装民兵训练、中小学教育、医院等社会性职能发生的收入；按资金来源渠道划分，有财政补助收入、规费收入、事业收入、福利费转入、其他收入等。

财政补助收入，是指财政部门根据核定的预算拨入的用于企业社会性支出的款项。规费收入，是指企业承担社会管理服务职能按规定收取的用于企业社会性支出的款项。事业收入，是指企业从事事业活动取得的用于企业社会性支出的款项。福利费转入，是指企业从提取的福利费中结转用于企业社会性支出的款项。其他收入，是指企业取得的除以上四项以外的其他用于社会性支出的款项，如无偿调入社会性固定资产、接受捐赠和社会性固定资产清理净收入等。

9.1.2　社会性收入的确认和计量

1. 社会性收入的确认

社会性收入的确认，是指将某个项目作为收入要素记账，并在财务报表上反映。根据收入要素确认的一般原则，某项目作为社会性收入加以确认必须符合三项基本条件：一是收入的取得是为了支付社会性支出而流入企业的，与企业生产经营无关；二是收入能够可靠地加以计量；三是收入按实际发生数计量入账。

2. 社会性收入的计量

（1）财政补助收入的确认和计量。

财政补助收入具体确认和计量的条件为：一是拨款主体是财政部门；二是拨款用途是支付企业社会性支出；三是按财政部门拨款凭证的实际数额作为计量入

账，不按计划或预算入账。

（2）规费收入的确认和计量。

规费收入具体确认和计量的条件为：一是收入必须是按国家有关法律法规收取的款项；二是用于补贴企业社会性支出；三是属于预算外资金。有的企业在管理上实行"收支两条线"，企业收取后不能直接作为收入入账，只有企业上交后按规定返还的部分才可以作为规费收入，因此需按实际返还金额计量入账。

（3）事业收入的确认和计量。

事业收入具体确认和计量的条件为：一是企业从事事业活动取得的收入；二是用于社会性支出；三是按事业收入的实际发生数计量入账。

（4）福利费转入的确认和计量。

福利费转入具体确认和计量的条件为：一是属于企业从提取的福利费中结转的款项；二是用于社会性支出；三是按福利费转入的实际数计量入账。

（5）其他收入的确认和计量。

其他收入具体确认和计量的条件为：一是属于企业从接受捐赠、无偿调入固定资产和社会性固定资产清理净收入等活动中增加的收入，而不是财政补助收入、规费收入、事业收入、福利费转入的收入；二是用于社会性支出；三是按其他收入的实际数计量入账。

9.1.3　社会性收入的科目设置与核算内容

1. 会计科目的设置及其核算内容

为管理和核算社会性收入，设置"社会性收入"科目，用于核算企业获得的用于支付社会性支出的资金来源，其中主要包括财政补助收入、规费收入、事业收入、福利费转入、其他收入等。"社会性收入"的二级科目按资金来源设置，内容包括财政补助收入、规费收入、事业收入、福利费转入、其他收入等。

2. 社会性收入的核算

（1）财政补助收入的核算。

在"社会性收入"科目下设置"财政补助收入"二级科目，以核算财政补助收入的发生和结余情况。收到财政拨款时，按实际收到金额，借记"银行存款"科目，贷记"专项应付款"科目。实际用于社会性支出时，借记"专项应付款"

科目，贷记"社会性收入——财政补助收入"科目。

【例 9-1】某农场 3 月收到财政拨入的中小学经费 200 000 元，会计分录如下。

借：银行存款   200 000

  贷：专项应付款   200 000

企业购建的社会性固定资产在达到预定可使用状态时，按社会性固定资产购建过程中所使用的财政拨款金额，借记"专项应付款"科目，贷记"社会性收入——财政补助收入"科目。

【例 9-2】某农场 3 月用财政拨款为某中学购买 8 台计算机，价值 48 000 元，已安装完毕交付使用，会计分录如下。

借：专项应付款   48 000

  贷：社会性收入——财政补助收入   48 000

购买计算机发生支出的会计分录如下。

借：社会性固定资产——一般设备（计算机） 48 000

  贷：银行存款   48 000

借：社会性支出——中小学教育   48 000

  贷：社会性固定资产累计折旧   48 000

使用财政拨款支付除社会性固定资产购建以外的其他社会性支出时，按实际发生额，借记"社会性支出"科目，贷记"库存现金""银行存款""应付职工薪酬"等科目；同时，借记"专项应付款"科目，贷记"社会性收入——财政补助收入"科目。

【例 9-3】某农场用财政拨款发放某中学 3 月职工工资 36 000 元，会计分录如下。

借：社会性支出——中小学教育（工资）   36 000

  贷：库存现金   36 000

借：专项应付款   36 000

  贷：社会性收入——财政补助收入   36 000

（2）规费收入的核算。

在"社会性收入"科目下设置"规费收入"二级科目，以核算规费收入的发生和结余情况。企业取得的规费收入，按规定收取的金额，借记"其他应收款""银行存款"﹤"库存现金"等科目，贷记"社会性收入——规费收入"科目。

【例 9-4】某农场派出所 3 月按规定收取罚款 16 000 元，会计分录如下。

借：库存现金　　　　　　　　　　　　　　　　　 16 000

　　贷：社会性收入——规费收入　　　　　　　　　　 16 000

（3）事业收入的核算。

在"社会性收入"科目下设置"事业收入"二级科目，以核算事业收入的发生和结余情况。企业取得的事业收入，按规定收取的金额，借记"其他应收款"﹤"银行存款"﹤"库存现金"等科目，贷记"社会性收入——事业收入"科目。

【例 9-5】某农场医院 3 月住院部收入为 30 000 元，会计分录如下。

借：库存现金　　　　　　　　　　　　　　　　　 30 000

　　贷：社会性收入——事业收入　　　　　　　　　　 30 000

（4）福利费转入的核算。

在"社会性收入"科目下设置"福利费转入"二级科目，以核算福利费转入的发生和结余情况。企业按规定将提取的福利费用于社会性支出时，按实际转入的福利费金额，借记"应付福利费"科目，贷记"社会性收入——福利费转入"科目。

【例 9-6】某农场根据年初预算从福利费转入 1 季度医院补助 12 000 元，会计分录如下。

借：应付福利费　　　　　　　　　　　　　　　　 12 000

　　贷：社会性收入——福利费转入　　　　　　　　　 12 000

（5）其他收入的核算。

在"社会性收入"科目下设置"其他收入"二级科目，以核算其他收入的发生和结余情况。企业无偿调入或接受捐赠取得的社会性固定资产，按照社会性固定资产的初始入账价值，借记"社会性固定资产"科目，贷记"社会性收入——其他收入"科目。

【例 9-7】某农场中学 3 月接受某华侨捐赠的 20 台新计算机，原始发票金额为 150 000 元，会计分录如下。

借：社会性固定资产　　　　　　　　　　　　　　 150 000

    贷：社会性收入——其他收入   150 000

  借：社会性支出——中小学教育（设备购置） 150 000

    贷：社会性固定资产累计折旧   150 000

  企业收到其他收入时，按实际发生额，借记"库存现金""银行存款"等科目，贷记"社会性收入——其他收入"科目；同时，借记"社会性支出"科目，贷记"社会性固定资产累计折旧"科目。

  【例9-8】某农场中学3月收到某华侨从银行汇来的捐款10 000元，会计分录如下。

  借：银行存款   10 000

    贷：社会性收入——其他收入   10 000

  （6）"社会性收入"科目期末结转。

  会计期末，应将"社会性收入"的各明细科目余额转入"本年利润"科目，借记"社会性收入"科目，贷记"本年利润"科目。结转后"社会性收入"科目应无余额。

  【例9-9】某农场3月末将上述各项社会性收入结转本年利润，会计分录如下。

  借：社会性收入——财政补助收入   84 000

    社会性收入——规费收入   16 000

    社会性收入——事业收入   30 000

    社会性收入——福利费转入   2 000

    社会性收入——其他收入   160 000

    贷：本年利润   292 000

9.2　社会性支出

9.2.1　社会性支出的概念和分类

1. 社会性支出的概念

社会性支出，是指企业承担社会管理服务职能而发生的与企业生产经营活动无关的各项支出。

这个概念的界定是从会计制度的角度加以概括的，和一般意义的社会性支出的含义有区别，涉及以下三层含义：一是界定了社会性支出的承担者，农业企业是社会性支出的承担者，如果不是农业企业承担的，则不应作为农业企业的社会性支出；二是界定了社会性支出的范围，企业因社会管理服务职能未移交当地政府而发生的支出是社会性支出的范围，如果不是企业为承担社会管理服务职能所发生的支出，则不应计入社会性支出的范围；三是界定了社会性支出与企业生产经营活动的关系，社会性支出与企业生产经营活动无关，如果这部分支出与企业生产经营活动有关，则不应计入企业社会性支出，而应计入企业生产经营有关的成本费用。

2. 社会性支出的分类

社会性支出的分类，是按企业承担的社会性管理服务的职能单位（或部门）而划分的，也就是社会性支出用于企业的哪些社会性单位（或部门）。社会性支出主要包括公检法司、武装民兵训练、中小学教育、公共卫生防疫、其他等各项支出。由此，社会性支出的分类则有公检法司支出、武装民兵训练支出、中小学教育支出、公共卫生防疫支出、其他支出等。

从全国农业企业实际情况来看，按照各地农业企业的实际情况，还有以下社会性支出：工商物价管理、交通管理、环保管理、土地管理、水资源管理、动植物检测检疫、劳改劳教、农机监理、灾害救助、民政、计划生育、安置老残干部、安置归难侨、安置移民、社会保障管理、基本养老保险管理、广播电视、道路建设维护、通信电网建设、小城镇建设、场代乡镇管理、社区管理等。这些社会性支出都应根据实际情况做出补充规定，进行合理的处理。

9.2.2　社会性支出的确认和计量

1. 社会性支出的确认和计量的一般原则

企业应正确地确认与计量社会性支出，以便真实反映企业的社会性支出。社会性支出的确认应当与社会性收入的确认相联系，社会性收入的目的是支付社会性支出，而社会性支出的目的是更好地承担社会事业的各项职能，不是取得社会性收入，这与企业生产经营发生的成本费用是为取得收入、追求高效益是不同的。为此，社会性支出应按以下原则进行确认和计量：一是该项支出必须符合《农业企业会计核算办法——社会性收支》规定的社会性支出的范围；二是该项支出已经发生；三是该项支出能够可靠地计量；四是该项支出按实际发生额计量入账。

2. 社会性支出的确认和计量

（1）社会性支出用于购建社会性固定资产应从两方面进行具体的确认和计量：一是企业购建的社会性固定资产在达到预定可使用状态时进行确认；二是应按该项社会性固定资产的初始入账价值进行计量核算。

（2）使用财政拨款支付除社会性固定资产以外的其他社会性支出，应从三方面进行具体的确认和计量：一是使用财政拨款支付；二是除社会性固定资产购建以外的其他社会性支出；三是应按该项支出的实际发生额进行计量核算。

（3）除财政拨款以外的其他资金发生社会性支出，应从三方面进行具体的确认和计量：一是财政拨款以外的其他资金；二是该项资金是用于社会性支出的正常经费，而不是购置固定资产；三是应按该项支出的实际发生额进行计量核算。

9.2.3　社会性支出的核算

1. 会计科目的设置及其核算内容

为管理和核算社会性支出，设置"社会性支出"一级科目，用于核算企业因承担社会管理服务职能而发生的与企业生产经营活动无关的各项支出，主要包括公检法司、武装民兵训练、中小学教育、公共卫生防疫、其他等各项支出。

企业应按社会性支出类别或项目设置明细科目，进行明细分类核算，具体应按公检法司支出、武装民兵训练支出、中小学教育支出、公共卫生防疫支出、其他支出等类别设置二级科目，进行明细分类核算。二级科目的设置，在不违反统一会计核算要求的前提下，企业可以根据需要自行设置。"社会性支出"账簿可按支出的明细项目设置多栏账，社会性支出明细项目设有工资、职工福利费、社会保障费、公务费、设备购置费、修缮费、业务费、其他费用、基建支出等。不同核算单位使用"社会性支出"科目，其二级科目或明细核算应根据各自情况选择使用，而"社会性支出"科目核算最终应按财务报表要求的"类别"进行归集和列报。

2. 社会性支出的核算

（1）购建社会性固定资产支出的核算。

构建社会性固定资产支出应按企业购建社会性固定资产确认和计量的要求进行核算，即企业购建的社会性固定资产在达到预定可使用状态时，按该项社会性固定资产的初始入账价值，借记"社会性支出"科目，贷记"社会性固定资产累计折旧"科目。

【例 9-10】某农场 3 月用财政拨款为某中学购买 8 台实验设备，价值 48 000元，已安装完毕交付使用，会计分录如下。

借：社会性支出——中小学教育（设备购置）　　　48 000
　　贷：社会性固定资产累计折旧　　　　　　　　　　　48 000

（2）使用财政拨款支付除社会性固定资产以外的其他社会性支出的核算。

使用财政拨款支付除社会性固定资产以外的其他社会性支出，应按使用财政拨款支付除社会性固定资产以外的其他社会性支出的确认和计量要求进行核算。使用财政拨款支付除社会性固定资产购建以外的其他社会性支出时，按实际发生额，借记"社会性支出"科目，贷记"库存现金""银行存款""应付职工薪酬"等科目；同时，借记"专项应付款"科目，贷记"社会性收入——财政补助收入"科目。

【例 9-11】某农场用财政拨款发放某中学 3 月职工工资 36 000 元，会计分录如下。

借：社会性支出——中小学教育（工资）　　　36 000
　　贷：库存现金　　　　　　　　　　　　　　　36 000
借：专项应付款　　　　　　　　　　　　　　36 000
　　贷：社会性收入——财政补助收入　　　　　　36 000

（3）财政拨款以外的其他资金发生社会性支出的核算。

财政拨款以外的其他资金发生社会性支出，应按使用除财政拨款以外的其他资金发生社会性支出的确认和计量要求进行核算。使用除财政拨款以外的其他资金发生社会性支出时，按实际发生额，借记"社会性支出"科目，贷记"库存现金""银行存款""应付职工薪酬"等科目。

【例9-12】某农场中学3月用事业收入支付业务费500元，会计分录如下。

借：社会性支出——中小学教育（业务费）　　　　　　　　　500

　　贷：库存现金　　　　　　　　　　　　　　　　　　　　　　500

（4）"社会性支出"科目期末结转，应将"社会性支出"各明细科目的余额转入"本年利润"科目，借记"本年利润"科目，贷记"社会性支出"科目。结转后"社会性支出"科目无余额。

【例9-13】某农场3月将【例9-10】、【例9-11】、【例9-12】的社会性支出各明细科目余额结转本年利润，会计分录如下。

借：本年利润　　　　　　　　　　　　　　　　　　　　　84 500

　　贷：社会性支出——中小学教育（设备购置）　　　　　　48 000

　　　　社会性支出——中小学教育（工资）　　　　　　　　36 000

　　　　社会性支出——中小学教育（业务费）　　　　　　　　　500

9.3　农业企业社会性收支的列报和披露

由于历史的原因，我国的大多数国有农业企业都背负着沉重的社会性包袱，这既不符合政企分开的原则，也严重影响了企业在市场中的公平竞争。为了充分揭示国有农业企业非经营行为所发生的收支状况，明确区分企业和政府的职能，非常有必要对国有农业企业的社会性收支单独列报和披露。农业企业社会性收支明细表正是为了达到此目的而编制的报表，它是利润表的补充报表。

9.3.1 农业企业社会性收支明细表的编制

1. 农业企业社会性收支明细表的定义和作用

（1）农业企业社会性收支明细表的定义。农业企业社会性收支明细表是综合反映农业企业年度社会性收入、社会性支出及其差额情况的报表；它是利润表的附表，也是一张年度财务报表，需要编制本表的主要是中华人民共和国境内的国有农业企业。

（2）农业企业社会性收支明细表的作用。

① 总括反映了农业企业行使行政、管理、服务职能所发生的社会性收入、社会性支出及其差额情况，表明农业企业社会负担的总体水平。

② 说明农业企业社会性活动的资金来源、运用以及收支明细情况。

③ 披露农业企业社会性收支的发生和变化情况。

2. 农业企业社会性收支明细表的结构、内容和编制

（1）农业企业社会性收支明细表的结构和内容。农业企业社会性收支明细表主要内容包括社会性收入、社会性支出和社会性收支差额。社会性收入包括财政补助收入、规费收入、事业收入、福利费转入、其他收入等；社会性支出包括公检法司支出、武装民兵训练支出、中小学教育支出、公共卫生防疫支出、其他支出等各项支出；社会性收支差额等于社会性收入与社会性支出之间的差额。

需要说明的是，除了《农业企业会计核算办法——社会性收支》"农业企业社会性收支明细表"（见表 9-1）中所列举的社会性收入和社会性支出明细项目外，企业可以根据其承担的社会管理服务职能、实际发生的社会性收支的具体情况在表中增添明细项目。

表 9-1 农业企业社会性收支明细表

会企 02 表附表 4

编制单位：　　　　×× 年度　　　　　　　　　　　　　单位：元

项目	行次	上年实际	本年实际
一、收入合计	1		
1. 财政补助收入	2		
2. 规费收入	3		

项目	行次	上年实际	本年实际
3. 事业收入	4		
4. 福利费收入	5		
5. 其他收入	6		
二、支出合计	7		
1. 公检法司支出	8		
2. 武装民兵训练支出	9		
3. 中小学教育支出	10		
4. 公共卫生防疫支出	11		
……	……		
33.其他支出	40		
三、社会性收支差额	41		

农业企业社会性收支明细表包括表首和正表两部分。其中,表首说明报表名称、编制单位、编制年度、报表编号、货币名称等;正表是本表的主体,具体说明本表的各项内容。正表的基本结构是报告式结构,纵向由上至下按照社会性收入、社会性支出及社会性收支差额项目顺序排列,社会性收入、社会性支出又分别按照其资金来源和用途的不同分项排列;横向按照上年实际、本年实际排列。

本表有关项目对应关系如下:

2 行 +3 行 +4 行 +5 行 +6 行 =1 行;

8 行 +9 行 +10 行 +11 行 +……+40 行 =7 行;

1 行 −7 行 =41 行。

(2)农业企业社会性收支明细表的编制。

① 本表"本年实际"栏的填列。本表的社会性收入明细项目按照"社会性收入"总分类科目中的财政补助收入、规费收入、事业收入、福利费转入、其他收入等明细科目的当年发生额填列。

本表的社会性支出明细项目按照"社会性支出"总分类科目中的公检法司支出、武装民兵训练支出、中小学教育支出、公共卫生防疫支出、其他支出等各项支出明细科目的当年发生额填列。

本表的社会性收支差额项目按照当年社会性收入总额减去当年社会性支出总额的差额填列。支出大于收入的差额，用红字在表中列示。

② 本表"上年实际"栏的填列。根据上年"农业企业社会性收支明细表"中的"本年实际"栏中所列各项数字填列。如果上年度农业企业社会性收支明细表与本年度农业企业社会性收支明细表项目的名称和内容不一致，则应对上年度报表项目的名称和数字按照本年度的规定进行调整，填入本表"上年实际"栏内。

9.3.2　农业企业社会性收支在财务报表中的列示

1. 农业企业社会性收支在资产负债表中的列示

农业企业在编制资产负债表时，应在第 39 行"固定资产"项目下增设"其中，社会性固定资产"项目，用于反映企业社会性固定资产的原价。

2. 农业企业社会性收支在利润表中的列示

农业企业在编制利润表时，《农业企业会计核算办法——社会性收支》中增加的"社会性收入"科目，其贷方发生额，应在减去"社会性支出"借方发生额后，在利润表中增设"社会性收支差额"项目，以便反映社会性收入与社会性支出的差额。

3. 农业企业社会性收支对编制现金流量表的影响

企业在编制现金流量表时，应在"四、汇率变动对现金及现金等价物的影响"下增设"五、社会性收支的现金流量"，用于反映企业发生的与社会性收支有关的现金流量；同时，将"五、现金及现金等价物净增加额"改为"六、现金及现金等价物净增加额"；将"六、期末现金及现金等价物余额"改为"七、期末现金及现金等价物余额"。

9.3.3　农业企业社会性收支在财务报表附注和财务情况说明书中的披露

1. 农业企业社会性收支在财务报表附注的披露

农业企业应在财务报表附注中补充披露以下内容。

（1）社会性固定资产的标准、分类、计价方法、各类社会性固定资产的预计使用年限,如有在建工程转入、出售、置换、抵押和担保等情况的,应予以说明。

（2）有关社会性固定资产在建工程的基本情况,包括年初余额、本年增加额、本年减少额、年末余额等。

（3）社会性收支的来源和用途。

2. 农业企业社会性收支在财务情况说明书中的披露

农业企业应在财务情况说明书中分析说明社会性收支的变动情况及其原因。

在第 9 章社会性收三有关内容的基础上，本章将重点放在了农业企业承担社会管理服务职能的社会性固定资产上。本章首先详细理清了社会性固定资产的概念及分类，并在此基础上，通过引入案例的方式进一步讲述了社会性固定资产确认和计量的主要关键点，对于其中涉及的会计科目及核算处理做了充分阐述。

10.1　社会性固定资产的概念和分类

10.1.1　社会性固定资产的概念

社会性固定资产是指企业明确用于承担社会管理服务职能的固定资产。这个概念涉及以下三层含义：一是界定了社会性固定资产是农业企业的，如果不是农业企业的，则不应作为农业企业的社会性固定资产；二是界定了社会性固定资产的用途，社会性固定资产是明确用于承担社会管理服务职能的，如果不是明确用于承担社会管理服务职能的固定资产，则不应作为社会性固定资产；三是界定了社会性固定资产非生产经营的基本属性。

《企业会计准则第 4 号——固定资产》规定，固定资产是指企业为生产商品、提供劳务、出租或者经营管理而持有的，使用寿命超过一个会计年度的，价值达到一定标准的非货币性资产，包括房屋、建筑物、机器、机械、运输工具以及其他与生产经营活动有关的设备、器具、工具等。从性质上来讲，社会性固定资产不属于生产经营的固定资产，这类固定资产单位价值应当达到一定标准，并且使用期限超过一个会计年度。但是考虑到农业企业和行政、事业单位的特殊性，本书对"社会性固定资产"的定义并没有在价值标准和使用年限上进行界定，而是综合了企业、行政、事业等不同单位固定资产的性质，从其用途方面进行了科学的界定。社会性固定资产计提的折旧为社会性固定资产累计折旧。与通常情况下的固定资产折旧不同，社会性固定资产折旧不通过产品补偿价值，其处理方法是一次全额计提入账，而不是像生产经营性固定资产计提折旧那样逐年计提、分年摊销。

10.1.2 社会性固定资产的分类

社会性固定资产按性质分为以下几类：房屋建筑物、专用设备、一般设备、文物陈列品、图书、其他社会性资产。

社会性固定资产按使用情况分为以下几类：在用社会性固定资产、闲置社会性固定资产。

10.2 社会性固定资产的确认和计量

10.2.1 社会性固定资产的确认

根据社会性固定资产的概念和特征，结合有关固定资产确认的办法，对社会性固定资产应按以下三个条件进行确认：一是按照企业会计准则规定，使用时间超过一个会计年度的，且价值达到一定标准；二是明确用于承担社会管理服务职能的，与生产经营无关；三是这类固定资产的成本能够可靠地计量。

10.2.2　社会性固定资产的计量

社会性固定资产的计量分为初始计量和后续计量。

1. 社会性固定资产初始计量原则

社会性固定资产应当按照成本进行初始计量。社会性固定资产的成本，是指企业购建某项社会性固定资产达到预定可使用状态前所发生的一切合理、必要的支出。这些支出包括买价、进口关税、运输和保险、为取得社会性固定资产而缴纳的契税、耕地占用税、车辆购置税等相关费用，以及为使该社会性固定资产达到预定可使用状态所发生的安装费等必要支出。

2. 不同方式取得社会性固定资产的初始计量

（1）外购社会性固定资产。

外购社会性固定资产的成本，包括购买价款、相关税费、使社会性固定资产达到预定可使用状态前所发生的可归属于该项资产的运输费、装卸费、安装费和专业人员服务费等。

外购社会性固定资产分为购入不需要安装的社会性固定资产和购入需要安装的社会性固定资产两类。以一笔款项购入多项没有单独标价的社会性固定资产，应当按照各项社会性固定资产的公允价值比例对总成本进行分配，分别确定各项社会性固定资产的成本。

购买社会性固定资产的价款超过正常信用条件延期支付，实质上具有融资性质的，社会性固定资产的成本以购买价款的现值为基础确定。实际支付的价款与购买价款的现值之间的差额，应当在信用期间内采用实际利率法进行摊销，摊销金额除满足借款费用资本化条件应当计入社会性固定资产成本外，均应当在信用期间内确认为财务费用，计入当期损益。

（2）自行建造社会性固定资产。

自行建造的社会性固定资产，按建造该项社会性固定资产达到预定可使用状态前发生的全部支出，包括人工费、材料费、其他费用等作为入账价值。

（3）其他方式取得的社会性固定资产。

无偿调入的社会性固定资产，按调出单位的账面价值加上发生的运输费、安装费等相关费用，作为入账价值。

投资者投入社会性固定资产的成本，应当按照投资合同或协议约定的价值确定，但合同或协议约定价值不公允的除外。

3. 社会性固定资产后续计量

（1）社会性固定资产的后续支出。

社会性固定资产初始价值确认后发生的后续支出，均应在发生当期确认为社会性支出，不计入社会性固定资产账面价值。在原有社会性固定资产基础上进行改建、扩建而发生的后续支出，可直接作为社会性支出，而不增加社会性固定资产的账面价值。

（2）社会性固定资产折旧的计提。

企业应当在社会性固定资产达到预定可使用状态时，将其初始入账价值一次性确认为当期社会性支出，并增加社会性固定资产累计折旧。因调出、出售、报废、毁损、盘亏等原因而减少社会性固定资产时，应同时冲销社会性固定资产和社会性固定资产累计折旧。

上述社会性固定资产折旧的会计处理方法是独有的，既不是企业生产经营固定资产折旧的会计处理方法，也不是事业单位固定资产不提折旧的会计处理方法，这是由农业企业社会性固定资产的特性决定的。

这种独特的会计处理方法解决了以下三个问题：一是不再设立与社会性固定资产相对应的其他会计科目，有利于简化核算；二是有利于社会性固定资产所发生的支出一次性列入社会性支出，符合社会性支出的性质；三是社会性固定资产减少时的会计处理不影响企业所有者权益。

10.3　社会性固定资产的科目设置以及会计核算

10.3.1　社会性固定资产的科目设置

为了正确地核算社会性固定资产，应当增设"社会性固定资产""社会性固定资产累计折旧"科目。

1. "社会性固定资产"科目

"社会性固定资产"科目,用于核算农业企业社会性固定资产的原价。农业企业应当根据规定,并结合本企业的具体情况,制定适合本企业的社会性固定资产目录和分类方法,作为社会性固定资产的核算依据。农业企业制定的社会性固定资产目录和分类方法等,应当编制成册,并按照管理权限,经企业股东大会、董事会、经理(场长)会议或类似机构批准,按照法律、行政法规的规定报送有关部门备案,同时备查于企业所在地,以供投资者等有关各方查阅。社会性固定资产可设置房屋建筑物、专用设备、一般设备、文物陈列品、图书、其他社会性固定资产等二级明细科目,进行明细分类核算。同时,企业应当设置"社会性固定资产登记簿",按社会性固定资产类别、使用部门和每项社会性固定资产进行登记。

2. "社会性固定资产累计折旧"科目

"社会性固定资产累计折旧"科目,用于核算农业企业的社会性固定资产累计折旧。"社会性固定资产累计折旧"科目只进行总分类核算,不进行明细分类核算。

10.3.2　社会性固定资产的会计核算

1. 社会性固定资产增加的核算

(1)企业购入不需要安装的社会性固定资产,借记"社会性固定资产"科目,贷记"银行存款"等科目。同时,将社会性固定资产的初始入账价值计入当期社会性支出,借记"社会性支出"科目,贷记"社会性固定资产累计折旧"科目。按购买该项固定资产所使用的财政拨款金额,借记"专项应付款"科目,贷记"社会性收入——财政补助收入"科目。

【例 10-1】某农场 2×20 年 4 月用财政拨款为某中学安装校园网,价值50 000 元,已交付使用,会计分录如下。

借:社会性固定资产——一般设备(计算机)　　　　　　50 000
　　贷:银行存款　　　　　　　　　　　　　　　　　　　　50 000

借：社会性支出——中小学教育   50 000

  贷：社会性固定资产累计折旧   50 000

借：专项应付款   50 000

  贷：社会性收入——财政补助收入   50 000

（2）企业购入需要安装的社会性固定资产或自行建造社会性固定资产，先通过"在建工程"科目核算，安装完毕或建造完成达到预定可使用状态时再转入"社会性固定资产"科目，借记"社会性固定资产"科目，贷记"在建工程"科目。同时，将社会性固定资产的初始入账价值计入当期社会性支出，借记"社会性支出"科目，贷记"社会性固定资产累计折旧"科目；按该项固定资产所使用的财政拨款金额，借记"专项应付款"科目，贷记"社会性收入——财政补助收入"科目。

【例 10-2】某农场 2×20 年 4 月用财政拨款为某中学安装校园局域网，价值 130 000 元，安装完毕达到预定可使用状态。网络安装工程会计分录如下。

借：在建工程   130 000

  贷：银行存款   130 000

网络交付使用会计分录如下。

借：社会性固定资产——专用设备（校园局域网） 130 000

  贷：在建工程   130 000

借：社会性支出——中小学教育（设备购置）   130 000

  贷：社会性固定资产累计折旧   130 000

借：专项应付款   130 000

  贷：社会性收入——财政补助收入   130 000

（3）企业无偿调入或接受捐赠的社会性固定资产，借记"社会性固定资产"科目，贷记"社会性收入——其他收入"科目；同时，借记"社会性支出"科目，贷记"社会性固定资产累计折旧"科目。

【例 10-3】某农场中学 2×20 年 4 月接受某大型企业捐赠的 20 台新计算机，原始发票金额为 100 000 元，会计分录如下。

借：社会性固定资产   100 000

  贷：社会性收入——其他收入   100 000

借：社会性支出——中小学教育（设备购置）　　　　　　　100 000

　　贷：社会性固定资产累计折旧　　　　　　　　　　　　　100 000

（4）社会性固定资产达到预定可使用状态后发生的后续支出，借记"社会性支出"科目，贷记"库存现金""原材料""应付职工薪酬"等科目。

【例 10-4】某农局 2×20 年 4 月用财政拨款为某中学安装校园局域网，安装完毕交付使用后发生维护费 500 元，会计分录如下。

借：社会性支出——中小学教育（维护费）　　　　　　　　500

　　贷：库存现金　　　　　　　　　　　　　　　　　　　　500

2. 社会性固定资产减少的核算

因调出、出售、报废、毁损、盘亏等原因减少的社会性固定资产，按照该项固定资产的初始入账价值，借记"社会性固定资产累计折旧"科目，贷记"社会性固定资产"科目。发生的清理费用或取得的清理收入，分别记入"社会性支出"或"社会性收入"科目。

【例 10-5】某农场公安局 2×20 年 6 月报废一辆警车，初始入账价值 260 000 元，回收残值现金 1 000 元，发生清理费 200 元。会计分录如下。

借：社会性固定资产累计折旧　　　　　　　　　　　　　260 000

　　贷：社会性固定资产　　　　　　　　　　　　　　　　260 000

借：库存现金　　　　　　　　　　　　　　　　　　　　1 000

　　贷：社会性收入——其他收入　　　　　　　　　　　　　1 000

借：社会性支出——公检法司支出（清理费）　　　　　　　200

　　贷：库存现金　　　　　　　　　　　　　　　　　　　　200

3. 社会性固定资产累计折旧的核算

（1）企业购建、无偿调入或接受捐赠的社会性固定资产，应在达到预定可使用状态时，按照社会性固定资产的初始入账价值，借记"社会性支出"科目，贷记"社会性固定资产累计折旧"科目。

【例 10-6】某农场中学 2×20 年 1 月接受某大型企业集团捐赠的 20 台新计算机，原始发票金额为 150 000 元，会计分录如下。

借：社会性支出——中小学教育（设备购置）　　　　　　150 000

　　　　贷：社会性固定资产累计折旧　　　　　　　　　　　　150 000

　　（2）因调出、出售、报废、毁损、盘亏等原因减少的社会性固定资产，按照固定资产的初始入账价值，借记"社会性固定资产累计折旧"科目，贷记"社会性固定资产"科目。发生的清理费用或取得的清理收入，分别记入"社会性支出"或"社会性收入"科目。

　　【例 10-7】某法院 2×20 年 8 月报废汽车一辆，该汽车原价为 80 000 元，报废汽车发生的清理费用为 2000 元，会计分录为：

　　借：社会性固定资产累计折旧　　　　　　　　　　　　80 000
　　　　贷：社会性固定资产　　　　　　　　　　　　　　　　80 000
　　借：社会性支出——清理费用　　　　　　　　　　　　2 000
　　　　贷：库存现金　　　　　　　　　　　　　　　　　　　2 000

第 11 章
农业企业的所得税纳税实务

作为"税目大军"中的重要一员，所得税有着重要的学习价值。本章从企业所得税纳税义务人、税率、应纳税所得额等基础知识入手，通过梳理介绍当前农业企业税收优惠政策及其经营模式选择等内容，详细讲解了农业企业税收筹划的相关内容。另一方面，本章还对个人所得税纳税人、纳税义务、税率等基础知识进行详细讲解，并对现有个人所得税税收优惠政策做了进一步介绍。

11.1　企业所得税概述

《中华人民共和国企业所得税法》（以下简称《企业所得税法》）是指国家制定的用以调整企业所得税征收与缴纳之间权利及义务关系的法律规范。现行企业所得税法的基本规范，是 2007 年 3 月 16 日第十届全国人民代表大会第五次全体会议通过的《中华人民共和国企业所得税法》和 2007 年 11 月 28 日国务院第 197 次常务会议通过的《中华人民共和国企业所得税法实施条例》（以下简称《企业所得税法实施条例》）以及国务院财政、税务部门发布的相关规定。

11.1.1　企业所得税的纳税义务人

企业所得税的纳税义务人是指在中华人民共和国境内的企业和其他取得收入的组织。《企业所得税法》第一条规定，除个人独资企业、合伙企业不适用企业所得税法外，凡在我国境内，企业和其他取得收入的组织（以下统称企业）为企业所得税的纳税人，依照本法规定缴纳企业所得税。

企业所得税的纳税人分为居民企业和非居民企业，这是根据企业纳税义务范围的宽窄进行的分类，不同的企业在缴纳所得税时，纳税义务不同。把企业分为居民企业和非居民企业，是为了更好地保障我国税收管辖权的有效行使。

居民企业和非居民企业有明确的区别，居民企业是指依法在中国境内成立，或者依照外国（地区）法律成立但实际管理机构在中国境内的企业。这里的企业包括国有企业、集体企业、私营企业、联营企业、股份制企业、外商投资企业、外国企业，以及有生产、经营所得和其他所得的其他组织。其中，有生产、经营所得和其他所得的其他组织，是指经国家有关部门批准，依法注册、登记的事业单位、社会团体等组织。

非居民企业是指依照外国（地区）法律成立且实际管理机构不在中国境内，但在中国境内设立机构、场所的，或者在中国境内未设立机构、场所，但有来源于中国境内所得的企业。上述所称机构、场所是指在中国境内从事生产经营活动的机构、场所，包括以下 5 种。

（1）管理机构、营业机构、办事机构。

（2）工厂、农场、开采自然资源的场所。

（3）提供劳务的场所。

（4）从事建筑、安装、装配、修理、勘探等工程作业的场所。

（5）其他从事生产经营活动的机构、场所。

非居民企业委托营业代理人在中国境内从事生产经营活动的，包括委托单位或者个人经常代其签订合同，或者储存、交付货物等，该营业代理人视为非居民企业在中国境内设立的机构、场所。企业所得税的征税对象是指企业的生产经营所得、其他所得和清算所得。

居民企业应就来源于中国境内、境外的所得作为征税对象。所得包括销售货物所得、提供劳务所得、转让财产所得、股息红利等权益性投资所得，以及利息所得、租金所得、特许权使用费所得和其他所得。

非居民企业的征税对象是指非居民企业在中国境内设立机构、场所的，应当就其所设机构、场所取得的来源于中国境内的所得，以及发生在中国境外但与其所设机构、场所有实际联系的所得，缴纳企业所得税；非居民企业在中国境内未设立机构、场所的，或者虽设立机构、场所但取得的所得与其所设机构、场所没有实际联系的，应当就其来源于中国境内的所得缴纳企业所得税。上述所称实际联系，是指非居民企业在中国境内设立的机构、场所拥有的据以取得所得的股权、债权，以及拥有、管理、控制据以取得所得的财产。

11.1.2　企业所得税的税率

我国企业所得税税率的相关规定如下。

我国企业所得税基本税率为 25%。非居民企业取得《企业所得税法》第三条第三款规定的所得，适用税率为 20%。符合条件的小型微利企业，减按 20% 的税率征收企业所得税。国家重点扶持的高新技术企业，减按 15% 的税率征收企业所得税。

11.1.3　企业所得税的收入总额

企业的收入总额包括以货币形式和非货币形式从各种来源取得的收入，具体有销售货物收入，提供劳务收入，转让财产收入，股息、红利等权益性投资收益，以及利息收入、租金收入、特许权使用费收入、接受捐赠收入、其他收入。

企业取得收入的货币形式，包括现金、存款、应收账款、应收票据、准备持有至到期的债券投资以及债务的豁免等；纳税人以非货币形式取得的收入，包括固定资产、生物资产、无形资产、股权投资、存货、不准备持有至到期的债券投资、劳务以及有关权益等，这些非货币资产应当按照公允价值确定收入额，公允价值是指按照市场价格确定的价值。收入的具体构成分为以下 9 类。

（1）销售货物收入。销售货物收入是指企业销售商品、产品、原材料、包装物、低值易耗品以及其他存货取得的收入。

（2）提供劳务收入。提供劳务收入是指企业从事建筑安装、修理修配、交通运输、仓储租赁、金融保险、邮电通信、咨询经纪、文化体育、科学研究、技术服务、教育培训、餐饮住宿、中介代理、卫生保健、社区服务、旅游、娱乐、加工以及其他劳务服务活动取得的收入。

（3）转让财产收入。转让财产收入是指企业转让固定资产、生物资产、无形资产、股权、债权等财产取得的收入。

（4）股息、红利等权益性投资收益。股息、红利等权益性投资收益是指企业因权益性投资从被投资方取得的收入。股息、红利等权益性投资收益，除国务院财政、税务主管部门另有规定外，按照被投资方做出利润分配决定的日期确认收入的实现。

（5）利息收入。利息收入是指企业将资金提供他人使用但不构成权益性投资，或者因他人占用企业资金取得的收入，包括存款利息、贷款利息、债券利息、欠款利息等收入。利息收入，按照合同约定的债务人应付利息的日期确认收入的实现。

（6）租金收入。租金收入是指企业提供固定资产、包装物或者其他有形财产使用权取得的收入。租金收入，按照合同约定的承租人应付租金的日期确认收入的实现。

（7）特许权使用费收入。特许权使用费收入是指企业提供专利权、非专利技术、商标权、著作权以及其他特许权的使用权而取得的收入。特许权使用费收入，按照合同约定的特许权使用人应付特许权使用费的日期确认收入的实现。

（8）接受捐赠收入。接受捐赠收入是指企业接受的来自其他企业、组织或者个人无偿给予的货币性资产、非货币性资产。接受捐赠收入，按照实际收到的捐赠资产的日期确认收入的实现。

（9）其他收入。其他收入是指企业取得的除以上收入外的其他收入，包括企业资产溢余收入、逾期未退包装物押金收入、确实无法偿付的应付款项、已做坏账损失处理后又收回的应收款项、债务重组收入、补贴收入、违约金收入、汇兑收益等。

1. 不征税收入和免税收入

国家为了扶持和鼓励某些特殊的纳税人和特定的项目，或者避免因征税影响企业的正常经营，对企业取得的某些收入予以不征税的特殊政策，以减轻企业的负担，促进经济的协调发展。不征税收入包括以下3种收入。

（1）财政拨款，是指各级人民政府对纳入预算管理的事业单位、社会团体等组织拨付的财政资金，但国务院和国务院财政、税务主管部门另有规定的除外。

（2）依法收取并纳入财政管理的行政事业性收费、政府性基金，是指依照法律法规等有关规定，按照国务院规定程序批准，在实施社会公共管理，以及在向公民、法人或者其他组织提供特定公共服务过程中，向特定对象收取并纳入财政管理的费用。政府性基金，是指企业依照法律、行政法规等有关规定，代政府收取的具有专项用途的财政资金。具体规定如下。

① 企业按照规定缴纳的，由国务院或财政部批准设立的政府性基金以及由国务院和省、自治区、直辖市人民政府及其财政、价格主管部门批准设立的行政事业性收费，准予在计算应纳税所得额时扣除。

② 企业收取的各种基金、收费，应计入企业当年收入总额。

③ 对企业依照法律、法规及国务院有关规定收取并上缴财政的政府性基金和行政事业性收费，准予作为不征税收入，于上缴财政的当年在计算应纳税所得额时从收入总额中减除；未上缴财政的部分，不得从收入总额中减除。

（3）国务院规定的其他不征税收入，是指企业取得的，由国务院财政、税务主管部门规定专项用途并经国务院批准的财政性资金。财政性资金，是指企业取得的来源于政府及其有关部门的财政补助、补贴、贷款贴息，以及其他各类财政专项资金，包括直接减免的增值税和即征即退、先征后退、先征后返的各种税收，但不包括企业按规定取得的出口退税款。值得注意的是：企业的不征税收入用于支出所形成的费用，不得在计算应纳税所得额时扣除；企业的不征税收入用于支出所形成的资产，其计算的折旧、摊销不得在计算应纳税所得额时扣除。

国家为了扶持和鼓励某些特殊的纳税人和特定的项目，或者避免因征税影响企业的正常经营，对企业取得的某些收入予以免税的特殊政策，或准予抵扣应纳税所得额，或对专项用途的资金作为非税收入处理，以减轻企业的税负，增加企业可用资金，促进经济协调发展。免税收入主要包括以下 4 类收入。

（1）国债利息收入。为鼓励企业积极购买国债，支援国家建设项目，税法规定，企业因购买国债所得的利息收入，免征企业所得税。

（2）符合条件的居民企业之间的股息、红利等权益性收益。该收益是指居民企业直接投资于其他居民企业取得的投资收益。

（3）在中国境内设立机构、场所的非居民企业从居民企业取得与该机构、场所有实际联系的股息、红利等权益性投资收益。该收益不包括连续持有居民企业公开发行并上市流通的股票不足 12 个月取得的投资收益。

（4）符合条件的非营利组织的收入。《企业所得税法》第二十六条第（四）项所称符合条件的非营利组织的收入，不包括非营利组织从事营利性活动取得的收入，但国务院财政、税务主管部门另有规定的除外。

2. 企业所得税的税前扣除项目

《企业所得税法》规定，企业实际发生的与取得收入有关的、合理的支出，包括成本、费用、税金、损失及其他支出，准予在计算应纳税所得额时扣除。在实际中，计算应纳税所得额时还应注意3方面的内容。① 企业发生的支出应当区分收益性支出和资本性支出。收益性支出在发生当期直接扣除；资本性支出应当分期扣除或者计入有关资产成本，不得在发生当期直接扣除。② 企业的不征税收入用于支出所形成的费用或者财产，不得在计算应纳税所得额时扣除或者其计算的折旧、摊销不得在计算应纳税所得额时扣除。③ 除《企业所得税法》和《企业所得税法实施条例》另有规定外，企业实际发生的成本、费用、税金、损失和其他支出，不得重复扣除。

11.1.4　企业所得税的应纳税所得额

应纳税所得额是企业所得税的计税依据，按照《企业所得税法》的规定，应纳税所得额为企业每一个纳税年度的收入总额，减除不征税收入、免税收入、各项扣除，以及允许弥补的以前年度亏损后的余额。企业应纳税所得额的计算以权责发生制为原则：属于当期的收入和费用，不论款项是否收付，均作为当期的收入和费用；不属于当期的收入和费用，即使款项已经在当期收付，均不作为当期的收入和费用。《企业所得税法》对应纳税所得额计算做了明确规定，主要内容包括收入总额、扣除范围和标准、资产的税务处理、亏损弥补等。在直接计算法下，居民企业每一纳税年度的收入总额减除不征税收入、免税收入、各项扣除以及允许弥补的以前年度亏损后的余额为应纳税所得额。基本公式如下。

应纳税所得额 = 收入总额 − 不征税收入 − 免税收入 − 各项扣除金额 − 弥补亏损

在间接计算法下，是在会计利润总额的基础上加或减按照税法规定调整的项目金额后，即为应纳税所得额。计算公式如下。

应纳税所得额 = 会计利润总额 ± 纳税调整项目金额

纳税调整项目金额包括两方面的内容：一是企业的财务会计处理和税收规定不一致的应予以调整的金额；二是企业按税法规定准予扣除的税收金额。

11.1.5　企业所得税的纳税期限和地点

1. 企业所得税纳税期限

按月份或季度预缴税款的纳税人，应在月份或季度终了后 15 日内向主管税务机关进行纳税申报并预缴税款。其中，第 4 季度的税款也应于季度终了后 15 日内先进行预缴，然后在年度终了后 45 日内进行年度申报，税务机关在 5 个月内进行汇算清缴，多退少补。

企业所得税纳税年度自公历 1 月 1 日起至当年 12 月 31 日止。企业在一个纳税年度中间开业，或者终止经营活动，使该纳税年度的实际经营期不足 12 个月的，应当以其实际经营期为一个纳税年度。企业依法清算时，应当以清算期间作为一个纳税年度。

企业应当自月份或者季度终了之日起 15 日内，向税务机关报送预缴企业所得税纳税申报表，预缴税款。企业应当自年度终了之日起 5 个月内，向税务机关报送年度企业所得税纳税申报表，并汇算清缴，结清应缴应退税款。

企业在年度中间终止经营活动的，应当自实际经营终止之日起 60 日内，向税务机关办理当期企业所得税汇算清缴。企业应当自清算结束之日起 15 日内，向主管税务机关报送企业所得税纳税申报表，并结清税款。

企业在报送企业所得税纳税申报表时，应当按照规定附送财务会计报告和其他有关资料。

2. 企业所得税纳税地点

① 除税收法律、行政法规另有规定外，居民企业以企业登记注册地为纳税地点；但登记注册地在境外的，以实际管理机构所在地为纳税地点。

居民企业在中国境内设立不具有法人资格的营业机构的，应当汇总计算并缴纳企业所得税。企业汇总计算并缴纳企业所得税时，应当统一核算应纳税所得额，具体办法由国务院财政、税务和管理部门另行制定。

② 非居民企业在中国境内设立机构、场所的，应当就其所设机构、场所的来源于中国境内的所得，以及发生在中国境外但与其所设机构、场所有实际联系的所得，以机构、场所所在地为纳税地点。非居民企业在中国境内设立两个或者两个以上机构、场所，符合国务院税务主管部门规定条件的，可以选择由其主要机构、场所汇总缴纳企业所得税。

非居民企业在中国境内未设立机构、场所的，或者虽设立机构、场所但取得的所得与其所设机构、场所没有实际联系的，以扣缴义务人所在地为纳税地点。

③ 除国务院另有规定外，企业之间不得合并缴纳企业所得税。

11.2 企业所得税纳税实务

11.2.1 合理利用税收优惠政策

1. 国家重点扶持产业的税收优惠

《企业所得税法》和《企业所得税法实施条例》中规定了从事农、林、牧、渔业可以免税和减税的项目，企业从事这些项目的经营即可依法享受减税和免税政策。

农业企业可以充分运用以上优惠政策并结合市场需求，合理调整应税与免税项目的经营规模比例以减轻税负。但进行纳税筹划的前提是必须对以上经营项目单独计量和核算，否则只能从高征税。

2. 高新技术企业的税收优惠

如果是需要国家重点扶持的农业科技企业，减按 15% 征收企业所得税。一个纳税年度内，居民企业技术转让所得不超过 500 万元的部分免征企业所得税，超过 500 万元的部分减半征收企业所得税。

【例 11-1】甲企业与乙企业于 2×20 年 3 月签订一项技术转让合同，合同约定甲企业向乙企业转让先进农产品实用技术一项，乙企业支付转让费 800 万元。合同期限为 2 年。

方案一：全部转让费用于合同签订当年一次收取。

甲企业应纳所得税额 =（800-500）×25%×50%=37.5（万元）

方案二：转让费 2 年内平均收取，每年的应纳税所得额低于纳税免征额，因此不发生纳税义务。故甲企业应当采取分期收款方式。

3. 小型微利企业的税收优惠

税法规定从事国家非限制和禁止的行业，年度应纳税所得额不超过 30 万元，从业人数不超过 80 人，资产总额不超过 1 000 万元的农业企业属于小型微利企业，减按 20% 的税率征收企业所得税。

【例 11-2】 某农业科技企业资产总额为 750 万元，从业人数为 30 人，2×20 年实现应纳税所得额 31 万元。

如果企业能在年末之前预测此结果并及时采取措施，通过加大成本投入，将应纳税所得额控制在 30 万元以下，则税率在原来基础上降低 5 个百分点。

4. 税额抵免优惠

农业企业购置并实际使用《环境保护专用设备企业所得税优惠目录》《节能节水专用设备企业所得税优惠目录》《安全生产专用设备企业所得税优惠目录》规定的环境保护、节能节水、安全生产等专用设备的，该专用设备的投资额的 10% 可以从企业当年的应纳税额中抵免；当年不足抵免的，可以在以后 5 个纳税年度结转抵免。

11.2.2　农业企业经营模式的选择

由于国家的税收政策对农产品的生产、销售规定了一些优惠政策，分别适用于不同的经营模式（如现行税收政策规定，农业生产者生产销售的初级农产品免税，增值税一般纳税人收购农业产品可以计提 9% 的进项税额），所以经营模式的不同会导致原料供应、加工、销售的税负差异，这给纳税筹划提供了空间。如果公司被认定为农业生产者，可以免征增值税，也可以免征、减征企业所得税；如果公司不能被认定为农业生产者，但符合农产品初加工企业范围，不能免征增值税，可以免征、减征企业所得税。

1. 公司作为农业生产者

现行税收政策对如何认定自行生产并未明确，而在税收征管中取决于税务机关的决定，这给公司经营带来了税收筹划机会。所以，在与农户合作时，公司应充分地考虑自己是否符合农业生产者条件，以享受增值税、企业所得税优惠。

【例11-3】甲公司是某省农业龙头企业，是"公司＋农户"模式的代表。其"公司＋农户"合作模式的主要内容是：由养殖户提供场地，负责饲养，××公司提供猪（鸡）苗、饲料、药物和技术指导，肉猪（鸡）由公司包销，销售所得扣除公司提供的猪（鸡）苗、饲料、药物等成本后剩余部分（毛利）归农户所有。

分析：

"公司＋农户"模式的运作可以理解为委托养殖，公司提供猪（鸡）苗、饲料、药物和技术指导，主要养殖成本由公司出，对受托养殖农户支付劳务费，公司收回肉猪（鸡）、再销售，一定程度上也属于"农业生产者销售的自产农产品"。所以，公司可以享受增值税、企业所得税优惠。

2. 公司不作为农业生产者

公司不作为农业生产者，若公司收购后直接出售，不能减免企业所得税；但如果公司进行初加工后销售，符合《享受企业所得税优惠政策的农产品初加工范围（试行）》（2008年版）规定，公司就可以享受减免企业所得税待遇。对是否符合规定农产品初加工的条件，纳税筹划的关键在于如何将大部分农产品简单加工业务转移给农户进行加工，通过其手工作坊加工制作成农业初级产品，然后公司再以收购的方式将农业初级产品收购过来，进行少量的初加工。这样既可使公司享受减免企业所得税政策，又能最大化抵扣增值税进项税额。

11.2.3　筹资过程中的纳税实务

在市场经济条件下，企业可以通过多种渠道进行筹资，如企业内部积累、企业职工投资入股、向银行借款、企业间相互拆借、向社会发行债券和股票等，而不同筹资渠道的税收负担也不一样。因此，企业在进行筹资决策时，应对不同的筹资组合进行比较、分析，在提高经济效益的前提下，确定一个能达到减小税收负担目的的筹资组合。筹集和使用资金，无论是短期的还是长期的，都存在一定资金成本。筹资决策的目标不仅要求筹集到足够数额的资金，还要保证较低的资本成本。由于不同的筹资方案的税负轻重程度往往存在差异，这便为企业进行纳税筹划选用不同的筹资方案提供了可能。一般企业所需资金，通常通过从银行取得长期借款、留存收益、发行股票等途径取得。

1. 筹资利息的纳税筹划

许多上市公司只看到了发行股票的优点，却忽视了债券筹资的优点。债券筹资优点：一是资本成本低；二是与股票相比，债券的利息允许在缴纳企业所得税前支付，公司可享受税收上的收益，减轻税负。

2. 租赁的纳税筹划

租赁作为一种特殊的筹资方式，在市场经济中的运用日益广泛。租赁过程中的纳税筹划，对于减轻企业税负具有重要意义。对承租人来说，租赁既可避免因长期拥有机器设备而承担资金占用和经营风险，又可通过支付租金的方式，冲减企业的应纳税所得额，减轻所得税税负。对出租人来说，出租既可免去为使用和管理机器所需的投入，又可以获得租金收入。此外，机器设备租金收入按 13%缴纳增值税，其应缴纳的增值税较之其销售收入缴纳的增值税低。当出租人与承租人属于一个企业集团时，租赁可使其将资金从一个企业转给另一个企业，从而达到平衡收入与利润、减轻税负的目的。另外，租赁产生的节税效应，并非只能在同一利益集团实现，在专门的租赁公司提供租赁设备的情况下，承租人仍可获得减轻税负的好处。

11.3　个人所得税概述

个人所得税是对个人（即自然人）取得的各项随税所得征收的一种税。

11.3.1　个人所得税的纳税人

个人所得税的纳税人，包括中国公民、个体工商户、个人独资企业投资者和合伙企业自然人合伙人等。

个人所得税纳税人依据住所和居住时间两个标准，分为居民个人和非居民个人。

（1）居民个人：在中国境内有住所，或者无住所而一个纳税年度内在中国境内居住累计满 183 天的个人，为居民个人。

在中国境内有住所，是指因户籍、家庭、经济利益关系而在中国境内习惯性居住；纳税年度，自公历 1 月 1 日起至 12 月 31 日止。

无住所个人一个纳税年度内在中国境内累计居住天数，按照个人在中国境内累计停留的天数计算。在中国境内停留的当天满 24 小时的，计入中国境内居住天数，在中国境内停留的当天不足 24 小时的，不计入中国境内居住天数。

（2）非居民个人：在中国境内无住所又不居住，或者无住所而一个纳税年度内在中国境内居住累计不满 183 天的个人，为非居民个人。

11.3.2　居民纳税人与非居民纳税人的纳税义务

居民个人从中国境内和境外取得的所得，依照法律规定缴纳个人所得税。

非居民个人从中国境内取得的所得，依照法律规定缴纳个人所得税。

从中国境内和境外取得的所得，分别是指来源于中国境内的所得和来源于中国境外的所得。

在中国境内无住所的个人，在一个纳税年度内在中国境内居住累计不超过 90 天的，其来源于中国境内的所得，由境外雇主支付并且不由该雇主在中国境内的机构、场所负担的部分，免予缴纳个人所得税。

在中国境内无住所的个人，在中国境内居住累计满 183 天的年度连续不满 6 年的，经向主管税务机关备案，其来源于中国境外且由境外单位或者个人支付的所得，免予缴纳个人所得税；在中国境内居住累计满 183 天的任一年度中有一次离境超过 30 天的，其在中国境内居住累计满 183 天的年度的连续年限重新起算。

中国境内无住所的个人一个纳税年度在中国境内累计居住满 183 天的，如果此前 6 年在中国境内每年累计居住天数都满 183 天而且没有任何一年单次离境超过 30 天，该纳税年度来源于中国境内、境外所得应当缴纳个人所得税。如果此前 6 年的任一年在中国境内累计居住天数不满 183 天或者单次离境超过 30 天，该纳税年度来源于中国境外且由境外单位或者个人支付的所得，免予缴纳个人所得税。

44

44 4444444444444444444444444444

此前 6 年，是指该纳税年度的前 1 年至前 6 年的连续 6 个年度，此前 6 年的起始年度自 2019 年（含）以后年度开始计算。

11.3.3　个人所得税应税项目及税率

1. 按应纳税所得的来源划分，现行个人所得税共分为 9 个应税项目

（1）工资、薪金所得。

工资、薪金所得，是指个人因任职或者受雇而取得的工资、薪金、奖金、年终加薪、劳动分红、津贴、补贴以及与任职或者受雇有关的其他所得。

（2）劳务报酬所得。

劳务报酬所得，是指个人从事劳务取得的所得，包括从事设计、装潢、安装、制图、化验、测试、医疗、法律、会计、咨询、讲学、翻译、审稿、书画、雕刻、影视、录音、录像、演出、表演、广告、展览、技术服务、介绍服务、经纪服务、代办服务以及其他劳务取得的所得。

① 个人兼职取得的收入应按照"劳务报酬所得"项目缴纳个人所得税。

② 律师以个人名义再聘请其他人员为其工作而支付的报酬，应由该律师按"劳务报酬所得"项目负责代扣代缴个人所得税。为了便于操作，税款可由其任职的律师事务所代为缴入国库。

（3）稿酬所得。

稿酬所得，是指个人因其作品以图书、报刊等形式出版、发表而取得的所得。作品包括文学作品、书画作品、摄影作品以及其他作品。作者去世后，财产继承人取得的遗作稿酬，也应按"稿酬所得"征收个人所得税。

（4）特许权使用费所得。

特许权使用费所得，是指个人提供专利权、商标权、著作权、非专利技术以及其他特许权的使用权取得的所得；提供著作权的使用权取得的所得，不包括稿酬所得。

① 作者将自己的文字作品手稿原件或复印件拍卖（竞价）取得的所得，按照"特许权使用费所得"项目征收个人所得税。

② 个人取得专利赔偿所得，应按"特许权使用费所得"项目缴纳个人所得税。

③ 对于剧本作者从电影、电视剧的制作单位取得的剧本使用费，不再区分

剧本的使用方是否为其任职单位，统一按"特许权使用费所得"项目计征个人所得税。

（5）经营所得。

① 个体工商户从事生产、经营活动取得的所得，个人独资企业投资人、合伙企业的个人合伙人来源于境内注册的个人独资企业、合伙企业生产、经营的所得。

② 个人依法从事办学、医疗、咨询以及其他有偿服务活动取得的所得。

③ 个人对企业、事业单位承包经营、承租经营以及转包、转租取得的所得。

④ 个人从事其他生产、经营活动取得的所得。

（6）利息、股息、红利所得。

利息、股息、红利所得，是指个人拥有债权、股权而取得的利息、股息、红利所得。其中，利息一般是指存款、贷款和债券的利息。股息、红利是指个人拥有股权取得的公司、企业分红。按照一定的比率派发的每股息金，称为股息。根据公司、企业应分配的超过股息部分的利润，按股派发的红股，称为红利。

（7）财产租赁所得。

财产租赁所得，是指个人出租不动产、机器设备、车船以及其他财产取得的所得。

① 个人取得的房屋转租收入，属于"财产租赁所得"项目。

② 房地产开发企业与商店购买者个人签订协议，以优惠价格出售其开发的商店给购买者个人，但购买者个人在一定期限内必须将购买的商店无偿提供给房地产开发企业对外出租使用。该行为实质上是购买者个人以所购商店交由房地产开发企业出租而取得的房屋租赁收入支付了部分购房价款。对购买者个人少支出的购房价款，应视同个人财产租赁所得，按照"财产租赁所得"项目征收个人所得税。每次财产租赁所得的收入额，按照少支出的购房价款和协议规定的租赁月份数平均计算确定。

（8）财产转让所得。

财产转让所得，是指个人转让有价证券、股权、合伙企业中的财产份额、不动产、机器设备、车船以及其他财产取得的所得。

① 个人将投资于在中国境内成立的企业或组织（不包括个人独资企业和合伙企业）的股权或股份，转让给其他个人或法人的行为，按照"财产转让所得"

项目，依法计算缴纳个人所得税。

②个人因各种原因终止投资、联营、经营合作等行为，从被投资企业或合作项目、被投资企业的其他投资者以及合作项目的经营合作人取得股权转让收入、违约金、补偿金、赔偿金及以其他名目收回的款项等，均属于个人所得税应税收入，应按照"财产转让所得"项目适用的规定计算缴纳个人所得税。

③个人以非货币性资产投资，属于个人转让非货币性资产和投资同时发生。对个人转让非货币性资产的所得，应按照"财产转让所得"项目，依法计算缴纳个人所得税。

④纳税人收回转让的股权按照"财产转让所得"项目征收个人所得税。

⑤对个人转让新三板挂牌公司原始股取得的所得，按照"财产转让所得"，适用20%的比例税率征收个人所得税。原始股是指个人在新三板挂牌公司挂牌前取得的股票，以及该公司挂牌前和挂牌后由上述股票孳生的送、转股。

⑥个人通过招标、竞拍或其他方式购置债权以后，通过相关司法或行政程序主张债权而取得的所得，应按照"财产转让所得"项目缴纳个人所得税。

⑦个人通过网络收购玩家的虚拟货币，加价后向他人出售取得的收入，属于个人所得税应税所得，应按照"财产转让所得"项目计算缴纳个人所得税。

（9）偶然所得。

偶然所得，是指个人得奖、中奖、中彩以及其他偶然性质的所得。得奖是指参加各种有奖竞赛活动，取得名次得到的奖金；中奖、中彩是指参加各种有奖活动，如有奖储蓄、购买彩票，经过规定程序，抽中、摇中号码而取得的奖金。

①企业对累积消费达到一定额度的顾客，给予额外抽奖机会，个人的获奖所得，按照"偶然所得"项目，全额适用20%的税率缴纳个人所得税。

②个人取得单张有奖发票奖金所得超过800元的，应全额按照"偶然所得"项目征收个人所得税。税务机关或其指定的有奖发票兑奖机构，是有奖发票奖金所得个人所得税的扣缴义务人。

③个人为单位或他人提供担保获得收入，按照"偶然所得"项目计算缴纳个人所得税。

④房屋产权所有人将房屋产权无偿赠与他人的，受赠人因无偿受赠房屋取得的受赠收入，按照"偶然所得"项目计算缴纳个人所得税。

⑤企业在业务宣传、广告等活动中，随机向本单位以外的个人赠送礼品（包

括网络红包，下同），以及企业在年会、座谈会、庆典以及其他活动中向本单位以外的个人赠送礼品，个人取得的礼品收入，按照"偶然所得"项目计算缴纳个人所得税，但企业赠送的具有价格折扣或折让性质的消费券、代金券、抵用券、优惠券等礼品除外。

个人取得的所得，难以界定应纳税所得项目的，由国务院税务主管部门确定。

居民个人取得上述（1）至（4）项所得（综合所得），按纳税年度合并计算个人所得税；非居民个人取得上述（1）至（4）项所得，按月或者按次分项计算个人所得税。纳税人取得上述（5）至（9）项所得，依照法律规定分别计算个人所得税。

2. 个人所得税的税率设置

（1）综合所得。

居民个人每一纳税年度内取得的综合所得包括：工资、薪金所得；劳务报酬所得；稿酬所得；特许权使用费所得。

综合所得适用 3%～45% 的超额累进税率。具体税率见表 11-1。

表 11-1　个人所得税税率表（综合所得适用）

级数	全年应纳税所得额	税率（%）
1	不超过 36 000 元的	3
2	超过 36 000 元至 144 000 元的部分	10
3	超过 144 000 元至 300 000 元的部分	20
4	超过 300 000 元至 420 000 元的部分	25
5	超过 420 000 元至 660 000 元的部分	30
6	超过 660 000 元至 960 000 元的部分	35
7	超过 960 000 元的部分	45

注：①本表所称全年应纳税所得额是指依照法律规定，居民个人取得综合所得以每一纳税年度收入额减除费用 6 万元以及专项扣除、专项附加扣除和依法确定的其他扣除后的余额。②非居民个人取得工资、薪金所得，劳务报酬所得，稿酬所得和特许权使用费所得，依照本表按月换算后计算应纳税额。

（2）经营所得。

经工商行政管理部门批准开业并领取营业执照的城乡个体工商户，从事工业、手工业、建筑业、交通运输业、商业、饮食业、服务业、修理业及其他行业的生产、经营取得的所得。

经营所得适用 5% ～ 35% 的超额累进税率。具体税率见表 11-2。

表 11-2　个人所得税税率表（经营所得适用）

级数	全年应纳税所得额	税率（%）
1	不超过 30 000 元的	5
2	超过 30 000 元至 90 000 元的部分	10
3	超过 90 000 元至 300 000 元的部分	20
4	超过 300 000 元至 500 000 元的部分	30
5	超过 500 000 元的部分	35

注：本表所称全年应纳税所得额是指依照法律规定，以每一纳税年度的收入总额减除成本、费用以及损失后的余额。

（3）利息、股息、红利所得，财产租赁所得，财产转让所得和偶然所得。

利息、股息、红利所得，财产租赁所得，财产转让所得和偶然所得适用比例税率，税率为 20%。自 2001 年 1 月 1 日起，对个人出租住房取得的所得暂减按 10% 的税率征收个人所得税。

11.3.4　个人所得税应纳税所得额的确认和计算

1. 应纳税所得额的确认

（1）居民个人的综合所得的应纳税所得额。

居民个人的综合所得，以每一纳税年度的收入额减除费用 6 万元以及专项扣除、专项附加扣除和依法确定的其他扣除后的余额，为应纳税所得额。

综合所得，包括工资、薪金所得，劳务报酬所得，稿酬所得，特许权使用费所得 4 项。劳务报酬所得、稿酬所得、特许权使用费所得以收入减除 20% 的费用后的余额为收入额。稿酬所得的收入额减按 70% 计算。

① 专项扣除，包括居民个人按照国家规定的范围和标准缴纳的基本养老保险、基本医疗保险、失业保险等社会保险费和住房公积金等。

② 专项附加扣除，包括子女教育、继续教育、大病医疗、住房贷款利息或者住房租金、赡养老人等支出。

③ 依法确定的其他扣除，包括个人缴付符合国家规定的企业年金、职业年金，个人购买符合国家规定的商业健康保险、税收递延型商业养老保险的支出，以及国务院规定可以扣除的其他项目。

专项扣除、专项附加扣除和依法确定的其他扣除，以居民个人一个纳税年度的应纳税所得额为限额；一个纳税年度扣除不完的，不结转以后年度扣除。

（2）非居民个人的工资、薪金所得的应纳税所得额。

非居民个人的工资、薪金所得，以每月收入额减除费用 5 000 元后的余额为应纳税所得额；劳务报酬所得、稿酬所得、特许权使用费所得，以每次收入额为应纳税所得额。

（3）经营所得的应纳税所得额。

经营所得，以每一纳税年度的收入总额减除成本、费用以及损失后的余额，为应纳税所得额。

成本、费用，是指生产、经营活动中发生的各项直接支出和分配计入成本的间接费用以及销售费用、管理费用、财务费用；损失，是指生产、经营活动中发生的固定资产和存货的盘亏、毁损、报废损失，转让财产损失，坏账损失，自然灾害等不可抗力因素造成的损失以及其他损失。

取得经营所得的个人，没有综合所得的，计算其每一纳税年度的应纳税所得额时，应当减除费用 6 万元、专项扣除、专项附加扣除以及依法确定的其他扣除。专项附加扣除在办理汇算清缴时减除。

从事生产、经营活动，未提供完整、准确的纳税资料，不能正确计算应纳税所得额的，由主管税务机关核定应纳税所得额或者应纳税额。

（4）个体工商户的生产、经营所得的应纳税所得额。

个体工商户的生产、经营所得，以每一纳税年度的收入总额，减除成本、费用、税金、损失、其他支出以及允许弥补的以前年度亏损后的余额，为应纳税所得额。

① 个体工商户下列支出不得扣除：a.个人所得税税款；b.税收滞纳金；c.罚金、罚款和被没收财物的损失；d.不符合扣除规定的捐赠支出；e.赞助支出；f.用于个人和家庭的支出；g.与取得生产经营收入无关的其他支出；h.国家税务总局规定不准扣除的支出。

② 个体工商户生产经营活动中，应当分别核算生产经营费用和个人、家庭

费用。对于生产经营与个人、家庭生活混用难以分清的费用，其 40% 视为与生产经营有关的费用，准予扣除。

③ 个体工商户纳税年度发生的亏损，准予向以后年度结转，用以后年度的生产经营所得弥补，但结转年限最长不得超过 5 年。

④ 个体工商户实际支付给从业人员的、合理的工资薪金支出，准予扣除。个体工商户业主的工资薪金支出不得税前扣除。

⑤ 个体工商户按照国务院有关主管部门或者省级人民政府规定的范围和标准为其业主和从业人员缴纳的基本养老保险费、基本医疗保险费、失业保险费、生育保险费、工伤保险费和住房公积金，准予扣除。

个体工商户为从业人员缴纳的补充养老保险费、补充医疗保险费，分别在不超过从业人员工资总额 5% 标准内的部分据实扣除；超过部分，不得扣除。个体工商户业主本人缴纳的补充养老保险费、补充医疗保险费，以当地（地级市）上年度社会平均工资的 3 倍为计算基数，分别在不超过该计算基数 5% 标准内的部分据实扣除；超过部分，不得扣除。除个体工商户依照国家有关规定为特殊工种从业人员支付的人身安全保险费和财政部、国家税务总局规定可以扣除的其他商业保险费外，个体工商户业主本人或者为从业人员支付的商业保险费，不得扣除。

⑥ 个体工商户在生产经营活动中发生的合理的不需要资本化的借款费用，准予扣除。

⑦ 个体工商户在生产经营活动中发生的下列利息支出，准予扣除。

a. 向金融企业借款的利息支出。

b. 向非金融企业和个人借款的利息支出，不超过按照金融企业同期同类贷款利率计算的数额的部分。

⑧ 个体工商户向当地工会组织拨缴的工会经费、实际发生的职工福利费支出、职工教育经费支出分别在工资薪金总额的 2%、14%、2.5% 的标准内据实扣除。

⑨ 个体工商户发生的与生产经营活动有关的业务招待费，按照实际发生额的 60% 扣除，但最高不得超过当年销售（营业）收入的 5‰。业主自申请营业执照之日起至开始生产经营之日止所发生的业务招待费，按照实际发生额的 60% 计入个体工商户的开办费。

⑩ 个体工商户每一纳税年度发生的与其生产经营活动直接相关的广告费和

业务宣传费不超过当年销售（营业）收入15%的部分，可以据实扣除；超过部分，准予在以后纳税年度结转扣除。

⑪ 个体工商户代其从业人员或者他人负担的税款，不得税前扣除。

⑫ 个体工商户按照规定缴纳的摊位费、行政性收费、协会会费等，按实际发生数额扣除。

⑬ 个体工商户参加财产保险，按照规定缴纳的保险费，准予扣除。

⑭ 个体工商户发生的合理的劳动保护支出，准予扣除。

⑮ 个体工商户自申请营业执照之日起至开始生产经营之日止所发生符合规定的费用，除为取得固定资产、无形资产的支出，以及应计入资产价值的汇兑损益、利息支出外，作为开办费，个体工商户可以选择在开始生产经营的当年一次性扣除，也可以自生产经营月份起在不短于3年期限内摊销扣除，但一经选定，不得改变。

⑯ 个体工商户通过公益性社会团体或者县级以上人民政府及其部门，用于《中华人民共和国公益事业捐赠法》规定的公益事业的捐赠，捐赠额不超过其应纳税所得额30%的部分可以据实扣除。财政部、国家税务总局规定可以全额在税前扣除的捐赠支出项目，按有关规定执行。个体工商户直接对受益人的捐赠不得扣除。

⑰ 个体工商户研究开发新产品、新技术、新工艺所发生的开发费用，以及研究开发新产品、新技术而购置单台价值在10万元以下的测试仪器和试验性装置的购置费准予直接扣除；单台价值在10万元以上（含10万元）的测试仪器和试验性装置，按固定资产管理，不得在当期直接扣除。

（5）个人独资企业和合伙企业的投资者的应纳税所得额。

个人独资企业的投资者以全部生产经营所得为应纳税所得额；合伙企业的投资者按照合伙企业的全部生产经营所得和合伙协议约定的分配比例确定应纳税所得额，合伙协议没有约定分配比例的，以全部生产经营所得和合伙人数量平均计算每个投资者的应纳税所得额。生产经营所得，包括企业分配给投资者个人的所得和企业当年留存的所得（利润）。

投资者兴办两个或两个以上企业，并且企业性质全部是个人独资的，年度终了后汇算清缴时，应汇总其投资兴办的所有企业的经营所得作为应纳税所得额，以此确定适用税率，计算出全年经营所得的应纳税额，再根据每个企业的经营所得占所有企业经营所得的比例，分别计算出每个企业的应纳税额和应补缴税额。

（6）财产租赁所得的应纳税所得额。

财产租赁所得，每次收入不超过 4 000 元的，减除费用 800 元；4 000 元以上的，减除 20% 的费用，其余额为应纳税所得额。

（7）财产转让所得的应纳税所得额。

以转让财产的收入额减除财产原值和合理费用后的余额，为应纳税所得额。

财产原值，按照下列方法计算。

① 有价证券，为买入价以及买入时按照规定交纳的有关费用。

② 建筑物，为建造费或者购进价格以及其他有关费用。

③ 土地使用权，为取得土地使用权所支付的金额、开发土地的费用以及其他有关费用。

④ 机器设备、车船，为购进价格、运输费、安装费以及其他有关费用。

其他财产，参照第 ④ 点规定的方法确定财产原值。纳税人未提供完整、准确的财产原值凭证，不能按照规定的方法确定财产原值的，由主管税务机关核定财产原值。合理费用是指卖出财产时按照规定支付的有关税费。

（8）利息、股息、红利所得和偶然所得的应纳税所得额。

利息、股息、红利所得和偶然所得，以每次收入额为应纳税所得额。

2. 个人所得税应纳税额的计算

（1）综合所得应纳税额的计算。

综合所得应纳税额的计算公式如下。

应纳税额 = 应纳税所得额 × 适用税率 − 速算扣除数 =（每一纳税年度的收入额 − 费用 6 万元 − 专项扣除 − 专项附加扣除 − 依法确定的其他扣除）× 适用税率 − 速算扣除数

【例 11-4】全年应纳税额的计算。

甲公司职员李某 2×19 年全年取得工资、薪金收入 180 000 元。当地规定的社会保险费和住房公积金个人缴存比例为：基本养老保险 8%，基本医疗保险 2%，失业保险 0.5%，住房公积金 12%。社保部门核定的李某 2019 年社会保险费的缴费工资基数为 10 000 元。李某正在偿还首套住房贷款及利息；李某为独生女，其独生子正就读大学 3 年级；李某父母均已年过 60 岁。李某夫妻约定由李某扣除贷款利息和子女教育费。计算李某 2×19 年应缴纳的个人所得税税额。

① 全年减除费用为 60 000 元。

② 专项扣除 =10 000×（8% +2%+0.5%+12%）×12=27 000（元）

③ 专项附加扣除：

子女教育每年扣除 12 000 元；

住房贷款利息每年扣除 12 000 元；

赡养老人每年扣除 24 000 元。

专项附加扣除合计 =12 000+12 000+24 000=48 000（元）

④ 扣除项合计 =60 000+27 000+48 000=135 000（元）

⑤ 应纳税所得额 =180 000－135 000=45 000（元）

⑥ 应纳个人所得税税额：36 000×3%+（45 000－36 000）×10%=1 980（元）

（2）扣缴义务人对居民个人工资、薪金所得，劳务报酬所得，稿酬所得，特许权使用费所得扣缴预缴个人所得税的计算。

① 扣缴义务人向居民个人支付工资、薪金所得时，应当按照累计预扣法计算预扣税款，并按月办理全员全额扣缴申报。累计预扣法，是指扣缴义务人在一个纳税年度内预扣预缴税款时，以纳税人在本单位截至当前月份工资、薪金所得累计收入减除累计免税收入、累计减除费用、累计专项扣除、累计专项附加扣除和累计依法确定的其他扣除后的余额为累计预扣预缴应纳税所得额，计算累计应预扣预缴税额，再减除累计减免税额和累计已预扣预缴税额，其余额为本期应预扣预缴税额。余额为负值时，暂不退税。纳税年度终了后余额仍为负值时，由纳税人通过办理综合所得年度汇算清缴，税款多退少补。

具体计算公式如下。

本期应预扣预缴税额 =（累计预扣预缴应纳税所得额 × 预扣率 － 速算扣除数）－ 累计减免税额 － 累计已预扣预缴税额

累计预扣预缴应纳税所得额 = 累计收入 － 累计免税收入 － 累计减除费用 － 累计专项扣除 － 累计专项附加扣除 － 累计依法确定的其他扣除

其中：累计减除费用，按照 5 000 元 / 月乘以纳税人当年截至本月在本单位的任职受雇月份数计算。

上述公式中，计算居民个人工资、薪金所得预扣预缴税额的预扣率、速算扣除数，按"个人所得税预扣率表一"（见表 11-3）执行。

表 11-3　个人所得税预扣率表一（居民个人工资、薪金所得预扣预缴适用）

级数	累计预扣预缴应纳税所得额	预扣率（%）	速算扣除数
1	不超过 36 000 元的部分	3	0
2	超过 36 000 元至 144 000 元的部分	10	2 520
3	超过 144 000 元至 300 000 元的部分	20	16 920
4	超过 300 000 元至 420 000 元的部分	25	31 920
5	超过 420 000 元至 660 000 元的部分	30	52 920
6	超过 660 000 元至 960 000 元的部分	35	85 920
7	超过 960 000 元的部分	45	181 920

【例 11-5】3 月应纳税额的计算。

我国某公司职员王某 2×19 年 1～3 月每月取得工资、薪金收入均为 10 000 元。当地规定的社会保险费和住房公积金个人缴存比例为：基本养老保险 8%，基本医疗保险 2%，失业保险 0.5%，住房公积金 12%。社保部门核定的王某 2019 年社会保险费的缴费工资基数为 8 000 元。王某 1～2 月累计已预扣预缴个人所得税税额为 192 元。

计算王某 3 月应预扣预缴的个人所得税税额。

（1）累计收入 =10 000×3 =30 000（元）

（2）累计减除费用 =5 000×3=15 000（元）

（3）累计专项扣除 =8 000×（8%+2% +0.5%+12%）×3=5 400（元）

（4）累计预扣预缴应纳税所得额：30 000-15 000-5 400=9 600（元）

（5）应预扣预缴税额 =9 600×3%-192=96（元）

②扣缴义务人向居民个人支付劳务报酬所得、稿酬所得、特许权使用费所得，按次或者按月预扣预缴个人所得税。劳务报酬所得、稿酬所得、特许权使用费所得，属于一次性收入的，以取得该项收入为一次计算；属于同一项目连续性收入的，以一个月内取得的收入为一次计算。具体预扣预缴方法如下。

劳务报酬所得、稿酬所得、特许权使用费所得以收入减除费用后的余额为收入额。其中，稿酬所得的收入额减按 70% 计算。

减除费用：劳务报酬所得、稿酬所得、特许权使用费所得每次收入不超过 4 000 元的，减除费用按 800 元计算；每次收入 4 000 元以上的，减除费用按 20% 计算。

应纳税所得额：劳务报酬所得、稿酬所得、特许权使用费所得，以每次收入额为预扣预缴应纳税所得额。

劳务报酬所得适用 20% ~ 40% 的超额累进预扣率（见表 11-4），稿酬所得、特许权使用费所得适用 20% 的比例预扣率。

劳务报酬所得应预扣预缴税额：预扣预缴应纳税所得额 × 预扣率 − 速算扣除数；稿酬所得、特许权使用费所得应预扣预缴税额 = 预扣预缴应纳税所得额 × 20%。

表 11-4　个人所得税预扣率表二（居民个人劳务报酬所得预扣预缴适用）

级数	预扣预缴应纳税所得额	预扣率（%）	速算扣除数
1	不超过 20 000 元的部分	20	0
2	超过 20 000 元至 50 000 元的部分	30	2 000
3	超过 50 000 元的部分	40	7 000

居民个人工资、薪金所得，劳务报酬所得，稿酬所得，特许权使用费所得年度预扣预缴税额与年度应纳税额不一致的，由居民个人于次年 3 月 1 日至 6 月 30 日向主管税务机关办理综合所得年度汇算清缴，税款多退少补。

【例 11-6】2019 年 10 月张某所写的一部小说出版，取得稿酬 30 000 元。计算张某该笔稿酬所得应预扣预缴的个人所得税税额。

分析：

稿酬所得每次收入不超过 4 000 元的，减除费用按 800 元计算；每次收入 4 000 元以上的，减除费用按 20% 计算。稿酬所得的收入额减按 70% 计算。预扣率为 20%。

应预扣预缴的个人所得税税额 =30 000×（1−20%）×70% ×20% =3 360（元）

（3）扣缴义务人对非居民个人工资、薪金所得，劳务报酬所得，稿酬所得，特许权使用费所得扣缴个人所得税的计算。

非居民个人的工资、薪金所得，以每月收入额减除费用 5 000 元后的余额为应纳税所得额；劳务报酬所得、稿酬所得、特许权使用费所得，以每次收入额为应纳税所得额，适用按月换算后的非居民个人月度税率表（见表 11-5）计算应纳税额。其中，劳务报酬所得、稿酬所得、特许权使用费所得以收入减除 20% 的费用后的余额为收入额。稿酬所得的收入额减按 70% 计算。

非居民个人工资、薪金所得，劳务报酬所得，稿酬所得，特许权使用费所得

应纳税额 = 应纳税所得额 × 税率 − 速算扣除数

表 11–5　个人所得税税率表三（非居民个人工资、薪金所得，劳务报酬所得，稿酬所得，特许权使用费所得适用）

级数	应纳税所得额	税率（％）	速算扣除数
1	不超过 3 000 元的部分	3	0
2	超过 3 000 元至 12 000 元的部分	10	210
3	超过 12 000 元至 25 000 元的部分	20	1 410
4	超过 25 000 元至 35 000 元的部分	25	2 660
5	超过 35 000 元至 55 000 元的部分	30	4 410
6	超过 55 000 元至 80 000 元的部分	35	7 160
7	超过 80 000 元的部分	45	15 160

（4）经营所得应纳税额的计算。

个体工商户的生产、经营所得应纳税额的计算公式如下。

应纳税额 = 应纳税所得额 × 适用税率 − 速算扣除数

= （全年收入总额 − 成本、费用、税金、损失、其他支出及以前年度亏损）× 适用税率 − 速算扣除数

（5）利息、股息、红利所得应纳税额的计算。

利息、股息、红利所得应纳税额的计算公式如下。

应纳税额 = 应纳税所得额 × 适用税率 = 每次收入额 × 适用税率

（6）财产租赁所得应纳税额的计算。

财产租赁所得应纳税额的计算公式如下。

① 每次（月）收入不足 4 000 元的。

应纳税额 = ［每次（月）收入额 − 财产租赁过程中缴纳的税费 − 由纳税人负担的租赁财产实际开支的修缮费用（800 元为限）−800 元］×20%

② 每次（月）收入在 4 000 元以上的。

应纳税额 = ［每次（月）收入额 − 财产租赁过程中缴纳的税费 − 由纳税人负担的租赁财产实际开支的修缮费用（800 元为限）］×（1−20%）×20%

个人出租房屋的个人所得税应税收入不含增值税，计算房屋出租所得可扣除的税费不包括本次出租缴纳的增值税。个人转租房屋的，其向房屋出租方支付的

租金及增值税税额，在计算转租所得时予以扣除。

（7）财产转让所得应纳税额的计算。

财产转让所得应按照一次转让财产的收入额减除财产原值和合理费用后的余额计算纳税。

财产转让所得应纳税额的计算公式如下。

应纳税额 = 应纳税所得额 × 适用税率 =（收入总额 − 财产原值 − 合理费用）× 20%

个人转让房屋的个人所得税应税收入不含增值税，其取得房屋时所支付价款中包含的增值税计入财产原值，计算转让所得时可扣除的税费不包括本次转让缴纳的增值税。

受赠人转让受赠房屋的，以其转让受赠房屋的收入减除原捐赠人取得该房屋的实际购置成本以及赠与和转让过程中受赠人支付的相关税费后的余额，为受赠人的应纳税所得额，依法计征个人所得税。受赠人转让受赠房屋价格明显偏低且无正当理由的，税务机关可以依据该房屋的市场评估价格或其他合理方式确定的价格核定其转让收入。

（8）偶然所得应纳税额的计算。

偶然所得应纳税额的计算公式如下。

应纳税额 = 应纳税所得额 × 适用税率 = 每次收入额 × 20%

11.4　个人所得税税收优惠政策

（1）根据《财政部 国家税务总局关于农村税费改革试点地区有关个人所得税问题的通知》（财税〔2004〕30号）的相关规定，农村税费改革试点期间，取消农业特产税、减征或免征农业税后，对个人或个体户从事种植业、养殖业、饲养业、捕捞业，且经营项目属于农业税（包括农业特产税）、牧业税征税范围的，其取得的"四业"所得暂不征收个人所得税。

（2）依据《财政部 国家税务总局关于个人独资企业和合伙企业投资者取得种植业养殖业饲养业捕捞业所得有关个人所得税问题的批复》（财税〔2010〕96 号）的相关规定，对个人独资企业和合伙企业从事种植业、养殖业、饲养业和捕捞业（以下简称"四业"），其投资者取得的"四业"所得暂不征收个人所得税。

第 12 章
其他税种的纳税实务

在第 11 章的基础上，本章针对农业企业所涉及到的城镇土地使用税、印花税、车船税进行了进一步介绍。通过引入实际案例的方式，生动展现出实际生产过程中农业企业针对这三大税种的纳税实务及纳税筹划方式。

12.1 城镇土地使用税纳税实务

12.1.1 城镇土地使用税的征税对象

城镇土地使用税（简称"土地使用税"），是指在城市、县城、建制镇、工矿区范围内使用土地的单位和个人，以实际占用的土地面积为计税依据，依照规定由土地所在地的税务机关征收的一种税。

土地使用税以土地面积为课税对象，向土地使用人课征，属于以有偿占用为特点的行为税类型。土地使用税只在县以上城市开征，非开征地区使用土地则不征税。土地使用税的征税范围为城市、县城、建制镇、工矿区等。其中：城市是指经国务院批准建立的市，包括市区和郊区；县城是指县人民政府所在地的城镇；建制镇是指经省、自治区、直辖市人民政府批准设立的建制镇；工矿区是指工商业比较发达，人口比较集中，符合国务院规定的建制镇标准，但尚未设立建制镇的大中型工矿企业所在地。工矿区须经省、自治区、直辖市人民政府批复。城市、县城、建制镇、工矿区的具体征税范围，由各省、自治区、直辖市人民政府划定。

土地使用税采用有幅度的差别税额，列入大、中、小城市和县城的每平方米土地年税额不同。为了防止长期征地而不使用和限制多占土地，可在规定税额的 2 ~ 5 倍范围内加成征税。

12.1.2　城镇土地使用税的税率

土地使用税采用定额税率。土地使用税每平方米年税额：大城市 1.5 ~ 30 元；中等城市 1.2 ~ 24 元；小城市 0.9 ~ 18 元；县城、建制镇、工矿区 0.6 ~ 12 元。按年征收，分期缴纳。

12.1.3　城镇土地使用税的免税范围

① 国家机关、人民团体、军队自用的土地（仅指这些单位的办公用地和公务用地）。

② 由国家财政部门拨付事业经费的单位自用的土地。

③ 宗教寺庙、公园、名胜古迹自用的土地（公园、名胜古迹中附设的营业单位、影剧院、饮食部、茶社、照相馆、索道公司经营用地等均应按规定缴纳土地使用税）。

④ 市政街道、广场、绿化地带等公用土地。

⑤ 直接用于农、林、牧、渔业的生产用地。

⑥ 经批准开山填海整治的土地和改造的废弃土地，从使用月份起免缴土地使用税 5 ~ 10 年。

⑦ 农民自用住宅地。

12.1.4　农业企业的城镇土地使用税纳税实务

1. 选择经营用地环节的纳税实务

经营者占有并实际使用的土地，其所在区域直接关系到缴纳土地使用税数额的大小。因此经营者可以结合投资项目的实际需要在下列 4 方面进行选择。

一是在征税区与非征税区之间选择；二是在经济发达与经济欠发达的省份之间选择；三是在同一省份内的大、中、小城市以及县城和工矿区之间选择；四是在同一城市、县城和工矿区之内的不同等级的土地之间选择。

2. 选择纳税人身份环节的纳税实务

一是在投资兴办企业的属性上进行选择。例如，林区的林地、运材道、防火道、防火设施用地，免征土地使用税。林业系统的森林公园、自然保护区，可比照公园免征土地使用税。对林业系统所属的苗圃、种植苗木花卉用地免征土地使用税。二是在经营范围或投资对象上考虑节税。三是当经营者租用厂房、公用土地或公用楼层时，在签订合同中要有所考虑。根据《国家税务总局关于检发〈关于土地使用税若干具体问题的解释和暂行规定〉的通知》（国税地字〔1988〕15号）的规定，土地使用权未确定或权属纠纷未解决的，由实际使用人纳税；土地使用权共有的，由共有各方分别纳税。因此，经营者在签订合同时，应该把是否成为土地的法定纳税人这一因素考虑进去。

3. 选择所拥有和占用的土地用途环节的纳税实务

纳税人实际占有并使用的土地用途不同，可享受不同的土地使用税政策。

① 根据《国家税务局关于印发〈关于土地使用税若干具体问题的补充规定〉的通知》（国税地字〔1989〕140号）的规定，对厂区以外的公共绿化和向社会开放的公园用地，暂免征土地使用税。企业可以把原绿化地只对内专用改成对外公用，即可享受免税的政策。

② 根据《国家税务局关于水利设施用地征免土地使用税问题的规定》（国税地字〔1989〕14号）的规定，对水利设施及其管护以及对兼有发电的水利设施用地，可免征土地使用税。企业可以考虑把这块土地的价值在账务核算上明确区分开来，以达到享受税收优惠的目的。

③ 根据对煤炭、矿山和建材行业的特殊用地可以享受减免土地使用税的规定，企业既可以考虑按政策规定明确划分出采石（矿）厂、排土厂、炸药库等不同用途的用地，也可以把享受免征土地使用税的特定用地在不同的土地等级上进行合理布局，使应纳税额最小化。

4. 选择纳税地点环节的纳税实务

关于土地使用税的纳税地点，政策规定为"原则上在土地所在地缴纳"。但对于跨省份或虽在同一个省、自治区、直辖市但跨地区的纳税人的纳税地点上，也可以进行纳税筹划。这对于目前不断扩大规模的集团性公司来说显得尤为必要。

12.2　印花税的纳税实务

12.2.1　印花税的纳税人

凡是在我国境内书立、领受税法列举凭证的单位和个人，都是印花税的纳税人。根据书立、领受应税凭证的不同，印花税纳税人可分别称为立合同人、立账簿人、立据人、领受人和使用人。对合同、书据等由两方或两方以上当事人共同书立的凭证，其当事人各方都是纳税人，各自就所持凭证的金额纳税；对政府部门发给的权利许可证照，领受人为纳税人；对某些由当事人的代理人代为书立的应税凭证，则代理人有代为纳税的义务。

12.2.2　印花税的纳税范围

凡是在我国境内书立、领受，和在我国境外书立但在我国境内具有法律效力、受我国法律保护的下列凭证，均属于印花税纳税范围。

① 购销、加工承揽、建设工程承包、财产租赁、货物运输、仓储保管、借款、财产保险、技术合同或者具有合同性质的凭证。

② 产权转移书据　包括财产所有权、版权、商标专用权、专利权、专有技术使用权等转移书据。

③ 营业账簿，包括单位和个人从事生产经营活动所设立的各种账册。

④ 权利、许可证照，包括房屋产权证、工商营业执照、商标注册证、专利证、土地使用证。

⑤ 经财政部确定征收的其他凭证。

12.2.3　印花税的税目及税率

印花税的税目分为 5 类：合同或具有合同性质的凭证，产权转移书据，营业账簿，权利、许可证照，经财政部确定征税的其他凭证。印花税采用比例税率和定额税率两种税率。

① 比例税率。我国现行印花税的比例税率共有 4 个档次，即 0.1%、0.05%、0.03%、0.005%。

按比例税率征税的有各类经济合同及合同性质的凭证、记载有金额的账簿、产权转移书据等。

② 定额税率。印花税的定额税率是按件定额贴花，每件 5 元。它主要适用于营业账簿中的其他账簿，权利、许可证照等。

印花税税目税率情况表如表 12-1 所示。

表 12-1　印花税税目税率情况表

序号	税目	范围	税率	纳税人	说明
1	购销合同	包括供应、预购、采购、购销、结合及协作、调剂、补偿、易货等合同	按购销金额 0.3‰ 贴花	立合同人	
2	加工承揽合同	包括加工、定作、修缮、修理、印刷广告、测绘、测试等合同	按加工或承揽收入 0.5‰ 贴花	立合同人	
3	建设工程勘察设计合同	包括勘察、设计合同	按收取费用 0.5‰ 贴花	立合同人	
4	建筑安装工程承包合同	包括建筑、安装工程承包合同	按承包金额 0.3‰ 贴花	立合同人	
5	财产租赁合同	包括租赁房屋、船舶、飞机、机动车辆、机械、器具、设备等合同	按租赁金额 1‰ 贴花。税额不足 1 元，按 1 元贴花	立合同人	
6	货物运输合同	包括民用航空运输、铁路运输、海上运输、内河运输、公路运输和联运合同	按运输费用 0.5‰ 贴花	立合同人	单据作为合同使用的，按合同贴花
7	仓储保管合同	包括仓储、保管合同	按仓储保管费用 1‰ 贴花	立合同人	仓单或栈单作为合同使用的，按合同贴花

续表

序号	税目	范围	税率	纳税人	说明
8	借款合同	银行及其他金融组织和借款人（不包括银行同业拆借）所签订的借款合同	按借款金额 0.05‰ 贴花	立合同人	单据作为合同使用的，按合同贴花
9	财产保险合同	包括财产、责任、保证、信用等保险合同	按保险费收入 1‰ 贴花	立合同人	单据作为合同使用的，按合同贴花
10	技术合同	包括技术开发、转让、咨询、服务等合同	按所载金额 0.3‰ 贴花	立合同人	
11	产权转移书据	包括财产所有权和版权、商标专用权、专利权、专有技术使用权等转移书据、土地使用权出让合同、土地使用权转让合同、商品房销售合同	按所载金额 0.5‰ 贴花	立据人	
12	营业账簿	生产、经营用账册	记载资金的账簿，按实收资本和资本公积的合计金额 0.5‰ 贴花。其他账簿按件贴花 5 元	立账簿人	
13	权利、许可证照	包括政府部门发给的房屋产权证、工商营业执照、商标注册证、专利证、土地使用证	按件贴花 5 元	领受人	

12.2.4　印花税的计算

（1）按比例税率计算：应纳税额 = 凭证所载应税金额 × 适用税率

（2）按定额税率计算：应纳税额 = 应税凭证件数 × 适用单位税额

免税范围：国家指定的收购部门与村民委员会、农民个人书立的农副产品收购合同，免征印花税。

12.2.5 农业企业的印花税纳税实务

随着农业企业交易活动日益频繁、交易规模的扩大以及对合同重视程度的加强，农业企业印花税的支出也必然随之增加。在这种条件下，从减小税收成本的角度出发，农业企业也应加强对印花税纳税筹划的研究与思考，以便减轻自身的税收负担。

1. 变换合同订立方式

《中华人民共和国印花税暂行条例施行细则》中规定：同一凭证，因载有两个或者两个以上经济事项而适用不同税目税率，如分别记载金额的，应分别计算应纳税额，相加后按合计税额贴花；如未分别记载金额的，按税率高的计税贴花。通过签订合同时将适用不同税率的两种应税行为在同一合同中分别注明，就不会发生从高适用税率的情况，大大节省税款。

这是由于印花税的计税依据是合同所载金额，合同中所载金额和增值税分开注明的，按不含增值税的合同金额确定计税依据，未分开注明的，以合同所载金额为计税依据。因此，在签订合同的时候，注意价税分离，也能起到节税作用。

【例 12-1】某农业企业 2001 年 9 月与铁道部门签订运输合同，合同中所载运输费及保管费共计 400 万元。该合同中涉及货物运输合同和仓储保管合同两个印花税税目，而且两者税率不相同，前者为 0.05%，后者为 0.1%。根据规定，未分别记载金额的，按税率高的计税贴花，即按 0.1% 税率计算应贴印花，其应纳税额 = 400×0.1%=0.4（万元）。

分析：

纳税人如果进行了筹划，便可以节省不少税款。假定这份运输保管合同包含货物运输费 250 万元，仓储保管费 150 万元，如果纳税人能在合同上详细地注明各项费用及具体数额，按照规定，便可以分别适用税率计算缴纳印花税。

印花税应纳税额 =250×0.05%+150×0.1%=0.275（万元），订立合同的双方均可节省 1 250 元税款。

2. 变换借款方式

变换借款方式筹划策略是指利用一定的筹资技术使农业企业达到最大获利水平和最小税负的方法。一般来说，农业企业筹资方法主要有争取财政拨款、补贴、金融机构贷款、自我积累、社会集资、农业企业间拆借和农业企业内部集资。从资金角度来看，这些筹资方法如果可行，都可以满足农业企业从事生产经营活动对资金的需求。从纳税角度来看，这些筹资方式产生的税收后果却有很大的差异，某些筹资方式最终的实行效果比其他筹资方式要好。

根据印花税的规定，银行及其他金融机构与借款人（不包括银行同业拆借）所签订的合同，以及只填开借据并作为合同使用，取得银行借款的借据应按照"借款合同"税目缴纳印花税，而农业企业之间的借款合同则不用贴花。因而对农业企业来说，和金融机构签订借款合同的效果与和农业企业（其他农业企业）签订借款合同在抵扣利息支出上是一样的，而前者要缴纳印花税，后者不用缴纳印花税。如果两者的借款利率是相同的，则向农业企业借款更好。不过农业企业在进行税收筹划时应注意，农业企业向农业企业提供的借款，其利率一般比金融机构提供的借款利率高，而农业企业应相机而动。

12.3　车船税的纳税实务

12.3.1　车船税的纳税人和扣缴义务人

在我国境内，车辆、船舶（以下简称"车船"）的所有人或者管理人为车船税的纳税人，应当依法缴纳车船税。

根据我国《车船税法》第六条的规定，从事机动车交通事故责任制保险业务的保险机构为车船税的扣缴义务人。

12.3.2　车船税的计税依据和单位税额

车船税采用从量定额计税，计税依据是车船的排气量、整备质量、核定载客人数、净吨位、艇身长度等，以车船登记管理部门核发的车船登记证书或者行驶证所载数据为准。

由于车船税属于地方税，在遵照《中华人民共和国车船税暂行条例》等规定的基础上，车船税征收标准还应该根据各地税务局制定的具体管理办法予以确定，其中，基本收费标准如表 12-2 所示。

表 12-2　车船税收费标准

税目	计税单位	年基准税额	备注		税目
乘用车［按发动机汽缸容量（排气量）分档］	1.0 升（含）以下的	每辆	60 元至 360 元	核定载客人数 9 人（含）以下	乘用车［按发动机汽缸容量（排气量）分档］
1.0 升以上至 1.6 升（含）的	300 元至 540 元				1.0 升以上至 1.6 升（含）的
1.6 升以上至 2.0 升（含）的	360 元至 660 元				1.6 升以上至 2.0 升（含）的
2.0 升以上至 2.5 升（含）的	660 元至 1 200 元				2.0 升以上至 2.5 升（含）的
2.5 升以上至 3.0 升（含）的	1 200 元至 2 400 元				2.5 升以上至 3.0 升（含）的
3.0 升以上至 4.0 升（含）的	2 400 元至 3 600 元				3.0 升以上至 4.0 升（含）的
4.0 升以上的	3 600 元至 5 400 元				4.0 升以上的
商用车	客车	每辆	480 元至 1 440 元	核定载客人数 9 人以上，包括电车	商用车
货车	整备质量每吨	16 元至 120 元	包括半挂牵引车、三轮汽车和低速载货汽车等		货车
挂车	整备质量每吨		按照货车税额的 50% 计算		挂车

续表

税目	计税单位	年基准税额	备注		税目
其他车辆 专用作业车	整备质量每吨	16 元至 120 元	不包括拖拉机		其他车辆
轮式专用机械车	16 元至 120 元				轮式专用机械车
摩托车	每辆	36 元至 180 元			摩托车
船舶	机动船舶 净吨位每吨	3 元至 6 元	拖船、非机动驳船分别按照机动船舶税额的 50% 计算		船舶
游艇	艇身长度每米	600 元至 2 000 元			游艇

12.3.3 车船税的税收减免

① 用于捕捞、养殖的渔船免征车船税。

② 对节约能源、使用新能源的车船可以减征或者免征车船税。对受严重自然灾害影响纳税困难以及有其他特殊原因确需减税、免税的，可以减征或者免征车船税。具体办法由国务院规定，并报全国人民代表大会常务委员会备案。

③ 省、自治区、直辖市人民政府根据当地实际情况，可以对公共交通车船，农村居民拥有并主要在农村地区使用的摩托车、三轮汽车和低速载货汽车定期减征或者免征车船税。

④ 单位和个人的自有车辆专用于农田生产的免征车船税。

⑤ 根据《财政部 国家税务总局 工业和信息化部关于节约能源、使用新能源车船车船税优惠政策的通知》（财税〔2015〕51 号）第一条第一款规定，获得许可在中国境内销售的排量为 1.6 升以下（含 1.6 升）的燃用汽油、柴油的乘用车（含非插电式混合动力乘用车和双燃料乘用车），减半征收车船税。

12.3.4 车船税纳税期限及地点

车船税按年申报，分月计算，一次性缴纳。纳税年度为公历 1 月 1 日至 12 月 31 日。车船税的纳税地点为车船的登记地或者车船税扣缴义务人所在地。依法不需要办理登记的车船，车船税的纳税地点为车船的所有人或者管理人所在地。

12.3.5 车船税纳税义务的确认和应纳税额的计算

车船税纳税义务发生时间为取得车船所有权或者管理权的当月（以购买车船的发票或者其他证明文件所载日期的当月为准）。纳税人在购车船缴纳交强险的同时，由保险机构代收代缴车船税。

车船税应纳税额的计算如下。

（1）乘用车、商用客车、摩托车：应纳税额 = 应税车辆数 × 单位税额

（2）商用货车、挂车、其他车辆：应纳税额 = 整备质量吨数 × 单位税额

（3）机动船舶：应纳税额 = 净吨位数 × 单位税额

购置的新车船，购置当年的应纳税额自纳税义务发生的当月起按月计算。应纳税额为年应纳税额除以 12 再乘以应纳税月份数。

12.3.6 农业企业车船税的纳税筹划

（1）纳税人实际占有并使用的车辆用于某些用途时，按照法规规定可享受免税。属于免征范围的车船可以不缴纳车船税，但是除此之外的所有车船都必须按时足额缴纳车船税，否则将来不仅要补交漏税部分，还要缴纳滞纳金，同时还会影响车船的年审等。

（2）车船税纳税义务发生时间为取得车船所有权或者管理权的当月，车船拥有者在签订合同时，应该把是否成为车船的法定纳税人这一因素考虑进去。

财务报表是企业财务状况、经营成果和现金流量的结构性表述。本章详细介绍了农业企业资产负债表、利润表、现金流量表、所有者权益变动表及附注的结构及编制要点，对各表中涉及到的项目的填列方法及要求进行了充分讲解。

13.1 资产负债表

资产负债表是反映企业在某一特定日期的财务状况的报表，是企业经营活动的静态反映。资产负债表是根据"资产 = 负债 + 所有者权益"这一平衡公式，依照一定的分类标准和一定的次序，将某一特定日期的资产、负债、所有者权益的具体项目予以适当的排列编制而成。资产负债表主要反映资产、负债和所有者权益 3 方面的内容。

通过资产负债表，可以反映企业在某一特定日期所拥有或控制的经济资源、所承担的现时义务和所有者对净资产的要求权，帮助财务报表使用者全面了解企业的财务状况、分析企业的偿债能力等情况，从而为企业做出经济决策提供依据。

13.1.1 资产负债表的结构

资产负债表一般由表头、表体两部分组成。表头部分应列明报表名称、编制单位名称、资产负债表日、报表编号和计量单位；表体部分是资产负债表的主体，列示了用以说明企业财务状况的各个项目。资产负债表的表体格式一般有两种：报告式资产负债表和账户式资产负债表。报告式资产负债表是上下结构，上半部分列示资产各项目，下半部分列示负债和所有者权益各项目。账户式资产负债表是左右结构，左边列示资产各项目，反映全部资产的分布及存在状态；右边列示负债和所有者权益各项目，反映全部负债和所有者权益的内容及构成情况。不管采取什么格式，资产各项目的合计一定等于负债和所有者权益各项目的合计。

我国企业的资产负债表采用账户式结构，分为左右两方，左方为资产项目，大体按资产的流动性大小排列，流动性大的资产如"货币资金""交易性金融资产"等排在前面，流动性小的资产如"长期股权投资""固定资产"等排在后面。右方为负债及所有者权益项目，一般按要求清偿时间的先后顺序排列，"短期借款""应付票据""应付账款"等需要在一年以内或者长于一年的一个正常营业周期内偿还的流动负债排在前面，"长期借款"等在一年或超过一年的一个营业周期才需偿还的非流动负债排在中间，在企业清算之前不需要偿还的所有者权益项目排在后面。

账户式资产负债表中的资产各项目的合计等于负债和所有者权益各项目的合计，即资产负债表左方和右方平衡。通过账户式资产负债表，可以反映资产、负债、所有者权益之间的内在关系，即"资产＝负债＋所有者权益"。我国一般企业资产负债表格式如表 13-1 所示。

表 13-1　资产负债表

会企 01 表

编制单位：　　　　　　　　　　___年___月___日　　　　　　　　　　单位：元

资产	期末余额	上年年末余额	负债和所有者权益（或股东权益）	期末余额	上年年末余额
流动资产：			流动负债：		
货币资金			短期借款		
交易性金融资产			交易性金融负债		
衍生金融资产			衍生金融负债		
应收票据			应付票据		
应收账款			应付账款		

续表

资产	期末余额	上年年末余额	负债和所有者权益（或股东权益）	期末余额	上年年末余额
应收款项融资			预收款项		
预付款项			合同负债		
其他应收款			应付职工薪酬		
存货			应交税费		
合同资产			其他应付款		
持有待售资产			持有待售负债		
一年内到期的非流动资产			一年内到期的非流动负债		
其他流动资产			其他流动负债		
流动资产合计			流动负债合计		
非流动资产：			非流动负债：		
债权投资			长期借款		
其他债权投资			应付债券		
长期应收款			其中：优先股		
长期股权投资			永续债		
其他权益工具投资			租赁负债		
其他非流动金融资产			长期应付款		
投资性房地产			预计负债		
固定资产			递延收益		
在建工程			递延所得税负债		
生产性生物资产			其他非流动负债		
油气资产			非流动负债合计		
使用权资产			负债合计		
无形资产			所有者权益（或股东权益）：		
开发支出			实收资本（或股本）		
商誉			其他权益工具		

资产	期末余额	上年年末余额	负债和所有者权益（或股东权益）	期末余额	上年年末余额
长期待摊费用			其中：优先股		
递延所得税资产			永续债		
其他非流动资产			资本公积		
非流动资产合计			减：库存股		
			其他综合收益		
			专项储备		
			盈余公积		
			未分配利润		
			所有者权益（或股东权益）合计		
资产总计			负债和所有者权益（或股东权益）总计		

13.1.2　资产负债表的编制

1. 资产负债表项目的填列方法

资产负债表各项目均需填列"期末余额"和"上年年末余额"两栏。

资产负债表的"上年年末余额"栏内各项数字，应根据上年年末资产负债表的"期末余额"栏内所列数字填列。如果上年度资产负债表规定的各个项目的名称和内容与本年度不相一致，应按照本年度的规定对上年年末资产负债表各项目的名称和内容进行调整，填入本表"上年年末余额"栏内。

资产负债表的"期末余额"栏主要有以下 5 种填列方法。

（1）根据总账科目余额填列。例如："短期借款""资本公积"等项目，根据"短期借款""资本公积"各总账科目的余额直接填列；有些项目则需根据几个总账科目的期末余额计算填列，如"货币资金"项目，需根据"库存现金""银行存款""其他货币资金" 3 个总账科目的期末余额的合计数填列。

（2）根据明细账科目余额计算填列。例如："应付账款"项目，需要根据"应付账款"和"预付账款"两个科目所属的相关明细科目的期末贷方余额计算填列；"预付款项"项目，需要根据"应付账款"科目和"预付账款"科目所属的相关明细科目的期末借方余额减去与"预付账款"有关的坏账准备贷方余额计算填列；"预收款项"项目，需要根据"应收账款"科目和"预收账款"科目所属相关明细科目的期末贷方余额合计填列；"开发支出"项目，需要根据"研发支出"科目中所属的"资本化支出"明细科目期末余额计算填列；"应付职工薪酬"项目，需要根据"应付职工薪酬"科目的明细科目期末余额计算填列；"一年内到期的非流动资产""一年内到期的非流动负债"项目，需要根据相关非流动资产和非流动负债科目的明细科目余额计算填列；"未分配利润"项目，需要根据"利润分配"科目中所属的"未分配利润"明细科目期末余额填列。

（3）根据总账科目和明细账科目余额分析计算填列。例如："长期借款"项目，需要根据"长期借款"总账科目余额扣除"长期借款"科目所属的明细科目中将在一年内到期且企业不能自主地将清偿义务展期的长期借款后的金额计算填列；"其他非流动资产"项目，应根据有关科目的期末余额减去将于一年内（含一年）收回数后的金额计算填列；"其他非流动负债"项目，应根据有关科目的期末余额减去将于一年内（含一年）到期偿还数后的金额计算填列。

（4）根据有关科目余额减去其备抵科目余额后的净额填列。例如：资产负债表中"应收票据""应收账款""长期股权投资""在建工程"等项目，应当根据"应收票据""应收账款""长期股权投资""在建工程"等科目的期末余额减去"坏账准备""长期股权投资减值准备""在建工程减值准备"等备抵科目余额后的净额填列；"投资性房地产"（采用成本模式计量）、"固定资产"项目，应当根据"投资性房地产""固定资产"科目的期末余额，减去"投资性房地产累计折旧""投资性房地产减值准备""累计折旧""固定资产减值准备"等备抵科目的期末余额，以及"固定资产清理"科目期末余额后的净额填列；"无形资产"项目，应当根据"无形资产"科目的期末余额，减去"累计摊销""无形资产减值准备"等备抵科目余额后的净额填列。

（5）综合运用上述填列方法分析填列。例如：资产负债表中的"存货"项目，需要根据"原材料""库存商品""委托加工物资""周转材料""材料采购""在途物资""发出商品""材料成本差异"等总账科目期末余额的分析汇总数，再减去"存货跌价准备"科目余额后的净额填列。

2. 资产负债表项目的填列说明

（1）资产项目的填列说明。

① "货币资金"项目，反映企业库存现金、银行结算户存款、外埠存款、银行汇票存款、银行本票存款、信用卡存款、信用证保证金存款等的合计数。该项目应根据 "库存现金" "银行存款" "其他货币资金" 科目期末余额的合计数填列。

② "交易性金融资产"项目，反映资产负债表日企业分类为以公允价值计量且其变动计入当期损益的金融资产，以及企业持有的指定为以公允价值计量且其变动计入当期损益的金融资产的期末账面价值。该项目应根据 "交易性金融资产" 科目的相关明细科目期末余额分析填列。自资产负债表日起超过一年到期且预期持有超过一年的以公允价值计量且其变动计入当期损益的非流动金融资产的期末账面价值，在 "其他非流动金融资产" 项目反映。

③ "应收票据"项目，反映资产负债表日以摊余成本计量的、企业因销售商品、提供服务等收到的商业汇票，包括银行承兑汇票和商业承兑汇票。该项目应根据 "应收票据" 科目的期末余额，减去 "坏账准备" 科目中相关坏账准备期末余额后的金额分析填列。

④ "应收账款"项目，反映资产负债表日以摊余成本计量的、企业因销售商品、提供服务等经营活动应收取的款项。该项目应根据 "应收账款" 科目的期末余额，减去 "坏账准备" 科目中相关坏账准备期末余额后的金额分析填列。

⑤ "应收款项融资"项目，反映资产负债表日以公允价值计量且其变动计入其他综合收益的应收票据和应收账款等。

⑥ "预付款项"项目，反映企业按照购货合同规定预付给供应单位的款项等。该项目应根据 "预付账款" 和 "应付账款" 科目所属各明细科目的期末借方余额合计数，减去 "坏账准备" 科目中有关预付账款计提的坏账准备期末余额后的净额填列。例如 "预付账款" 科目所属明细科目期末为贷方余额的，应在资产负债表 "应付账款" 项目内填列。

⑦ "其他应收款"项目，反映企业除应收票据、应收账款、预付账款等经营活动以外的其他各种应收、暂付的款项。该项目应根据 "应收利息" "应收股利" "其他应收款" 科目的期末余额合计数，减去 "坏账准备" 科目中相关坏账准备期末余额后的金额填列。其中的 "应收利息" 仅反映相关金融工具已到期可收取但于资产负债表日尚未收到的利息。基于实际利率法计提的金融工具的利息应包含在

相应金融工具的账面余额中。

⑧"存货"项目，反映企业期末在库、在途和在加工中的各种存货的可变现净值或成本（成本与可变现净值孰低）。存货包括各种材料、商品、在产品、半成品、包装物、低值易耗品、发出商品等。该项目应根据"材料采购""原材料""库存商品""周转材料""委托加工物资""发出商品""生产成本""委托代销商品"等科目的期末余额合计数，减去"受托代销商品款""存货跌价准备"科目期末余额后的净额填列。材料采用计划成本核算，以及库存商品采用计划成本核算或售价核算的企业，还应按加减材料成本差异、商品进销差价后的金额填列。

⑨"其他流动资产"项目，是指除"货币资金、短期投资、应收票据、应收账款、其他应收款、存货"等流动资产科目以外的流动资产。还有一般情况下，企业的"待处理流动资产净损益"科目还有未处理转帐时，报表时也记在"其他流动资产"项目中。

⑩"合同资产"项目，反映企业按照《企业会计准则第14号——收入》的相关规定，根据本企业履行履约义务与客户付款之间的关系在资产负债表中列示的合同资产。"合同资产"项目应根据"合同资产"科目的相关明细科目期末余额分析填列，同一合同下的合同资产和合同负债应当以净额列示。其中净额为借方余额的，应当根据其流动性在"合同资产"或"其他非流动资产"项目中填列，已计提减值准备的，还应以减去"合同资产减值准备"科目中相关的期末余额后的金额填列；其中净额为贷方余额的，应当根据其流动性在"合同负债"或"其他非流动负债"项目中填列。

⑪"持有待售资产"项目，反映资产负债表日划分为持有待售类别的非流动资产及划分为持有待售类别的处置组中的流动资产和非流动资产的期末账面价值。该项目应根据"持有待售资产"科目的期末余额，减去"持有待售资产减值准备"科目的期末余额后的金额填列。

⑫"一年内到期的非流动资产"项目，反映企业预计自资产负债表日起一年内变现的非流动资产。该项目应根据有关科目的期末余额分析填列。对于按照相关会计准则采用折旧（或摊销、折耗）方法进行后续计量的固定资产、使用权资产、无形资产和长期待摊费用等非流动资产，折旧（或摊销、折耗）年限（或期限）只剩一年或不足一年的，或预计在一年内（含一年）进行折旧（或摊销、折耗）的部分，不得归类为流动资产，仍在各该非流动资产项目中填列，不转入"一

年内到期的非流动资产"项目。

⑬ "债权投资"项目，反映资产负债表日企业以摊余成本计量的长期债权投资的期末账面价值。该项目应根据"债权投资"科目的相关明细科目期末余额，减去"债权投资减值准备"科目中相关减值准备的期末余额后的金额分析填列。自资产负债表日起一年内到期的长期债权投资的期末账面价值，在"一年内到期的非流动资产"项目反映。企业购入的以摊余成本计量的一年内到期的债权投资的期末账面价值，在"其他流动资产"项目反映。

⑭ "其他债权投资"项目，反映资产负债表日企业分类为以公允价值计量且其变动计入其他综合收益的长期债权投资的期末账面价值。该项目应根据"其他债权投资"科目的相关明细科目期末余额分析填列。自资产负债表日起一年内到期的长期债权投资的期末账面价值，在"一年内到期的非流动资产"项目反映。企业购入的以公允价值计量且其变动计入其他综合收益的一年内到期的债权投资的期末账面价值，在"其他流动资产"项目反映。

⑮ "长期应收款"项目，反映企业租赁产生的应收款项和采用递延方式分期收款、实质上具有融资性质的销售商品和提供劳务等经营活动产生的应收款项。该项目应根据"长期应收款"科目的期末余额，减去相应的"未实现融资收益"科目和"坏账准备"科目所属相关明细科目期末余额后的金额填列。

⑯ "长期股权投资"项目，反映投资方对被投资单位实施控制、重大影响的权益性投资，以及对其合营企业的权益性投资。该项目应根据"长期股权投资"科目的期末余额，减去"长期股权投资减值准备"科目的期末余额后的净额填列。

⑰ "投资性房地产"项目，它反映了为赚取租金或资本增值，或两者兼有而持有的房地产，报表时记在"投资性房地产"项目中。

⑱ "其他权益工具投资"项目，反映资产负债表日企业指定为以公允价值计量且其变动计入其他综合收益的非交易性权益工具投资的期末账面价值。该项目应根据"其他权益工具投资"科目的期末余额填列。

⑲ "固定资产"项目，反映资产负债表日企业固定资产的期末账面价值和企业尚未清理完毕的固定资产清理净损益。该项目应根据"固定资产"科目的期末余额，减去"累计折旧"和"固定资产减值准备"科目的期末余额后的金额，以及"固定资产清理"科目的期末余额填列。

⑳ "在建工程"项目，反映资产负债表日企业尚未达到预定可使用状态的在

建工程的期末账面价值和企业为在建工程准备的各种物资的期末账面价值。该项目应根据"在建工程"科目的期末余额，减去"在建工程减值准备"科目的期末余额后的金额，以及"工程物资"科目的期末余额，减去"工程物资减值准备"科目的期末余额后的金额填列。

㉑"使用权资产"项目，反映资产负债表日承租人企业持有的使用权资产的期末账面价值。该项目应根据"使用权资产"科目的期末余额，减去"使用权资产累计折旧"和"使用权资产减值准备"科目的期末余额后的金额填列。

㉒"生产性生物资产"项目，它是指为产出农产品、提供劳务或出租等目的而持有的生物资产，包括经济林、薪炭林、产畜和役畜等。

㉓"油气资源产"项目，它核算企业（石油天然气开采）持有的矿区权益和油气井及相关设施的原价。企业（石油天然气开采）可以单独设置"油气资产清理"科目，比照"固定资产清理"科目进行处理。企业（石油天然气开采）与油气开采活动相关的辅助设备及设施在"固定资产"科目核算。

㉔"无形资产"项目，反映企业持有的专利权、非专利技术、商标权、著作权、土地使用权等无形资产的成本减去累计摊销和减值准备后的净值。该项目应根据"无形资产"科目的期末余额，减去"累计摊销"和"无形资产减值准备"科目期末余额后的净额填列。

㉕"开发支出"项目，反映企业开发无形资产过程中能够资本化形成无形资产成本的支出部分。该项目应当根据"研发支出"科目中所属的"资本化支出"明细科目期末余额填列。

㉖"商誉"项目　是指企业合并过程中，购买方的合并成本大于合并中取得的被购买方可辨认净资产公允价值的差额。换个角度看，商誉是能在未来期间为企业带来超额利润的潜在经济价值。该项目根据"商誉"账户的余额减去"商誉减值准备"账户余额后的差额填列。

㉗"长期待摊费用"项目，反映企业已经发生但应由本期和以后各期负担的分摊期限在一年以上的各项费用。长期待摊费用中在一年内（含一年）摊销的部分，在资产负债表"一年内到期的非流动资产"项目填列。该项目应根据"长期待摊费用"科目的期末余额，减去将于一年内（含一年）摊销的数额后的金额分析填列。

㉘"递延所得税资产"项目，反映企业根据《企业会计准则第 18 号——所

得税》确认的可抵扣暂时性差异产生的所得税资产。该项目应根据"递延所得税资产"科目的期末余额填列。

㉙"其他非流动资产"项目，反映企业除上述非流动资产以外的其他非流动资产。该项目应根据有关科目的期末余额填列。

（2）负债项目的填列说明。

①"短期借款"项目，反映企业向银行或其他金融机构等借入的期限在一年以下（含一年）的各种借款。该项目应根据"短期借款"科目的期末余额填列。

②"交易性金融负债"项目，反映企业资产负债表日承担的交易性金融负债，以及企业持有的直接指定为以公允价值计量且其变动计入当期损益的金融负债的期末账面价值；该项目应根据"交易性金融负债"科目的相关明细科目期末余额填列。

③"应付票据"项目，反映资产负债表日以摊余成本计量的、企业因购买材料、商品和接受服务等开出、承兑的商业汇票，包括银行承兑汇票和商业承兑汇票。该项目应根据"应付票据"科目的期末余额填列。

④"应付账款"项目，反映资产负债表日以摊余成本计量的、企业因购买材料、商品和接受服务等经营活动应支付的款项。该项目应根据"应付账款"和"预付账款"科目所属的相关明细科目的期末贷方余额合计数填列。

⑤"预收款项"项目，反映企业按照购货合同规定预收供应单位的款项。该项目应根据"预收账款"和"应收账款"科目所属各明细科目的期末贷方余额合计数填列。例如"预收账款"科目所属明细科目期末为借方余额的，应在资产负债表"应收账款"项目内填列。

⑥"合同负债"项目，反映企业按照《企业会计准则第14号——收入》的相关规定，根据本企业履行履约义务与客户付款之间的关系在资产负债表中列示的合同负债。"合同负债"项目应根据"合同负债"的相关明细科目期末余额分析填列。

⑦"应付职工薪酬"项目，反映企业为获得职工提供的服务或解除劳动关系而给予的各种形式的报酬或补偿。企业提供给职工配偶、子女、受赡养人、已故员工遗属及其他受益人等的福利，也属于职工薪酬。职工薪酬主要包括短期薪酬、离职后福利、辞退福利和其他长期职工福利。该项目应根据"应付职工薪酬"科目所属各明细科目的期末贷方余额分析填列。外商投资企业按规定从净利润中提

取的职工奖励及福利基金，也在该项目列示。

⑧ "应交税费" 项目，反映企业按照税法规定计算应缴纳的各种税费，包括增值税、消费税、城市维护建设税、教育费附加、企业所得税、资源税、土地增值税、房产税、土地使用税、车船税、矿产资源补偿费等。企业代扣代缴的个人所得税，也通过该项目列示。企业所缴纳的税金不需要预计应交数的，不在该项目列示。该项目应根据 "应交税费" 科目的期末贷方余额填列，如 "应交税费" 科目期末为借方余额，应以 "－" 号填列。需要说明的是： "应交税费" 科目下的 "应交增值税" "未交增值税" "待抵扣进项税额" "待认证进项税额" "增值税留抵税额" 等明细科目期末借方余额应根据情况，在资产负债表中的 "其他流动资产" 或 "其他非流动资产" 项目列示； "应交税费——待转销项税额" 等科目期末贷方余额应根据情况，在资产负债表中的 "其他流动负债" 或 "其他非流动负债" 项目列示； "应交税费" 科目下的 "未交增值税" "简易计税" "转让金融商品应交增值税" "代扣代缴增值税" 等科目期末贷方余额应在资产负债表中的 "应交税费" 项目列示。

⑨ "其他应付款" 项目，反映企业除应付票据、应付账款、预收账款、应付职工薪酬、应交税费等经营活动以外的其他各项应付、暂收的款项。该项目应根据 "应付利息" "应付股利" "其他应付款" 科目的期末余额合计数填列。其中， "应付利息" 科目仅反映相关金融工具已到期应支付但于资产负债表日尚未支付的利息。基于实际利率法计提的金融工具的利息应包含在相应金融工具的账面余额中。

⑩ "持有待售负债" 项目，反映资产负债表日处置组中与划分为持有待售类别的资产直接相关的负债的期末账面价值。该项目应根据 "持有待售负债" 科目的期末余额填列。

⑪ "一年内到期的非流动负债" 项目，反映企业非流动负债中将于资产负债表日后一年内到期部分的金额，如将于一年内偿还的长期借款。该项目应根据有关科目的期末余额分析填列。

⑫ "其他流动负债" 项目，是指不能归于 "短期借款、应度付短期债券、应付票据、应付帐款、应付所得税、其他应知付款、预收账款" 这七个科目的流动负债。但以上各款流动负债，其金额未超过流动负债合计金额百分之五者，得并入其他流流动负债。

⑬ "长期借款"项目，反映企业向银行或其他金融机构借入的期限在一年以上（不含一年）的各项借款。该项目应根据"长期借款"科目的期末余额，扣除"长期借款"科目所属的明细科目中将在资产负债表日起一年内到期且企业不能自主地将清偿义务展期的长期借款后的金额计算填列。

⑭ "应付债券"项目，反映企业为筹集长期资金而发行的债券本金及应付的利息。该项目应根据"应付债券"科目的期末余额分析填列。对于资产负债表日企业发行的金融工具，分类为金融负债的，应在本项目填列，对于优先股和永续债还应在该项目下的"优先股"项目和"永续债"项目分别填列。

⑮ "租赁负债"项目，反映资产负债表日承租人企业尚未支付的租赁付款额的期末账面价值。该项目应根据"租赁负债"科目的期末余额填列。自资产负债表日起一年内到期应予以清偿的租赁负债的期末账面价值，在"一年内到期的非流动负债"项目反映。

⑯ "长期应付款"项目，反映资产负债表日企业除长期借款和应付债券以外的其他各种长期应付款项的期末账面价值。应根据"长期应付款"科目的期末余额，减去相关的"未确认融资费用"科目的期末余额后的金额，以及"专项应付款"科目的期末余额填列。

⑰ "预计负债"项目，反映企业根据《企业会计准则第13号——或有事项》等相关准则确认的各项预计负债，包括对外提供担保、未决诉讼、产品质量保证、重组义务以及固定资产和矿区权益弃置义务等产生的预计负债。该项目应根据"预计负债"科目的期末余额填列。企业按照《企业会计准则第22号——金融工具确认和计量》的相关规定，对贷款承诺等项目计提的损失准备，应当在该项目中填列。

⑱ "递延收益"项目，反映尚待确认的收入或收益。该项目核算包括企业根据《企业会计准则第16号——政府补助》确认的应在以后期间计入当期损益的政府补助金额、售后租回形成融资租赁的售价与资产账面价值差额等其他递延性收入。该项目应根据"递延收益"科目的期末余额填列。该项目中摊销期限只剩一年或不足一年的，或预计在一年内（含一年）进行摊销的部分，不得归类为流动负债，仍在该项目中填列，不转入"一年内到期的非流动负债"项目。

⑲ "递延所得税负债"项目，反映企业根据《企业会计准则第18号——所得税》确认的应纳税暂时性差异产生的所得税负债。该项目应根据"递延所得税

负债"科目的期末余额填列。

⑳ "其他非流动负债"项目，反映企业除以上非流动负债以外的其他非流动负债。该项目应根据有关科目期末余额，减去将于一年内（含一年）到期偿还数后的余额分析填列。非流动负债各项目中将于一年内（含一年）到期的非流动负债，应在"一年内到期的非流动负债"项目内反映。

（3）所有者权益项目的填列说明。

① "实收资本（或股本）"项目，反映企业各投资者实际投入的资本（或股本）总额。该项目应根据"实收资本（或股本）"科目的期末余额填列。

② "其他权益工具"项目，反映资产负债表日企业发行在外的除普通股以外分类为权益工具的金融工具的期末账面价值，并下设"优先股"和"永续债"两个项目，分别反映企业发行的分类为权益工具的优先股和永续债的账面价值。

③ "资本公积"项目，反映企业收到投资者出资超出其在注册资本或股本中所占的份额以及直接计入所有者权益的利得和损失等。该项目应根据"资本公积"科目的期末余额填列。

④ "其他综合收益"项目，反映企业其他综合收益的期末余额。该项目应根据"其他综合收益"科目的期末余额填列。

⑤ "专项储备"项目，反映高危行业企业按国家规定提取的安全生产费的期末账面价值。该项目应根据"专项储备"科目的期末余额填列。

⑥ "盈余公积"项目，反映企业盈余公积的期末余额。该项目应根据"盈余公积"科目的期末余额填列。

⑦ "未分配利润"项目，反映企业尚未分配的利润。该项目应根据"本年利润"科目和"利润分配"科目的余额计算填列。未弥补的亏损在该项目内以"－"号填列。

【例 13-1】2019 年 12 月 31 日，绿洲牧业股份公司的资产负债情况如下。

（1）"库存现金"科目余额为 0.1 万元，"银行存款"科目余额为 100.9 万元，"其他货币资金"科目余额为 99 万元。

（2）"应收票据"科目余额为 1 300 万元；"坏账准备"科目中有关应收票据计提的坏账准备余额为 45 万元。

（3）"发出商品"科目借方余额为 800 万元，"生产成本"科目借方余额为

300万元，"原材料"科目借方余额为100万元，"委托加工物资"科目借方余额为200万元，"材料成本差异"科目贷方余额为25万元，"存货跌价准备"科目贷方余额为100万元，"受托代销商品"科目借方余额为400万元，"受托代销商品款"科目贷方余额为400万元。

（4）绿洲牧业股份公司计划出售一项固定资产，该固定资产于2×19年12月31日被划分为持有待售固定资产，其账面价值为315万元，从划归为持有待售的下个月起停止计提折旧，不考虑其他因素。

（5）"固定资产"科目借方余额为4 000万元，"累计折旧"科目贷方余额为2 000万元，"固定资产减值准备"科目贷方余额为500万元，"固定资产清理"科目借方余额为500万元。

（6）"无形资产"科目借方余额为800万元，"累计摊销"科目贷方余额为200万元，"无形资产减值准备"科目贷方余额为100万元。

（7）"短期借款"科目的余额如下：银行质押借款为10万元，信用借款为40万元。

（8）"应付票据"科目的余额如下：银行承兑汇票25万元，商业承兑汇票10万元。

（9）"应付职工薪酬"科目明细项目如下：工资、奖金、津贴和补贴共计70万元，社会保险费（含医疗保险、工伤保险）为5万元，设定提存计划（含基本养老保险费）为2.5万元，住房公积金为2万元，工会经费和职工教育经费为0.5万元。

（10）"长期借款"科目余额为155万元，其中自乙银行借入的5万元借款将于一年内到期，绿洲牧业股份公司不具有自主展期清偿的权利。

（11）绿洲牧业股份公司是由A公司于2×01年3月1日注册成立的有限责任公司，注册资本为人民币5 000元，A公司以货币资金人民币5 000万元出资，占注册资本的100%，持有绿洲牧业股份公司100%的权益。上述实收资本已于2×01年3月1日经相关会计师事务所出具的验资报告验证。该资本投入自2×01年起至2×19年年末未发生变动。

本例中，2×19年12月31日，绿洲牧业股份公司资产负债表应填列如下。

（1）"货币资金"项目"期末余额"栏的列报金额=0.1+100.9+99=200（万元）。

（2）"应收票据"项目"期末余额"栏的列报金额=1 300-45=1 255（万元）。

（3）"存货"项目"期末余额"栏的列报金额=800+300+100+200-25-100+400-

400=1 275（万元）。

（4）"持有待售资产"项目"期末余额"栏的列报金额为 315 万元。

（5）"固定资产"项目"期末余额"栏的列报金额 =4 000−2 000−500+500=2 000（万元）。

（6）"无形资产"项目"期末余额"栏的列报金额 =800−200−100=500（万元）。

（7）"短期借款"项目"期末余额"栏的列报金额 =10+40=50（万元）。

（8）"应付票据"项目"期末余额"栏的列报金额 =25+10=35（万元）。

（9）"应付职工薪酬"项目"期末余额"栏的列报金额 =70+5+2.5+2+0.5=80（万元）。

（10）"长期借款"项目"期末余额"栏的列报金额 =155−5=150（万元），"一年内到期的非流动负债"项目"期末余额"栏的列报金额为 5 万元。

（11）"实收资本（或股本）"项目"期末余额"栏的列报金额为 5 000 万元。

据此，绿洲牧业股份公司编制的 2×19 年 12 月 31 日的资产负债表如表 13-2 所示。

表 13-2　资产负债表

会企 01 表

编制单位：绿洲牧业股份公司　　　　2×19 年 12 月 31 日　　　　单位：元

资产	期末余额	上年年末余额	负债和所有者权益（或股东权益）	期末余额	上年年末余额
流动资产：			流动负债：		
货币资金	2 000 000		短期借款	500 000	
交易性金融资产			交易性金融负债		
衍生金融资产			衍生金融负债		
应收票据	2 550 000		应付票据	350 000	
应收账款			应付账款		
应收款项融资			预收款项		
预付款项			合同负债		
其他应收款			应付职工薪酬	800 000	
存货	2 750 000		应交税费		

资产	期末余额	上年年末余额	负债和所有者权益（或股东权益）	期末余额	上年年末余额
合同资产			其他应付款		
持有待售资产	3 150 000		持有待售负债		
一年内到期的非流动资产			一年内到期的非流动负债	50 000	
其他流动资产			其他流动负债		
流动资产合计	30 450 000		流动负债合计	1 700 000	
非流动资产：			非流动负债：		
债权投资			长期借款	1 500 000	
其他债权投资			应付债券		
长期应收款			其中：优先股		
长期股权投资			永续债		
其他权益工具投资			租赁负债		
其他非流动金融资产			长期应付款		
投资性房地产			预计负债		
固定资产	20 000 000		递延收益		
在建工程			递延所得税负债		
生产性生物资产			其他非流动负债		
油气资产			非流动负债合计	1 500 000	
使用权资产			负债合计	3 200 000	
无形资产	5 000 000		所有者权益（或股东权益）：		
开发支出			实收资本（或股本）	50 000 000	
商誉			其他权益工具		
长期待摊费用			其中：优先股		

资产	期末余额	上年年末余额	负债和所有者权益（或股东权益）	期末余额	上年年末余额
递延所得税资产			永续债		
其他非流动资产			资本公积		
非流动资产合计	25 000 000		减：库存股		
			其他综合收益		
			专项储备		
			盈余公积		
			未分配利润	2 250 000	
			所有者权益（或股东权益）合计	52 250 000	
资产总计	55 450 000		负债和所有者权益（或股东权益）总计	55 450 000	

13.2　利润表

利润表，又称损益表，是反映企业在一定会计期间的经营成果的报表。

通过利润表，可以反映企业在一定会计期间收入、费用、利润（或亏损）的金额和构成情况，为财务报表使用者全面了解企业的经营成果、分析企业的获利能力及盈利增长趋势、做出经济决策提供依据。

13.2.1　利润表的结构

利润表的结构有单步式和多步式两种。单步式利润表是将当期所有的收入列在一起，所有的费用列在一起，然后将两者相减得出当期净损益。我国企业的利润表采用多步式格式，即通过对当期的收入、费用、支出项目按性质加以归类，按利润形成的主要环节列示一些中间性利润指标，分步计算当期净损益，以便财务报表使用者理解企业经营成果的不同来源。

利润表一般由表头、表体两部分组成。表头部分应列明报表名称、编制单位名称、编制日期、报表编号和计量单位。表体部分为利润表的主体，列示了形成经营成果的各个项目和计算过程。

为了使财务报表使用者通过比较不同期间利润的实现情况，判断企业经营成果的未来发展趋势，企业需要提供比较利润表。为此，利润表金额栏分为"本期金额"和"上期金额"两栏分别填列。我国一般企业利润表的格式如表13-3所示。

表 13-3 利润表

会企 02 表

编制单位：　　　　　　　年　　　月　　　　　　　　　　　　单位：元

项目	本期金额	上期金额
一、营业收入		
减：营业成本		
税金及附加		
销售费用		
管理费用		
研发费用		
财务费用		
其中：利息费用		
利息收入		
加：其他收益		
投资收益（损失以"–"号填列）		
其中：对联营企业和合营企业的投资收益		
以摊余成本计量的金融资产终止确认收益（损失以"–"号填列）		
净敞口套期收益（损失以"–"号填列）		
公允价值变动收益（损失以"–"号填列）		
信用减值损失（损失以"–"号填列）		

项目	本期金额	上期金额
资产减值损失（损失以"-"号填列）		
资产处置收益（损失以"-"号填列）		
二、营业利润（亏损以"-"号填列）		
加：营业外收入		
减：营业外支出		
三、利润总额（亏损总额以"-"号填列）		
减：所得税费用		
四、净利润（净亏损以"-"号填列）		
（一）持续经营净利润（净亏损以"-"号填列）		
（二）终止经营净利润（净亏损以"-"号填列）		
五、其他综合收益的税后净额		
（一）不能重分类进损益的其他综合收益		
1. 重新计量设定受益计划变动额		
2. 权益法下不能转损益的其他综合收益		
3. 其他权益工具投资公允价值变动		
4. 企业自身信用风险公允价值变动		
……		
（二）将重分类进损益的其他综合收益		
1. 权益法下可转损益的其他综合收益		
2. 其他债权投资公允价值变动		
3. 金融资产重分类计入其他综合收益的金额		
4. 其他债权投资信用减值准备		
5. 现金流量套期储备		
6. 外币财务报表折算差额		
……		
六、综合收益总额		

项目	本期金额	上期金额
七、每股收益:		
(一)基本每股收益		
(二)稀释每股收益		

13.2.2　利润表的编制

利润表编制的原理是"收入 - 费用 = 利润"这一会计平衡公式和收入与费用的配比原则。企业在生产经营中不断地取得各项收入,同时发生各种费用,收入减去费用剩余部分为企业的盈利。如果企业经营不善,发生的生产经营费用超过取得的收入,超过部分为企业的亏损。将取得的收入和发生的相关费用进行对比,对比结果表现为企业的经营成果。企业将经营成果的核算过程和结果编成报表,即利润表。

1. 利润表项目的填列方法

我国一般企业利润表的主要编制步骤和内容如下。

第 1 步,以营业收入为基础,减去营业成本、税金及附加、销售费用、管理费用、研发费用、财务费用,加上其他收益、投资收益(或减去投资损失)、净敞口套期收益(或减去净敞口套期损失)、公允价值变动收益(或减去公允价值变动损失)、信用减值损失、资产减值损失、资产处置收益(或减去资产处置损失),计算出营业利润。

第 2 步,以营业利润为基础,加上营业外收入,减去营业外支出,计算出利润总额。

第 3 步,以利润总额为基础,减去所得税费用,计算出净利润(或净亏损)。

第 4 步,以净利润(或净亏损)为基础,计算出每股收益。

第 5 步,以净利润(或净亏损)和其他综合收益为基础,计算出综合收益总额。

利润表各项目均需填列"本期金额"和"上期金额"两栏。其中"上期金额"栏内各项数字,应根据上年该期利润表的"本期金额"栏内所列数字填列。"本期金额"栏内各期数字,除"基本每股收益"和"稀释每股收益"项目外,应当按照相关科目的发生额分析填列。例如:"营业收入"项目,根据"主营业务收入""其他业务收入"科目的发生额分析计算填列；"营业成本"项目，根据"主营业务成本""其他业务成本"科目的发生额分析计算填列。

2. 利润表主要项目的填列说明

（1）"营业收入"项目，反映企业经营主要业务和其他业务所确认的收入总额。该项目应根据"主营业务收入"和"其他业务收入"科目的发生额分析填列。

（2）"营业成本"项目，反映企业经营主要业务和其他业务所发生的成本总额。该项目应根据"主营业务成本"和"其他业务成本"科目的发生额分析填列。

（3）"税金及附加"项目，反映企业经营业务应负担的消费税、城市维护建设税、教育费附加、资源税、土地增值税、房产税、车船税、土地使用税、印花税等相关税费。该项目应根据"税金及附加"科目的发生额分析填列。

（4）"销售费用"项目，反映企业在销售商品过程中发生的包装费、广告费等费用和为销售本企业商品而专设的销售机构的职工薪酬、业务费等经营费用。该项目应根据"销售费用"科目的发生额分析填列。

（5）"管理费用"项目，反映企业为组织和管理生产经营发生的管理费用。该项目应根据"管理费用"科目的发生额分析填列。

（6）"研发费用"项目，反映企业进行研究与开发过程中发生的费用化支出，以及计入管理费用的自行开发无形资产的摊销。该项目应根据"管理费用"科目下的"研究费用"明细科目的发生额以及"管理费用"科目下"无形资产摊销"明细科目的发生额分析填列。

（7）"财务费用"项目，反映企业为筹集生产经营所需资金等而发生的应予费用化的利息支出。该项目应根据"财务费用"科目的相关明细科目发生额分析填列。其中："利息费用"项目，反映企业为筹集生产经营所需资金等而发生的应予费用化的利息支出，该项目应根据"财务费用"科目的相关明细科目的发生额分析填列；"利息收入"项目，反映企业应冲减财务费用的利息收入，该项目应根据"财务费用"科目的相关明细科目的发生额分析填列。

（8）"其他收益"项目，反映计入其他收益的政府补助，以及其他与日常活动相关且计入其他收益的项目。该项目应根据"其他收益"科目的发生额分析填列。企业作为个人所得税的扣缴义务人，根据《中华人民共和国个人所得税法》收到的扣缴税款手续费，应作为其他与日常活动相关的收益在该项目中填列。

（9）"投资收益"项目，反映企业以各种方式对外投资所取得的收益。该项目应根据"投资收益"科目的发生额分析填列；如为投资损失，该项目以"–"号填列。

（10）"净敞口套期收益"项目，反映净敞口套期下被套期项目累计公允价值变动转入当期损益的金额或现金流量套期储备转入当期损益的金额。该项目应根据"净敞口套期损益"科目的发生额分析填列；如为套期损失，以"–"号填列。

（11）"公允价值变动收益"项目，反映企业应当计入当期损益的资产或负债的公允价值变动收益。该项目应根据"公允价值变动损益"科目的发生额分析填列；如为净损失，该项目以"–"号填列。

（12）"信用减值损失"项目，反映企业按照《企业会计准则第22号——金融工具确认和计量》的要求计提的各项金融工具信用减值准备所确认的信用损失。该项目应根据"信用减值损失"科目的发生额分析填列。

（13）"资产减值损失"项目，反映企业有关资产发生的减值损失。该项目应根据"资产减值损失"科目的发生额分析填列。

（14）"资产处置收益"项目，反映企业出售划分为持有待售的非流动资产（金融工具、长期股权投资和投资性房地产除外）或处置组（子公司和业务除外）时确认的处置利得或损失，以及处置未划分为持有待售的固定资产、在建工程、生产性生物资产及无形资产而产生的处置利得或损失。债务重组中因处置非流动资产（金融工具、长期股权投资和投资性房地产除外）产生的利得或损失和非货币性资产交换中换出非流动资产（金融工具、长期股权投资和投资性房地产除外）产生的利得或损失也包括在本项目内。该项目应根据"资产处置损益"科目的发生额分析填列；如为处置损失，以"–"号填列。

（15）"营业利润"项目，反映企业实现的营业利润。如为亏损，该项目以"–"号填列。

（16）"营业外收入"项目，反映企业发生的除营业利润以外的收益，主要包括与企业日常活动无关的政府补助、盘盈利得、捐赠利得（企业接受股东或股东的子公司直接或间接的捐赠，经济实质属于股东对企业的资本性投入的除外）等。该项目应根据"营业外收入"科目的发生额分析填列。

（17）"营业外支出"项目，反映企业发生的除营业利润以外的支出，主要包括公益性捐赠支出、非常损失、盘亏损失、非流动资产毁损报废损失等。该项目应根据"营业外支出"科目的发生额分析填列。"非流动资产毁损报废损失"通常包括因自然灾害发生毁损、已丧失使用功能等原因而报废清理产生的损失。企业在不同交易中形成的非流动资产毁损报废利得和损失不得相互抵销，应分别在"营业外收入"项目和"营业外支出"项目进行填列。

（18）"利润总额"项目，反映企业实现的利润。如为亏损，该项目以"－"号填列。

（19）"所得税费用"项目，反映企业应从当期利润总额中扣除的所得税费用。该项目应根据"所得税费用"科目的发生额分析填列。

（20）"净利润"项目，反映企业实现的净利润。如为亏损，该项目以"－"号填列。

（21）"其他综合收益的税后净额"项目，反映企业根据企业会计准则规定未在损益中确认的各项利得和损失扣除所得税影响后的净额。

（22）"综合收益总额"项目，反映企业净利润与其他综合收益（税后净额）的合计金额。

（23）"每股收益"项目，包括基本每股收益和稀释每股收益两项指标，反映普通股或潜在普通股已公开交易的企业，以及正处在公开发行普通股或潜在普通股过程中的企业的每股收益信息。

（24）"（一）持续经营净利润"和"（二）终止经营净利润"项目，分别反映净利润中与持续经营相关的净利润和与终止经营相关的净利润；如为净亏损，以"－"号填列。这两个项目应按照《企业会计准则第42号——持有待售的非流动资产、处置组和终止经营》的相关规定分别列报。

（25）"其他权益工具投资公允价值变动"项目，反映企业指定为以公允价值计量且其变动计入其他综合收益的非交易性权益工具投资发生的公允价值变动。该项目应根据"其他综合收益"科目的相关明细科目的发生额分析填列。

（26）"企业自身信用风险公允价值变动"项目，反映企业指定为以公允价值计量且其变动计入当期损益的金融负债，由企业自身信用风险变动引起的公允价值变动而计入其他综合收益的金额。该项目应根据"其他综合收益"科目的相关明细科目的发生额分析填列。

（27）"其他债权投资公允价值变动"项目，反映企业分类为以公允价值计量且其变动计入其他综合收益的债权投资发生的公允价值变动。企业将一项以公允价值计量且其变动计入其他综合收益的金融资产重分类为以摊余成本计量的金融资产，或重分类为以公允价值计量且其变动计入当期损益的金融资产时，之前计入其他综合收益的累计利得或损失从其他综合收益中转出的金额作为该项目的减项。该项目应根据"其他综合收益"科目下的相关明细科目的发生额分析填列。

（28）"金融资产重分类计入其他综合收益的金额"项目，反映企业将一项以摊余成本计量的金融资产重分类为以公允价值计量且其变动计入其他综合收益的金融资产时，计入其他综合收益的原账面价值与公允价值之间的差额。该项目应根据"其他综合收益"科目下的相关明细科目的发生额分析填列。

（29）"其他债权投资信用减值准备"项目，反映企业按照《企业会计准则第22号——金融工具确认和计量》第十八条分类为以公允价值计量且其变动计入其他综合收益的金融资产的损失准备。该项目应根据"其他综合收益"科目下的"信用减值准备"明细科目的发生额分析填列。

（30）"现金流量套期储备"项目，反映企业套期工具产生的利得或损失中属于套期有效的部分。该项目应根据"其他综合收益"科目下的"套期储备"明细科目的发生额分析填列。

【例13-2】美美鲜花股份有限公司为一家农业种植企业，其经营范围包括：鲜花的生产和销售；鲜花种植技术咨询；花肥、花种的销售，其2×19年度经营情况如下。

（1）"主营业务收入"科目发生额明细如下所示：鲜花销售收入合计8 000万元，技术咨询收入合计1 400万元。"其他业务收入"科目发生额合计600万元。

（2）"主营业务成本"科目发生额合计7 500万元，"其他业务成本"科目发生额合计500万元。

（3）"税金及附加"科目的发生额如下所示：城市维护建设税合计50万元，教育费附加合计30万元，房产税合计400万元，土地使用税合计20万元。

（4）"管理费用"科目发生额合计600万元。

（5）"财务费用"科目的发生额如下所示：银行长期借款利息费用合计400万元，银行短期借款利息费用合计90万元，银行存款利息收入合计8万元，银行手续费支出合计 18 万元。

（6）"投资收益"科目的发生额如下所示：按权益法核算的长期股权投资收益合计 290 万元，按成本法核算的长期股权投资收益合计 200 万元，处置长期股权投资发生的投资损失合计 500 万元。

（7）"资产减值损失"科目的发生额如下所示：存货减值损失合计 85 万元，固定资产减值损失合计 189 万元，无形资产减值损失合计 26 万元。

（8）"营业外收入"科目的发生额如下所示：接受无偿捐赠利得合计 68 万元，现金盘盈利得合计 2 万元。

（9）"营业外支出"科目的发生额如下所示：固定资产盘亏损失 14 万元，罚没支出合计 10 万元，捐赠支出合计 4 万元，其他支出合计 2 万元。

（10）美美鲜花股份有限公司 2×19 年度"所得税费用"科目的发生额合计 36 万元。

本例中，2×19 年 12 月 31 日，美美鲜花股份有限公司经营情况应填列如下。

（1）"营业收入"项目"本期金额"栏的列报金额 =8 000+1 400+600=10 000（万元）。

（2）"营业成本"项目"本期金额"栏的列报金额 =7 500+500=8 000（万元）。

（3）"税金及附加"项目"本期金额"栏的列报金额 =50+30+400+20=500（万元）。

（4）"管理费用"项目"本期金额"栏的列报金额为 600 万元。

（5）"财务费用"项目"本期金额"栏的列报金额 =400+90-8+18=500（万元）。

（6）"投资收益"项目"本期金额"栏的列报金额 =290+200-500=-10（万元）。

（7）"资产减值损失"项目"本期金额"栏的列报金额 =85+189+26=300（万元）。

（8）"营业外收入"项目"本期金额"栏的列报金额 =68+2=70（万元）。

（9）"营业外支出"项目"本期金额"栏的列报金额 =14+10+4+2=30（万元）。

（10）"所得税费用"项目"本期金额"栏的列报金额为 36 万元。

据此，美美鲜花股份有限公司编制的 2×19 年度利润表如表 13-4 所示。

表 13-4　利润表

会企 02 表

编制单位：美美鲜花股份有限公司　2×19 年 12 月　　　　　　　　单位：元

项目	本期金额	上期金额
一、营业收入	100 000 000	
减：营业成本	80 000 000	
税金及附加	5 000 000	
销售费用		
管理费用	6 000 000	
研发费用		
财务费用	5 000 000	
其中：利息费用	5 080 000	
利息收入	80 000	
加：其他收益		
投资收益（损失以"－"号填列）	−100 000	
其中：对联营企业和合营企业的投资收益	2 900 000	
以摊余成本计量的金融资产终止确认收益（损失以"－"号填列）		
净敞口套期收益（损失以"－"号填列）		
公允价值变动收益（损失以"－"号填列）		
信用减值损失（损失以"－"号填列）		
资产减值损失（损失以"－"号填列）	−3 000 000	
资产处置收益（损失以"－"号填列）		
二、营业利润（亏损以"－"号填列）	900 000	
加：营业外收入	700 000	
减：营业外支出	300 000	
三、利润总额（亏损总额以"－"号填列）	1 300 000	
减：所得税费用	360 000	

项目	本期金额	上期金额
四、净利润（净亏损以 "–" 号填列）	940 000	
（一）持续经营净利润（净亏损以 "–" 号填列）	940 000	
（二）终止经营净利润（净亏损以 "–" 号填列）		
五、其他综合收益的税后净额		
（一）不能重分类进损益的其他综合收益		
1. 重新计量设定受益计划变动额		
2. 权益法下不能转损益的其他综合收益		
3. 其他权益工具投资公允价值变动		
4. 企业自身信用风险公允价值变动		
……		
（二）将重分类进损益的其他综合收益		
1. 权益法下可转损益的其他综合收益		
2. 其他债权投资公允价值变动		
3. 金融资产重分类计入其他综合收益的金额		
4. 其他债权投资信用减值准备		
5. 现金流量套期储备		
6. 外币财务报表折算差额		
……		
六、综合收益总额	940 000	
七、每股收益：		
（一）基本每股收益		
（二）稀释每股收益		

13.3 现金流量表

现金流量表是反映企业在一定会计期间现金和现金等价物流入和流出状况的报表。

通过现金流量表，可以为财务报表使用者提供企业在一定会计期间内现金和现金等价物流入和流出的信息，便于财务报表使用者了解和评价企业获取现金和现金等价物的能力，据以预测企业未来现金流量。

13.3.1 现金流量表的结构

我国企业现金流量表采用报告式结构，将现金流按企业业务活动的性质和现金流量的来源分为经营活动产生的现金流量、投资活动产生的现金流量和筹资活动产生的现金流量，分别反映，最后汇总反映企业某一期间现金及现金等价物的净增加额。我国企业现金流量表的格式如表 13-5 所示。

表 13-5 现金流量表

会企 03 表

编制单位：　　　　　　　　年　　　月　　　　　　　单位：元

项目	本期金额	上期金额
一、经营活动产生的现金流量：		
销售商品、提供劳务收到的现金		
收到的税费返还		
收到其他与经营活动有关的现金		
经营活动现金流入小计		
购买商品、接受劳务支付的现金		
支付给职工以及为职工支付的现金		
支付的各项税费		
支付其他与经营活动有关的现金		
经营活动现金流出小计		
经营活动产生的现金流量净额		

项目	本期金额	上期金额
二、投资活动产生的现金流量：		
收回投资收到的现金		
取得投资收益收到的现金		
处置固定资产、无形资产和其他长期资产收回的现金净额		
处置子公司及其他营业单位收到的现金净额		
收到其他与投资活动有关的现金		
投资活动现金流入小计		
购建固定资产、无形资产和其他长期资产支付的现金		
投资支付的现金		
取得子公司及其他营业单位支付的现金净额		
支付其他与投资活动有关的现金		
投资活动现金流出小计		
投资活动产生的现金流量净额		
三、筹资活动产生的现金流量：		
吸收投资收到的现金		
取得借款收到的现金		
收到其他与筹资活动有关的现金		
筹资活动现金流入小计		
偿还债务支付的现金		
分配股利、利润或偿付利息支付的现金		
支付其他与筹资活动有关的现金		
筹资活动现金流出小计		
筹资活动产生的现金流量净额		
四、汇率变动对现金及现金等价物的影响		

项目	本期金额	上期金额
五、现金及现金等价物净增加额		
加：期初现金及现金等价物余额		
六、期末现金及现金等价物余额		

现金流量表涉及现金流量、现金、现金等价物的概念：现金流量是指一定会计期间内企业现金和现金等价物的流入和流出，包括企业从银行提取现金、用现金购买短期到期的国库券等，但是现金和现金等价物之间的转换不属于现金流量；现金是指企业库存现金以及可以随时用于支付的存款，包括库存现金、银行存款和其他货币资金（如外埠存款、银行汇票存款、银行本票存款等）等，但是不能随时用于支付的存款不属于现金；现金等价物是指企业持有的期限短、流动性强、易于转换为已知金额现金、价值变动风险很小的投资。其中，现金等价物期限短，一般是指从购买日起 3 个月内到期，通常包括 3 个月内到期的债券投资等。需要注意的是，权益性投资变现的金额通常不确定，因而不属于现金等价物。企业应当根据具体情况，确定现金等价物的范围，一经确定不得随意变更。

经营活动产生的现金流量，是指来源于企业经营活动的现金流量。其包括企业投资活动和筹资活动以外的所有交易和事项产生的现金流，具体是指销售商品或提供劳务、购买商品、接受劳务、支付工资和缴纳税款等流入和流出的现金和现金等价物。

投资活动产生的现金流量，是指来源于企业投资活动的现金流量。其包括企业长期资产的购建和不包括在现金等价物范围内的投资及其处置活动产生的现金流，具体是指购建固定资产、处置子公司及其他营业单位等流入和流出的现金和现金等价物。

筹资活动产生的现金流量，是指来源于企业筹资活动的现金流量。其包括导致企业资本及债务规模和构成发生变化的活动产生的现金流，具体是指吸收投资、发行股票、分配利润、发行债券、偿还债务等流入和流出的现金和现金等价物。偿付应付账款、应付票据等商业应付款等属于经营活动，不属于筹资活动。

13.3.2　现金流量表的编制

1. 现金流量表项目的填列方法

企业应当采用直接法列示经营活动产生的现金流量。直接法通过现金收入和现金支出的主要类别列示经营活动的现金流量。采用直接法编制经营活动的现金流量时，一般以利润表中的营业收入为起算点，调整与经营活动有关的项目的增减变动，然后计算出经营活动的现金流量。采用直接法具体编制现金流量表时，可以采用工作底稿法或 T 型账户法，也可以根据有关科目记录分析填列。

（1）工作底稿法。

工作底稿法是以工作底稿为手段，以资产负债表和利润表数据为基础，对每一项目进行分析并编制调整分录，从而编制现金流量表。

（2）T 型账户法。

T 型账户法是以 T 型账户为手段，以资产负债表和利润表数据为基础，对每一项目进行分析并编制调整分录，从而编制现金流量表。

（3）分析填列法。

分析填列法是直接根据资产负债表、利润表和有关会计科目明细账的记录，分析计算出现金流量表各项目的金额，并据以编制现金流量表的一种方法。

2. 现金流量表项目的填列说明

（1）经营活动产生的现金流量的项目说明。

①"销售商品、提供劳务收到的现金"项目反映企业本年销售商品、提供劳务收到的现金，以及以前年度销售商品、提供劳务本年收到的现金（包括应向购买者收取的增值税销项税额）和本年预收的款项，减去本年销售本年退回商品和以前年度销售本年退回商品支付的现金。企业销售材料和代购代销业务收到的现金，也在本项目反映。

②"收到的税费返还"项目反映企业收到返还的所得税、增值税、消费税、关税和教育费附加等各种税费返还款。

③"收到其他与经营活动有关的现金"项目反映企业经营租赁收到的租金等其他与经营活动有关的现金流入，金额较大的应当单独列示。企业实际收到的政府补助，无论是与资产相关还是与收益相关，均在"收到其他与经营活动有关的现金"项目填列。

④"购买商品、接受劳务支付的现金"项目反映企业本年购买商品、接受劳务实际支付的现金（包括增值税进项税额），以及本年支付以前年度购买商品、接受劳务的未付款项和本年预付款项，减去本年发生的购货退回收到的现金。企业购买材料和代购代销业务支付的现金，也在本项目反映。

⑤"支付给职工以及为职工支付的现金"项目反映企业本年实际支付给职工的工资、资金、各种津贴和补贴等职工薪酬（包括代扣代缴的职工个人所得税）。

⑥"支付的各项税费"项目反映企业本年发生并支付、以前各年发生本年支付以及预交的各项税费，包括所得税、增值税、消费税、印花税、房产税、土地增值税、车船使用税、教育费附加等。

⑦"支付其他与经营活动有关的现金"项目反映企业经营租赁支付的租金、差旅费、业务招待费、保险费、罚款支出等其他与经营活动有关的现金流出，金额较大的应当单独列示。

（2）投资活动产生的现金流量的项目说明。

①"收回投资收到的现金"项目反映企业出售、转让或到期收回除现金等价物以外的对其他企业长期股权投资而收到的现金，但处置子公司及其他营业单位应收到的现金净额除外。

②"取得投资收益收到的现金"项目反映企业除现金等价物以外的对其他企业的长期股权投资等分回的现金股利和利息等。

③"处置固定资产、无形资产和其他长期资产收回的现金净额"项目反映企业出售、报废固定资产、无形资产和其他长期资产所取得的现金（包括因资产毁损而收到的保险赔偿收入），减去为处置这些资产而支付的有关费用后的净额。

④"处置子公司及其他营业单位收到的现金净额"项目反映企业处置子公司及其他营业单位所取得的现金，减去相关处置费用以及子公司及其他营业单位持有的现金和现金等价物后的净额。

⑤"购建固定资产、无形资产和其他长期资产支付的现金"项目反映企业购买、建造固定资产、取得无形资产和其他长期资产所支付的现金（含增值税税款等），以及用现金支付的应由在建工程和无形资产负担的职工薪酬。

⑥"投资支付的现金"项目反映企业取得除现金等价物以外的对其他企业的长期股权投资所支付的现金以及支付的佣金、手续费等附加费用，但取得子公司及其他营业单位支付的现金净额除外。

⑦ "取得子公司及其他营业单位支付的现金净额"项目反映企业购买子公司及其他营业单位购买出价中以现金支付的部分，减去子公司及其他营业单位持有的现金和现金等价物后的净额。

⑧ "收到其他与投资活动有关的现金""支付其他与投资活动有关的现金"项目反映企业除上述①至⑦项目外收到或支付的其他与投资活动有关的现金，金额较大的应当单独列示。

（3）筹资活动产生的现金流量的项目说明。

① "吸收投资收到的现金"项目反映企业以发行股票、债券等方式筹集资金实际收到的款项，减去直接支付的佣金、手续费、宣传费、咨询费、印刷费等发行费用后的净额。

② "取得借款收到的现金"项目反映企业举借各种短期、长期借款而收到的现金。

③ "偿还债务支付的现金"项目反映企业为偿还债务本金而支付的现金。

④ "分配股利、利润或偿付利息支付的现金"项目反映企业实际支付的现金股利、支付给其他投资单位的利润或用现金支付的借款利息、债券利息。

⑤ "收到其他与筹资活动有关的现金""支付其他与筹资活动有关的现金"项目反映企业除上述①至④项目外收到或支付的其他与筹资活动有关的现金，金额较大的应当单独列示。

（4） "汇率变动对现金及现金等价物的影响"项目，反映下列项目之间的差额。

① 企业外币现金流量折算为记账本位币时，采用现金流量发生日的即期汇率近似的汇率折算的金额（编制合并现金流量表时折算境外子公司的现金流量，应当比照处理）。

② 企业外币现金及现金等价物净增加额按年末汇率折算的金额填列。

（5） "现金及现金等价物净增加额"项目，其数据是根据主表各项目计算得出的。计算公式如下： 现金及现金等价物净增加额＝经营活动产生的现金流量净额＋投资活动产生的现金流量净额＋筹资活动产生的现金流量净额＋汇率变动对现金及现金等价物的影响。

（6） "期末现金及现金等价物余额"项目，其值等于资产负债表的货币资金期末余额。资产负债表中"货币资金"项目的期末余额根据"现金""银行存款"和"其他货币资金"这三个账户的期末账面余额之和填列。

【例13-3】绿野种植股份有限公司相关资料如下。

（1）2×19年度绿野种植股份有限公司利润表有关项目的资料如表13-6所示。

表13-6　利润表

会企02表

编制单位：绿野种植股份有限公司　　　2×19年12月　　　　　　　单位：元

项目	本期金额	上期金额
一、营业收入	2 470 000	
减：营业成本	732 000	
税金及附加	20 000	
销售费用	180 000	
管理费用	153 100	
研发费用		
财务费用	40 500	
其中：利息费用		
利息收入		
加：其他收益		
投资收益（损失以"－"号填列）	95 000	
其中：对联营企业和合营企业的投资收益	0	
以摊余成本计量的金融资产终止确认收益（损失以"－"号填列）		
净敞口套期收益（损失以"－"号填列）		
公允价值变动收益（损失以"－"号填列）	0	
信用减值损失（损失以"－"号填列）		
资产减值损失（损失以"－"号填列）	30 800	
资产处置收益（损失以"－"号填列）		
二、营业利润（亏损以"－"号填列）	1 408 600	

项目	本期金额	上期金额
加：营业外收入	150 000	
减：营业外支出	18 500	
三、利润总额（亏损总额以"－"号填列）	1 540 100	
减：所得税费用	205 000	
四、净利润（净亏损以"－"号填列）	133 510	
（一）持续经营净利润（净亏损以"－"号填列）		
（二）终止经营净利润（净亏损以"－"号填列）		
五、其他综合收益的税后净额		
（一）不能重分类进损益的其他综合收益		
1．重新计量设定受益计划变动额		
2．权益法下不能转损益的其他综合收益		
3．其他权益工具投资公允价值变动		
4．企业自身信用风险公允价值变动		
……		
（二）将重分类进损益的其他综合收益		
1．权益法下可转损益的其他综合收益		
2．其他债权投资公允价值变动		
3．金融资产重分类计入其他综合收益的金额		
4．其他债权投资信用减值准备		
5．现金流量套期储备		
6．外币财务报表折算差额		
……		
六、综合收益总额		
七、每股收益：		
（一）基本每股收益		
（二）稀释每股收益		

① 管理费用的组成：职工薪酬为 80 000 元，无形资产摊销费为 30 000 元，折旧费为 20 000 元，支付其他费用 23 100 元。

② 财务费用的组成：计提借款利息 10 500 元，支付应收票据（银行承兑汇票）贴现利息 30 000 元。

③ 资产减值损失的组成：计提坏账准备 800 元，计提固定资产减值准备 30 000 元。上年年末坏账准备余额为 800 元。

④ 投资收益的组成：收到股息收入 90 500 元，与本金一起收回的交易性股票投资收益为 500 元，自公允价值变动损益结转投资收益 4 000 元。

⑤ 营业外收入的组成：处置固定资产净收益 150 000 元（其中所处置固定资产原值为 400 000 元，累计折旧为 250 000 元，收到处置收入 300 000 元）。假定不考虑与固定资产处置有关的税费。

⑥ 营业外支出的组成：报废固定资产净损失 18 500 元（其中所报废固定资产原值为 200 000 元，累计折旧为 180 000 元，支付清理费用 300 元，收到残值收入 1 800 元）。

⑦ 所得税费用的组成：当期所得税费用为 212 500 元，递延所得税收益为 7 500 元。

除上述项目外，利润表中的销售费用 180 000 元至期末已经支付。

（2）2×19 年度绿野种植股份有限公司资产负债表有关项目的资料如表 13-7 所示。

表 13-7 资产负债表

会企 01 表

编制单位：绿野种植股份有限公司　2×19 年 12 月 31 日　　　　单位：元

资产	期末余额	上年年末余额	负债和所有者权益（或股东权益）	期末余额	上年年末余额
流动资产：			流动负债：		
货币资金	712 200	1 406 300	短期借款	50 000	300 000
交易性金融资产	0	15 000	交易性金融负债	0	0
衍生金融资产	0	0	衍生金融负债	0	0
应收票据	46 000	246 000	应付票据	100 000	200 000

资产	期末余额	上年年末余额	负债和所有者权益（或股东权益）	期末余额	上年年末余额
应收账款	598 500	299 100	应付账款	603 800	953 800
应收款项融资	0	0	预收款项	350 000	500 000
预付款项	100 000	100 000	合同负债	0	0
其他应收款	5 000	5 000	应付职工薪酬	180 000	110 000
存货	2 574 700	2 580 000	应交税费	100 000	36 600
合同资产	0	0	其他应付款	150 000	50 000
持有待售资产	0	0	持有待售负债	0	0
一年内到期的非流动资产	0	0	一年内到期的非流动负债	0	501 000
其他流动资产	7 125	100 000	其他流动负债	0	0
流动资产合计	4 043 525	4 751 400	流动负债合计	1 533 800	2 651 400
非流动资产：			非流动负债：		
债权投资	0	0	长期借款	1 160 000	600 000
其他债权投资	0	0	应付债券	0	0
长期应收款	0	0	其中：优先股	0	0
长期股权投资	250 000	250 000	永续债	0	0
其他权益工具投资	0	0	租赁负债	0	0
其他非流动金融资产	0	0	长期应付款	0	0
投资性房地产	0	0	预计负债	0	0
固定资产	2 231 000	1 100 000	递延收益	0	0
在建工程	703 933.2	1 500 000	递延所得税负债	0	0
生产性生物资产	0	0	其他非流动负债	0	0
油气资产	0	0	非流动负债合计	1 160 000	600 000
使用权资产	0	0	负债合计	2 693 800	3 251 400

资产	期末余额	上年年末余额	负债和所有者权益（或股东权益）	期末余额	上年年末余额
无形资产	570 000	600 000	所有者权益（或股东权益）：		
开发支出	0	0	实收资本（或股本）	5 000 000	5 000 000
商誉	0	0	其他权益工具	0	0
长期待摊费用	0	0	其中：优先股	0	0
递延所得税资产	7 500	0	永续债	0	0
其他非流动资产	162 500	200 000	资本公积	0	0
非流动资产合计	3 924 933.2	3 650 000	减：库存股	0	0
			其他综合收益	0	0
			专项储备	0	0
			盈余公积	166 621.1	100 000
			未分配利润	108 037.15	50 000
			所有者权益（或股东权益）合计	5 274 658.2	5 150 000
资产总计	7 968 458.2	8 401 400	负债和股东权益（或股东权益）总计	7 968 458.2	8 401 400

① 本期收回交易性股票投资本金 15 000 元、公允价值变动 4 000 元，同时实现投资收益 500 元。

② 存货中生产成本、制造费用的组成：职工薪酬为 353 800 元，折旧费为 90 000 元。

③ 应交税费的组成：本期增值税进项税额为 165 512 元，增值税销项税额为 207 536 元，已交增值税为 10 000 元；应交所得税期末余额为 21 376 元，应交所得税期初余额为 0；应交税费期末数中应由在建工程负担的部分为 100 000 元。

④ 应付职工薪酬的期初数无应付在建工程人员的部分，本期支付在建工程人员职工薪酬 200 000 元。应付职工薪酬的期末数中应付在建工程人员的部分为 25 000 元。

⑤应付利息均为短期借款利息，其中本期计提利息 10 500 元，支付利息 10 500 元。

⑥本期用现金购买固定资产 1 200 000 元、工程物资 100 000 元。

⑦本期用现金偿还短期借款 250 000 元，偿还一年内到期的长期借款 501 000 元；借入长期借款 560 000 元。

根据以上资料，采用分析填列的方法，编制绿野种植股份有限公司 2×19 年度的现金流量表。

（1）绿野种植股份有限公司 2×19 年度现金流量表各项目金额，分析确定如下。

①销售商品、提供劳务收到的现金 = 营业收入 + 应交增值税销项税额 + （应收账款年初余额 − 应收账款期末余额）+ （应收票据年初余额 − 应收票据期末余额）− 当期计提的坏账准备 − 票据贴现的利息 + （预收款项期末余额 − 预收款项年初余额）= 2 470 000 + 207 536 + （299 100 − 598 500）+ （246 000 − 46 000）− 800 − 30 000 + （350 000 − 500 000）= 2 397 336（元）。

②购买商品、接受劳务支付的现金 = 营业成本 + 应交增值税进项税额 − （存货年初余额 − 存货期末余额）+ （应付账款年初余额 − 应付账款期末余额）+ （应付票据年初余额 − 应付票据期末余额）+ （预付款项期末余额 − 预付款项年初余额）− 当期列入生产成本、制造费用的职工薪酬 − 当期列入生产成本、制造费用的折旧费和固定资产修理费 = 732 000 + 165 512 − （2 580 000 − 2 574 700）+ （953 800 − 603 800）+ （200 000 − 100 000）+ （100 000 − 100 000）− 353 800 − 90 000 = 898 412（元）。

③支付给职工以及为职工支付的现金 = 生产成本、制造费用、管理费用中的职工薪酬 + （应付职工薪酬年初余额 − 应付职工薪酬期末余额）− （在建工程项目应付职工薪酬年初余额 − 在建工程项目应付职工薪酬期末余额）= 353 800 + 80 000 + （110 000 − 180 000）− （0 − 25 000）= 388 800（元）。

④支付的各项税费 = 当期所得税费用 + 税金及附加 + 已交增值税税额 − （应交所得税期末余额 − 应交所得税期初余额 = 212 500 + 20 000 + 10 000 − （21 376 − 0）= 221 124（元）

⑤支付其他与经营活动有关的现金 = 其他管理费用 + 销售费用 = 23 100 + 180 000 = 203 100（元）。

⑥ 收回投资收到的现金 = 交易性金融资产贷方发生额 + 与交易性金融资产一起收回的投资收益 =（15 000+4 000）+500=19 500（元）。

⑦ 取得投资收益收到的现金 = 收到的股息收入 =90 500 元。

⑧ 处置固定资产收回的现金净额 =300 000+（1 800-300）=301 500（元）。

⑨ 购建固定资产支付的现金 = 用现金购买的固定资产、工程物资 + 支付给在建工程人员的薪酬 =1 200 000+100 000+200 000=1 500 000（元）。

⑩ 取得借款所收到的现金 =560 000 元。

⑪ 偿还债务支付的现金 =250 000+501 000=751 000（元）。

⑫ 偿还利息支付的现金 =10 500 元。

（2）根据上述数据，编制现金流量表（见表 13-8）。

表 13-8　现金流量表

会企 03 表

编制单位：绿野种植股份有限公司　　　　2×19 年 12 月　　　　单位：元

项目	本期金额	上期金额
一、经营活动产生的现金流量：		略
销售商品、提供劳务收到的现金	2 397 336	
收到的税费返还	0	
收到其他与经营活动有关的现金	0	
经营活动现金流入小计	2 397 336	
购买商品、接受劳务支付的现金	898 412	
支付给职工以及为职工支付的现金	388 800	
支付的各项税费	221 124	
支付其他与经营活动有关的现金	203 100	
经营活动现金流出小计	1 711 436	
经营活动产生的现金流量净额	685 900	
二、投资活动产生的现金流量：		
收回投资收到的现金	19 500	
取得投资收益收到的现金	90 500	

项目	本期金额	上期金额
处置固定资产、无形资产和其他长期资产收回的现金净额	301 500	
处置子公司及其他营业单位收到的现金净额	0	
收到其他与投资活动有关的现金	0	
投资活动现金流入小计	411 500	
购建固定资产、无形资产和其他长期资产支付的现金	1 500 000	
投资支付的现金	0	
取得子公司及其他营业单位支付的现金净额	0	
支付其他与投资活动有关的现金	0	
投资活动现金流出小计	1 500 000	
投资活动产生的现金流量净额	−1 088 500	
三、筹资活动产生的现金流量：		
吸收投资收到的现金	0	
取得借款收到的现金	560 000	
收到其他与筹资活动有关的现金	0	
筹资活动现金流入小计	560 000	
偿还债务支付的现金	751 000	
分配股利、利润或偿付利息支付的现金	10 500	
支付其他与筹资活动有关的现金	0	
筹资活动现金流出小计	761 500	
筹资活动产生的现金流量净额	−201 500	
四、汇率变动对现金及现金等价物的影响	0	
五、现金及现金等价物净增加额	−694 100	
加：期初现金及现金等价物余额	1 406 300	
六、期末现金及现金等价物余额	712 200	

13.4　所有者权益变动表

所有者权益变动表是指反映构成所有者权益各组成部分当期增减变动情况的报表。

通过所有者权益变动表，既可以为财务报表使用者提供所有者权益总量增减变动的信息，也能为其提供所有者权益增减变动的结构性信息，特别是能够让财务报表使用者理解所有者权益增减变动的根源。

13.4.1　所有者权益变动表的结构

在所有者权益变动表上，企业至少应当单独列示反映下列信息的项目。

（1）综合收益总额。

（2）会计政策变更和差错更正的累积影响金额。

（3）所有者投入资本和向所有者分配利润等。

（4）提取的盈余公积。

（5）实收资本、其他权益工具、资本公积、其他综合收益、专项储备、盈余公积、未分配利润的期初和期末余额及其调节情况。

所有者权益变动表以矩阵的形式列示：一方面，列示导致所有者权益变动的交易或事项，即所有者权益变动的来源，对一定时期所有者权益的变动情况进行全面反映；另一方面，按照所有者权益各组成部分（即实收资本、其他权益工具、资本公积、库存股、其他综合收益、盈余公积、未分配利润）列示交易或事项对所有者权益各部分的影响。

我国一般企业所有者权益变动表的格式如表 13-9 所示。

表 13-9　所有者权益变动表

× × 年度

编制单位：　　　　　　　　　　　　　　　　　　　　　　　　　　　　　　单位：万元

项目	本年金额											上年金额										
	实收资本（或股本）	其他权益工具			资本公积	减：库存股	其他综合收益	专项储备	盈余公积	未分配利润	所有者权益合计	实收资本（或股本）	其他权益工具			资本公积	减：库存股	其他综合收益	专项储备	盈余公积	未分配利润	所有者权益合计
		优先股	永续债	其他									优先股	永续债	其他							
一、上年年末余额																						
加：会计政策变更																						
前期差错更正																						
其他																						
二、本年年初余额																						
三、本年增减变动金额（减少以"－"号填列）																						
（一）综合收益总额																						
（二）所有者投入和减少资本																						

续表

项目	本年金额											上年金额										
	实收资本（或股本）	其他权益工具			资本公积	减：库存股	其他综合收益	专项储备	盈余公积	未分配利润	所有者权益合计	实收资本（或股本）	其他权益工具			资本公积	减：库存股	其他综合收益	专项储备	盈余公积	未分配利润	所有者权益合计
		优先股	永续债	其他									优先股	永续债	其他							
1. 所有者投入的普通股																						
2. 其他权益工具持有者投入资本																						
3. 股份支付计入所有者权益的金额																						
4. 其他																						
（三）利润分配																						
1. 提取盈余公积																						
2. 对所有者（或股东）的分配																						
3. 其他																						
（四）所有者权益内部结转																						

续表

项目	本年金额									上年金额								
	实收资本（或股本）	其他权益工具			资本公积	减：库存股	其他综合收益	专项储备	盈余公积	未分配利润	所有者权益合计	实收资本（或股本）	其他权益工具			资本公积	减：库存股	其他综合收益	专项储备	盈余公积	未分配利润	所有者权益合计
		优先股	永续债	其他									优先股	永续债	其他							
1. 资本公积转增资本（或股本）																						
2. 盈余公积转增资本（或股本）																						
3. 盈余公积弥补亏损																						
4. 设定受益计划变动额结转留存收益																						
5. 其他综合收益结转留存收益																						
6. 其他																						
四、本年末余额																						

13.4.2 所有者权益变动表的编制

1. 所有者权益变动表项目的填列方法

所有者权益变动表各项目均需填列"本年金额"和"上年金额"两栏。

所有者权益变动表"上年金额"栏内各项数字，应根据上年度所有者权益变动表"本年金额"栏内所列数字填列。上年度所有者权益变动表规定的各个项目的名称和内容同本年度不一致的，应对上年度所有者权益变动表各项目的名称和内容按照本年度的规定进行调整，填入所有者权益变动表的"上年金额"栏内。

所有者权益变动表"本年金额"栏内各项数字一般应根据"实收资本（或股本）""其他权益工具""资本公积""库存股""其他综合收益""专项储备""盈余公积""利润分配""以前年度损益调整"科目的发生额分析填列。

企业的净利润及其分配情况作为所有者权益变动的组成部分，不需要单独编制利润分配表列示。

2. 所有者权益变动表的主要项目说明

（1）"上年年末余额"项目，反映企业上年资产负债表中实收资本（或股本）、其他权益工具、资本公积、库存股、其他综合收益、专项储备、盈余公积、未分配利润的年末余额。

（2）"会计政策变更""前期差错更正"项目，分别反映企业采用追溯调整法处理的会计政策变更的累积影响金额和采用追溯重述法处理的会计差错更正的累积影响金额。

（3）"本年增减变动金额"项目。

①"综合收益总额"项目，反映净利润和其他综合收益扣除所得税影响后的净额相加后的合计金额。

②"所有者投入和减少资本"项目，反映企业当年所有者投入的资本和减少的资本。

a."所有者投入的普通股"项目，反映企业接受投资者投入形成的实收资本（或股本）和资本溢价或股本溢价。

b."其他权益工具持有者投入资本"项目，反映企业发行的除普通股以外分类为权益工具的金融工具的持有者投入资本的金额。

c."股份支付计入所有者权益的金额"项目，反映企业处于等待期中的权益结算的股份支付当年计入资本公积的金额。

③ "利润分配"项目，反映企业当年的利润分配金额。

④ "所有者权益内部结转"项目，反映企业构成所有者权益的组成部分之间当年的增减变动情况。

a. "资本公积转增资本（或股本）"项目，反映企业当年以资本公积转增资本或股本的金额。

b. "盈余公积转增资本（或股本）"项目，反映企业当年以盈余公积转增资本或股本的金额。

c. "盈余公积弥补亏损"项目，反映企业当年以盈余公积弥补亏损的金额。

d. "设定受益计划变动额结转留存收益"项目，反映企业因重新计量设定受益计划净负债或净资产所产生的变动计入其他综合收益，结转至留存收益的金额。

e. "其他综合收益结转留存收益"项目，主要反映：第一，企业指定为以公允价值计量且其变动计入其他综合收益的非交易性权益工具投资终止确认时，之前计入其他综合收益的累计利得或损失从其他综合收益中转入留存收益的金额；第二，企业指定为以公允价值计量且其变动计入当期损益的金融负债终止确认时，之前由企业自身信用风险变动引起而计入其他综合收益的累计利得或损失从其他综合收益中转入留存收益的金额等。

【例 13-4】白鸟蛋业股份有限公司 2×18 年 12 月 31 日所有者权益各项目余额如下：股本为 5 000 000 元，盈余公积为 100 000 元，未分配利润为 50 000 元。2×19 年，白鸟蛋业股份有限公司获得综合收益总额为 280 000 元（其中，净利润为 200 000 元），提取盈余公积 20 000 元，分配现金股利 100 000 元。白鸟蛋业股份有限公司 2×19 年度所有者权益变动表如表 13-10 所示。

表13-10　所有者权益变动表

2×19年度

会企04表

单位：元

编制单位：白鸟蛋业股份有限公司

项目	本年金额											上年金额										
	实收资本（或股本）	其他权益工具			资本公积	减：库存股	其他综合收益	专项储备	盈余公积	未分配利润	所有者权益合计	实收资本（或股本）	其他权益工具			资本公积	减：库存股	其他综合收益	专项储备	盈余公积	未分配利润	所有者权益合计
		优先股	永续债	其他									优先股	永续债	其他							
一、上年年末余额	5 000 000								100 000	50 000	5 150 000											
加：会计政策变更																						
前期差错更正																						
其他																						
二、本年初余额	5 000 000								100 000	50 000	5 150 000											
三、本年增减变动金额（减少以"-"号填列）																						
（一）综合收益总额							80 000			200 000	280 000											
（二）所有者投入和减少资本																						

续表

项目	本年金额											上年金额										
	实收资本（或股本）	其他权益工具			资本公积	减：库存股	其他综合收益	专项储备	盈余公积	未分配利润	所有者权益合计	实收资本（或股本）	其他权益工具			资本公积	减：库存股	其他综合收益	专项储备	盈余公积	未分配利润	所有者权益合计
		优先股	永续债	其他									优先股	永续债	其他							
1. 所有者投入的普通股																						
2. 其他权益工具持有者投入资本																						
3. 股份支付计入所有者权益的金额																						
4. 其他																						
（三）利润分配																						
1. 提取盈余公积									20 000	-20 000	0											
2. 对所有者（或股东）的分配										-100 000	-100 000											
3. 其他																						
（四）所有者权益内部结转																						

267

续表

项目	本年金额											上年金额										
	实收资本（或股本）	其他权益工具			资本公积	减：库存股	其他综合收益	专项储备	盈余公积	未分配利润	所有者权益合计	实收资本（或股本）	其他权益工具			资本公积	减：库存股	其他综合收益	专项储备	盈余公积	未分配利润	所有者权益合计
		优先股	永续债	其他									优先股	永续债	其他							
1. 资本公积转增资本（或股本）																						
2. 盈余公积转增资本（或股本）																						
3. 盈余公积弥补亏损																						
4. 设定受益计划变动额结转留存收益																						
5. 其他综合收益结转留存收益																						
6. 其他																						
四、本年年末余额	5 000 000						80 000		120 000	130 000	5 330 000	5 000 000								100 000	50 000	5 150 000

13.5　附注

附注是对资产负责表、利润表、现金流量表和所有者权益变动表等报表中列示项目的文字描述或明细资料，以及对未能在这些报表中列示项目的说明等。

附注主要起到两方面的作用。第一，附注的披露，是对资产负债表、利润表、现金流量表和所有者权益变动表列示项目含义的补充说明，以帮助财务报表使用者更准确地把握其含义。例如，通过阅读附注中披露的固定资产折旧政策的说明，使用者可以掌握报告企业与其他企业在固定资产折旧政策上的异同，以便进行更准确的比较。第二，附注提供了对资产负债表、利润表、现金流量表和所有者权益变动表中未列示项目的详细或明细说明。例如，通过阅读附注中披露的存货增减变动情况，财务报表使用者可以了解资产负债表中未单列的存货分类信息。

通过附注与资产负债表、利润表、现金流量表和所有者权益变动表列示项目的相互参照关系，以及对未能在财务报表中列示项目的说明，可以使财务报表使用者全面了解企业的财务状况、经营成果和现金流量以及所有者权益的变动情况。

附注是财务报表的重要组成部分。根据企业会计准则的规定，企业应当按照以下顺序披露附注的内容。

1. 企业的基本情况

（1）企业注册地、组织形式和总部地址。

（2）企业的业务性质和主要经营活动。

（3）母公司以及集团最终母公司的名称。

（4）财务报告的批准报出者和财务报告的批准报出日，或者以签字人及其签字日期为准。

（5）营业期限有限的企业，还应当披露有关营业期限的信息。

2. 财务报表的编制基础

财务报表的编制基础是指财务报表是在持续经营基础上还是非持续经营基础上编制的。企业一般是在持续经营基础上编制财务报表，清算、破产属于非持续经营基础。

3. 遵循企业会计准则的声明

企业应当声明编制的财务报表符合企业会计准则的要求，真实、完整地反映了企业的财务状况、经营成果和现金流量等有关信息，以此明确企业编制财务报表所依据的制度基础。

如果企业编制的财务报表只是部分遵循了企业会计准则，附注中不得做出这种表述。

4. 重要会计政策和会计估计

企业应当披露采用的重要会计政策和会计估计，不重要的会计政策和会计估计可以不披露。在披露重要会计政策和会计估计时，企业应当披露重要会计政策的确定依据和财务报表项目的计量基础，以及会计估计中所采用的关键假设和不确定因素。

会计政策的确定依据，主要是指企业在运用会计政策过程中所作的对报表中确认的项目金额最具影响的判断，有助于财务报表使用者理解企业选择和运用会计政策的背景，增加财务报表的可理解性。财务报表项目的计量基础，是指企业计量该项目采用的是历史成本、重置成本、可变现净值、现值还是公允价值，这直接影响财务报表使用者对财务报表的理解和分析。

在确定财务报表中确认的资产和负债的账面价值过程中，企业需要对不确定的未来事项在资产负债表日对这些资产和负债的影响加以估计，如企业预计固定资产未来现金流量采用的折现率和假设。这类假设的变动对这些资产和负债项目金额的确定影响很大，有可能会在下一个会计年度内作出重大调整，因此，强调这一披露要求，有助于提高财务报表的可理解性。

5. 会计政策和会计估计变更以及差错更正的说明

企业应当按照《企业会计准则第 28 号——会计政策、会计估计变更和差错更正》的规定，披露会计政策和会计估计变更以及差错更正的有关情况。

6. 报表重要项目的说明

企业应当按照资产负债表、利润表、现金流量表、所有者权益变动表及其项目列示的顺序，对报表重要项目的说明采用文字和数字描述相结合的方式进行披露。报表重要项目的明细金额合计，应当与报表项目金额相衔接，主要包括以下重要项目。

货币资金、应收款项、存货、其他流动资产、金融资产、长期股权投资、投资性房地产、固定资产、生产性生物资产和公益性生物资产、油气资产、无形资产、商誉、递延所得税资和递延所得税负债、资产减值准备、所有权重受到限制的资产、应交税费、短期借款和长期借款、应付债券、长期应付款、营业收入、公允价值变动收益、投资收益、资产减值损失、营业外收入、营业外支出、所得税费用、政府补助、非货币性资产交换、股份支付、债务重组、借款费用、外币折算、企业合并、租赁、终止经营、分部报告、费用、其他综合收益。

（1）货币资金的披露格式如表13-11所示。

表13-11 货币资金的披露格式

项目	原币	折算汇率	折合人民币
1. 现金			
2. 银行存款			
3. 其他货币资金			
合计			

（2）应收款项。

① 应收账款安账龄结构披露的格式如表13-12所示。

表13-12 应收账款按账龄结构披露的格式

账龄结构	期末账面余额	年初账面余额
1年以内（含1年）		
1年至2年（含2年）		
2年至3年（含3年）		
3年以上		
合计		

注：有应收票据、预付账款、长期应收款、其他应收款的，比照应收账款进行披露。

② 应收账款按客户类别披露的格式如表 13-13 所示。

表 13-13　应收账款按客户类别披露的格式

客户类别	期末账面余额	年初账面余额
客户 1		
……		
其他客户		
合计		

注：有应收票据、预付账款、长期应收款、其他应收款的，比照应收账款进行披露。

（3）存货。

① 存货需要披露确定发出存货成本采用的方法，其披露格式如表 13-14 所示。

表 13-14　存货需要披露确定发出存货成本采用方法的披露格式

存货种类	年初账面余额	本期增加额	本期减少额	期末账面余额
1．原材料				
2．在产品				
3．库存商品				
4．周转材料				
5．消耗性生物资产				
……				
合计				

② 存货需要说明消耗性生物资产的期末实物数量，并按下列格式披露金额信息，如表 13-15 所示。

表 13-15　存货需要说明消耗性生物资产期末实物数量的披露格式

项目	年初账面余额	本期增加额	本期减少额	期末账面余额
一、种植业				
1．				
……				

续表

项目	年初账面余额	本期增加额	本期减少额	期末账面余额
二、畜牧养殖业				
1.				
……				
三、林业				
1.				
……				
四、水产业				
1.				
……				
合计				

③ 存货跌价准备的计提方法，其披露格式如表 13-16 所示。

表 13-16　存货跌价准备计提方法的披露格式

存货种类	期初账面余额	本期计提额	本期减少额		期末账面余额
			转回	转销	
1. 原材料					
2. 在产品					
3. 库存商品					
4. 周转材料					
5. 消耗性生物资产					
6. 建造合同形成的资产					
……					
合计					

（4）其他流动资产的披露格式如表 13-17 所示。

表 13-17　其他流动资产的披露格式

项目	期末账面价值	年初账面价值
1.		
……		
合计		

注：有长期待摊费用、其他非流动资产的，比照其他流动资产进行披露。

（5）金融资产。

《企业会计准则第 37 号——金融工具列报》（债权投资、其他债权投资、交易性金融资产、其他权益工具投资）。

① 首次执行金融工具确认计量准则，金融资产转移准则和套期会计准则的，应当用表格形式对每一类别的金融资产和金融负债披露下列信息。

a. 执行金融工具确认计量准则之前存在的金融工具的原计量类别和账面价值。

b. 根据金融工具确认计量准则确定的新计量类别和账面价值。

c. 资产负债表中之前被指定为以公允价值计量且其变动计入当期损益但不在作出这一指定的所有金融资产和金融负债的金额，并分别"根据该准则规定作出重分类"，以及"企业选择在首次执行日进行重分类"两种情况进行披露，并说明原因。

② 债权投资的披露格式如表 13-18 所示。

表 13-18　债权投资的披露格式

项目	期末账面余额	年初账面余额
1. 债权投资		
2. 债权投资减值准备		
……		
合计		

③其他债权投资的披露格式如表 13-19 所示。

表 13-19　其他债权投资的披露格式

项目	期末公允价值	年初公允价值
1. 其他债权投资		
2. 其他债权投资减值准备		
3. 其他		
……		
合计		

④交易性金融资产的披露格式如表 13-20 所示。

表 13-20　交易性金融资产的披露格式

项目	期末公允价值	年初公允价值
1. 交易性债权投资		
2. 交易性权益工具投资		
3. 指定为公允价值计量且其变动计入当期损益的金融资产		
4. 衍生金融资产		
5. 其他		
合计		

⑤其他权益工具投资的披露格式如表 13-21 所示。

表 13-21　其他权益工具投资的披露格式

项目	期末公允价值	年初公允价值
1. 其他权益工具投资		
其中：优先股		
永续债		
……		
合计		

（6）长期股权投资。

① 长期股权投资的披露格式如表 13-22 所示。

表 13-22　长期股权投资的披露格式

被投资单位	期末账面余额	年初账面余额
1.对合营企业的投资		
2.对联营企业的投资		
合计		

② 被投资单位由于所在国家或地区及其他方面的影响，其向投资企业转移资金的能力受到限制的，应当披露受限制的具体情况。

③ 当期及累计未确认的投资损失金额。

（7）投资性房地产。

① 企业采用成本模式进行后续计量的，应当披露下列信息，如表 13-23 所示。

表 13-23　投资性房地产采用成本模式进行后续计量的披露格式

项目	年初账面余额	本期增加额	本期减少额	期末账面余额
一、原价合计				
1.房屋、建筑物				
2.土地使用权				
二、累计折旧和累计摊销合计				
1.房屋、建筑物				
2.土地使用权				
三、投资性房地产减值准备累计金额合计				
1.房屋、建筑物				
2.土地使用权				
四、投资性房地产账面价值合计				
1.房屋、建筑物				
2.土地使用权				

② 企业采用公允价值模式进行后续计量的，应当披露投资性房地产公允价值的确定依据和方法，以及公允价值变动对损益的影响。

③ 如有房地产转换的，应当说明房地产转换的原因及其对损益或所有者权益的影响。

④ 当期处置的投资性房地产及其对损益的影响。

（8）固定资产。

① 固定资产的披露格式如表 13-24 所示。

表 13-24　固定资产的披露格式

项目	年初账面余额	本期增加额	本期减少额	期末账面余额
一、原价合计				
其中：房屋、建筑物				
机器设备				
运输工具				
……				
二、累计折旧合计				
其中：房屋、建筑物				
机器设备				
运输工具				
……				
三、固定资产减值准备累计金额合计				
其中：房屋、建筑物				
机器设备				
运输工具				
……				
四、固定资产账面价值合计				
其中：房屋、建筑物				
机器设备				
运输工具				

项目	年初账面余额	本期增加额	本期减少额	期末账面余额
……				

② 企业确有准备处置固定资产的，应当说明准备处置的固定资产名称、账面价值、公允价值、预计处置费用和预计处置时间等。

（9）生产性生物资产和公益性生物资产。

① 说明各类生物资产的期末实物数量，并按下列格式披露金额信息，如表13-25所示。

表 13-25　生产性生物资产和公益性生物资产说明期末实物数量的披露格式

项目	年初账面价值	本期增加额	本期减少额	期末账面价值
一、种植业				
1.				
……				
二、畜牧养殖业				
1.				
……				
三、林业				
1.				
……				
四、水产业				
1.				
……				
合计				

如有天然起源的生物资产，还应披露该资产的类别、取得方式和数量等。

② 应当披露各类生产性生物资产的预计使用寿命、预计净残值、折旧方法、累计折旧和减值准备累计金额。

③ 应当披露用于担保的生物资产的账面价值。

④ 应当披露与生物资产相关的风险情况与管理措施。

⑤ 应当披露与生物资产增减变动有关的下列信息：

a. 因购买而增加的生物资产；

b. 因自行培育而增加的生物资产；

c. 因出售而减少的生物资产；

d. 因盘亏或死亡、毁损而减少的生物资产；

e. 计提的折旧及计提的跌价准备或减值准备；

f. 其他变动。

（10）油气资产。

① 应当披露拥有国内和国外的油气储量年初、年末数据。

② 应当披露当期在国内和国外发生的矿区权益的取得、油气勘探和油气开发各项支出的总额。

③ 应当披露已明矿区权益、及相关设施的账面原值、累计折耗和减值准备累计金额及计提方法；与油气开采活动相关的辅助设施及设施的账面原价、累计折旧和减值准备累计金额及其计提方法。

④ 油气资产的披露格式如表 13-26 所示。

表 13-26　油气资产的披露格式

项目	年初账面余额	本期增加额	本期减少额	期末账面余额
一、原价合计				
1. 探明矿区权益				
2. 未探明矿区权益				
3. 井及相关设施				
二、累计折耗合计				
1. 探明矿区权益				
2. 井及相关设施				
三、油气资产减值准备累计金额合计				
1. 探明矿区权益				
2. 未探明矿区权益				

续表

项目	年初账面余额	本期增加额	本期减少额	期末账面余额
3. 井及相关设施				
四、油气资产账面价值合计				
1. 探明矿区权益				
2. 未探明矿区权益				
3. 井及相关设施				

（11）无形资产。

① 应当披露无形资产的期初和期末账面余额、累计摊销额及减值准备累计金额，各类无形资产的披露格式如表 13-27 所示。

表 13-27　无形资产的披露格式

项目	年初账面余额	本期增加额	本期减少额	期末账面余额
一、原价合计				
1.				
……				
二、累计摊销额合计				
1.				
……				
三、无形资产减值准备累计金额合计				
1.				
……				
四、无形资产账面价值合计				
1.				
……				

② 使用寿命有限的无形资产，应当披露其使用寿命的估计情况；使用寿命不确定的无形资产，应当披露其使用寿命不确定的判断依据。

③ 应当披露无形资产的摊销方法。

④ 应当披露用于担保的无形资产账面价值、当期摊销额等情况。

⑤ 应当披露计入当期损益和确认为无形资产的研究开发支出金额。

⑥ 应当披露当期有人为费用的研究开发支出总额。

（12）应当披露商誉的形成来源、账面价值的增减变动情况。

（13）递延所得税资产和递延所得税负债。

① 已确认递延所得税资产和递延所得税负债的披露格式如表 13-28 所示。

表 13-28　已确认递延所得税资产和递延所得税负债的披露格式

项目	期末账面余额	年初账面余额
一、递延所得税资产		
1.		
……		
合计		
二、递延所得税负债		
1.		
……		
合计		

② 应当披露未确认递延所得税资产的可抵扣暂时性差异、可抵扣亏损等的金额（存在到期日的，还应披露到期日）。

（14）资产减值准备的披露格式如表 13-29 所示。

表 13-29　资产减值准备的披露格式

项目	年初账面余额	本期计提额	本期减少额		期末账面余额
			转回	转销	
一、坏账准备					
二、存货跌价准备					
三、可供出售金融资产减值准备					
四、持有至到期投资减值准备					
五、长期股权投资减值准备					
六、投资性房地产减值准备					

续表

项目	年初账面余额	本期计提额	本期减少额		期末账面余额
			转回	转销	
七、固定资产减值准备					
八、工程物资减值准备					
九、在建工程减值准备					
十、生产性生物资产减值准备					
其中：成熟生产性生物资产减值准备					
十一、油气资产减值准备					
十二、无形资产减值准备					
十三、商誉减值准备					
十四、其他					
合计					

（15）所有权受到限制的资产。

① 应当披露资产所有权受到限制的原因。

② 所有权受到限制的资产的披露格式如表 13-30 所示。

表 13-30 所有权受到限制的资产的披露格式

所有权受到限制的资产类别	年初账面价值	本期增加额	本期减少额	期末账面价值
一、用于担保的资产				
1.				
……				
二、其他原因造成所有权受到限制的资产				
1.				
……				
合计				

（16）职工薪酬。

① 短期薪酬的披露格式如表 13-31 所示。

表 13-31 短期薪酬的披露格式

项目	年初账面余额	本期增加额	本期支付额	期末账面余额
一、工资、奖金、津贴和补贴				
二、职工福利费				
三、社会保险费				
其中：1. 医疗保险费				
2. 工伤保险费				
3. 生育保险费				
4. 养老保险费				
5. 失业保险费				
四、住房公积金				
五、工会经费和职工教育经费				
六、非货币性福利				
七、因解除劳动关系给予的补偿				
八、其他				
其中：以现金结算的股份支付				
合 计				

② 应付职工薪酬的披露格式如表 13-32 所示。

表 13-32 应付职工薪酬的披露格式

项目	年初账面余额	本期增加额	本期支付额	期末账面余额
短期薪酬				
离职后福利				
设定提存计划				

项目	年初账面余额	本期增加额	本期支付额	期末账面余额
辞退福利				
合计				

企业应当披露本期为职工提供的各项非货币性福利形式、金额及其计算依据。

③ 离职后福利 – 设定提存计划的披露格式如表 13-33 所示。

表 13-33　离职后福利 – 设定提存计划的披露格式

项目	年初账面余额	本期增加额	本期支付额	期末账面余额
基本养老保险				
失业保险费				
合计				

④ 企业应当披露与设定受益计划有关的下列信息。

a. 设定受益计划的特征及与之相关的风险。

b. 设定受益计划在财务报表中确认的金额及其变动。

c. 设定受益计划对企业未来现金流量金额、时间和不确定性的影响。

d. 设定受益计划义务现值所依赖的重大精算假设及有关敏感性分析的结果。

⑤ 企业应当披露支付的因解除劳动关系所提供辞退福利及其期末应付未付金额。

⑥ 企业应当披露提供的其他长期职工福利的性质、金额及其计算依据。

（17）应交税费的披露格式如表 13-34 所示。

表 13-34　应交税费的披露格式

项目	期末账面余额	年初账面余额
1. 增值税		
……		
合计		

（18）其他流动负债的披露格式如表 13-35 所示。

表 13-35　其他流动负债的披露格式

项目	期末账面余额	年初账面余额
1.		
……		
合计		

注：有预计负债、其他非流动负债的，比照其他流动负债进行披露。

（19）短期借款和长期借款。

① 短期借款和长期借款的披露格式如表 13-36 所示。

表 13-36　短期借款和长期借款的披露格式

项目	短期借款		长期借款	
	期末账面余额	年初账面余额	期末账面余额	年初账面余额
信用借款				
抵押借款				
质押借款				
保证借款				
合计				

② 对于期末逾期借款，应分别贷款单位、借款金额、逾期时间、年利率、逾期未偿还原因与预期还款期等进行披露。

（20）应付债券的披露格式如表 13-37 所示。

表 13-37　应付债券的披露格式

项目	年初账面余额	本期增加额	本期减少额	期末账面余额
1				
..….				
合计				

（21）长期应付款的披露格式如表 13-38 所示。

表 13-38　长期应付款的披露格式

项目	期末账面价值	年初账面价值
1.		
......		
合计		

（22）营业收入。

① 营业收入的披露格式如表 13-39 所示。

表 13-39　营业收入的披露格式

项目	本期发生额	上期发生额
1. 主营业务收入		
2. 其他业务收入		
合计		

企业根据《企业会计准则第 14 号——收入》第十七条规定，因预计客户取得商品控制权与客户支付价款间隔未超过一年而未考虑合同中存在的重大融资成分，或者根据该准则第二十八条规定，因合同取得成本的摊销期限未超过一年而将其在发生时计入当期损益的，应当披露该事实。

② 披露建造合同当期预计损失的原因和金额，同时按下列格式披露，如表 13-40 所示。

表 13-40　建造合同当期预计损失的原因和金额的披露格式

合同项目		总金额	累计已发生成本	累计已确认毛利（亏损以"-"号表示）	已办理结算的价款金额
固定造价合同	1.				
	......				
	合计				
成本加成合同	1.				
	......				
	合计				

与合同相关的信息，应披露以下信息。

a. 各项合同总金额，以及确定合同完工进度的方法。

b. 各项合同累积已发生成本，累积已确认毛利（或亏损）。

c. 各项合同已办理结算的价款金额。

d. 当期预计损失的原因和金额。

（23）公允价值变动收益的披露格式如表 13-41 所示。

表 13-41　公允价值变动收益的披露格式

产生公允价值变动收益的来源	本期发生额	上期发生额
1.		
……		
合计		

（24）投资收益。

① 投资收益的披露格式如表 13-42 所示。

表 13-42　投资收益的披露格式

产生投资收益的来源	本期发生额	上期发生额
一、		
……		
合计		

② 按照权益去核算的长期股权投资，直接以被投资单位的账面净损益计算确认投资损益的事实及原因。

（25）资产减值损失的披露格式如表 13-43 所示。

表 13-43　资产减值损失的披露格式

项目	本期发生额	上期发生额
一、坏账损失		
二、存货跌价损失		
三、可供出售金融资产减值损失		
四、持有至到期投资减值损失		
五、长期股权投资减值损失		

项目	本期发生额	上期发生额
六、投资性房地产减值损失		
七、固定资产减值损失		
八、工程物资减值损失		
九、在建工程减值损失		
十、生产性生物资产减值损失		
十一、油气资产减值损失		
十二、无形资产减值损失		
十三、商誉减值损失		
十四、其他		
合计		

（26）营业外收入的披露格式如表 13-44 所示。

表 13-44　营业外收入的披露格式

项目	本期发生额	上期发生额
1. 非流动资产处置利得合计		
其中：固定资产处置利得		
无形资产处置利得		
……		
合计		

（27）营业外支出的披露格式如表 13-45 所示。

表 13-45　营业外支出的披露格式

项目	本期发生额	上期发生额
1. 非流动资产处置利得合计		
其中：固定资产处置损失		
无形资产处置损失		
……		
合计		

（28）所得税费用。

① 应当披露所得税费用（收益）的组成，包括当期所得税、递延所得税。

② 应当披露所得税费用（收益）与会计利润的关系。

③ 未确认递延所得税资产的可抵扣暂时性差异，可抵扣亏损的金额（如果存在到期日，还用披露到期日）。

④ 对每一类暂时性差异和可抵扣亏损、在列报期间确认的递延所得税资产或递延所得税负债的金额，确认递延所得税资产的依据。

⑤ 未确认递延所得税负债的，与对子公司、联营企业及合营业投资相关的暂时性差异全额。

（29）政府补助。

企业应当披露取得政府补助的种类、金额和列报项目，计入当期损益的政府补助金额，本期退回的政府补助金额及原因。

（30）每股收益。

① 应当披露基本每股收益和稀释每股收益分子、分母的计算过程。

② 应当披露列报期间不具有稀释性但以后期间很可能具有稀释性的潜在普通股。

③ 应当披露在资产负债表日至财务报告批准报出日之间，企业发行在外普通股或潜在普通股股数发生重大变化的情况，如股份发行、股份回购、潜在普通股发行、潜在普通股转换或行权等。

（31）非货币性资产交换。

① 应当披露非货币性资产交换确认的损益。

② 应当披露换入资产、换出资产的类别。

③ 应当披露换入资产成本的确定方式。

④ 应当披露换入资产、换出资产的公允价值及换出资产的账面价值。

（32）股份支付。

① 企业应当在附注中披露与股份支付有关的下列信息。

a.当期授予、行权和失效的各项权益工具总额。

b.期末发行在外股份期权或其他权益工具行权价的范围和合同剩余期限。

c.当期行权的股份期权或其他权益工具以其行权日价格计算的加权平均价格。

d.权益工具公允价值的确定方法。企业对性质相似的股份支付信息可以合并披露。

②企业应当在附注中披露股份支付交易对当期财务状况和经营成果的影响，至少包括下列信息。

a.当期因以权益结算的股份支付而确认的费用总额。

b.当期因以现金结算的股份支付而确认的费用总额。

c.当期以股份支付换取的职工服务总额及其他方服务总额。

（33）债务重组。

①债权人应当根据债务重组方式，分组披露债权账面价值和债务重组相关损益；应当披露债务重组导致的对联营企业或合营企业的权益性投资增加额，以及该投资占联营企业或合营企业股份总额的比例。

②债务人应当根据债务重组方式，分组披露债务账面价值和债务重组相关损益；应当披露债务重组导致的股本等所有者权益的增加额。

（34）借款费用。

企业应当在附注中披露与借款费用有关的下列信息。

①当期资本化的借款费用金额。

②当期用于计算确定借款费用资本化金额的资本化率。

（35）外币折算。

企业应当在附注中披露与外币折算有关的下列信息。

①企业及其境外经营选定的记账本位币及选定的原因，记账本位币发生变更的，说明变更理由。

②采用近似汇率的，近似汇率的确定方法。

③计入当期损益的汇兑差额。

④处置境外经营对外币财务报表折算差额的影响。

（36）企业合并。

①企业合并发生当期的期末，合并方应当在附注中披露与同一控制下企业合并有关的下列信息：参与合并企业的基本情况；属于同一控制下企业合并的判断依据；合并日的确定依据；以支付现金、转让非现金资产以及承担债务作为合并对价的，所支付对价在合并日的账面价值；以发行权益性证券作为合并对价的，合并中发行权益性证券的数量及定价原则，以及参与合并各方交换有表决权股份

的比例；被合并方的资产、负债在上一会计期间资产负债表日及合并日的账面价值；被合并方自合并当期期初至合并日的收入、净利润、现金流量等情况；合并合同或协议约定将承担被合并方或有负债的情况；被合并方采用的会计政策与合并方不一致所作调整情况的说明；合并后已处置或准备处置被合并方资产、负债的账面价值、处置价格等。

② 企业合并发生当期的期末，购买方应当在附注中披露与非同一控制下企业合并有关的下列信息：参与合并企业的基本情况；购买日的确定依据；合并成本的构成及其账面价值、公允价值及公允价值的确定方法；被购买方各项可辨认资产、负债在上一会计期间资产负债表日及购买日的账面价值和公允价值；合并合同或协议约定将承担被购买方或有负债的情况；被购买方自购买日起至报告期期末的收入、净利润和现金流量等情况；商誉的金额及其确定方法；因合并成本小于合并中取得的被购买方可辨认净资产公允价值的份额计入当期损益的金额；合并后已处置或准备处置被购买方资产、负债的账面价值、处置价格等。

（37）租赁。

① 租赁出租人应当披露下列信息。

a. 与融资租赁有关的信息，包括销售损益、租赁投资净额的融资收益以及与未纳入租赁投资净额的可变租赁付款额相关的收入；资产负债表日后连续 5 个会计年度每年将收到的未折现租赁收款额，以及剩余年度将收到的未折现租赁收款额总额；未折现租赁收款额与租赁投资净额的调节表。

b. 与经营租赁有关的信息，包括租赁收入，并单独披露与未计入租赁收款额的可变租赁付款额相关的收入；将经营租赁固定资产与出租人持有自用的固定资产分开，并按经营租赁固定资产的类别提供《企业会计准则第 4 号——固定资产》要求披露的信息；资产负债表日后连续 5 个会计年度每年将收到的未折现租赁收款额，以及剩余年度将收到的未折现租赁收款额总额。

c. 有关租赁活动的其他定性和定量信息，包括租赁活动的性质，如对租赁活动基本情况的描述；对其在租赁资产中保留的权利进行风险管理的情况；其他相关信息。

与融资租赁有关的下列信息的披露格式如表 13-46 所示。

表 13-46　与融资租赁有关信息的披露格式

剩余租赁期	最低租赁收款额
1年以内（含1年）	
1年以上2年以内（含2年）	
2年以上3年以内（含3年）	
3年以上	
合计	

经营租赁出租人各类租出资产的披露格式如表 13-47 所示。

表 13-47　经营租赁出租人各类租出资产的披露格式

经营租赁租出资产类别	期末账面价值	年初账面价值
1. 机器设备		
2. 运输工具		
……		
合计		

② 租赁承租人应当披露以下信息。

a. 各类使用权资产的期初余额、本期增加额、期末余额以及累计折旧额和减值金额；租赁负债的利息费用；计入当期损益的按《企业会计准则》第三十二条简化处理的短期租赁费用和低价值资产租赁费用；未纳入租赁负债计量的可变租赁付款额；转租资产使用权取得的收入；与租赁相关的总现金流出；售后租回交易产生的相关损益；其他按照《企业会计准则第 37 号——金融工具列报》应当披露的有关租赁负债的信息。

对短期租赁和低价值资产租赁进行简化处理的，应当披露这一事实。

b. 有关租赁活动的其他定性和定量信息：租赁活动的性质，如对租赁活动基本情况的描述；未纳入租赁负债计量的未来潜在现金流出；租赁导致的限制或承诺；其他相关信息。

融资租赁承租人以后年度将支付的最低租赁付款额的披露格式如表 13-48 所示。

表 13-48　融资租赁承租人以后年度将支付的最低租赁付款额的披露格式

剩余租赁期	最低租赁付款额
1 年以内（含 1 年）	
1 年以上 2 年以内（含 2 年）	
2 年以上 3 年以内（含 3 年）	
3 年以上	
合计	

对于重大的经营租赁，经营租赁承租人应当披露下列信息，如表 13-49 所示。

表 13-49　经营租赁承租人应披露信息的披露格式

剩余租赁期	最低租赁付款额
1 年以内（含 1 年）	
1 年以上 2 年以内（含 2 年）	
2 年以上 3 年以内（含 3 年）	
3 年以上	
合计	

（38）终止经营的披露格式如表 13-50 所示。

表 13-50　终止经营的披露格式

项目	本期发生额	上期发生额
一、终止经营收入		
减：终止经营费用		
二、终止经营利润总额		
减：终止经营所得税费用		
三、终止经营净利润		

（39）分部报告。

① 主要报告形式是业务分部的披露格式如表 13-51 所示。

表 13-51　主要报告形式是业务分部的披露格式

项目	××业务		××业务		……	其他		抵销		合计	
	本期	上期	本期	上期		本期	上期	本期	上期	本期	上期
一、营业收入											
其中：对外交易收入											
分部间交易收入											
二、营业费用											
三、营业利润（亏损）											
四、资产总额											
五、负债总额											
六、补充信息											
1. 折旧和摊销费用											
2. 资本性支出											
3. 折旧和摊销以外的非现金费用											

注：主要报告形式是地区分部的，比照业务分部格式进行披露。

分布的日常活动是金融性质的，利息收入和利息费用应当作为分布收入和分布费用进行披露。

② 在主要报告形式的基础上，对于次要报告形式，企业还应披露对外交易收入、分部资产总额，还要注意分布信息总额与企业信息总额的衔接以及比较信息。

（40）费用。

企业应当在附注中披露费用按照性质分类的利润表补充资料，可将费用分为耗用的原材料、职工薪酬费用、折旧费用、摊销费用等。具体的披露格式如表 13-52 所示。

表 13-52　费用按照性质分类的补充资料

项目	本期金额	上期金额
耗用的原材料		
产成品及在产品存货变动		
职工薪酬费用		
折旧费和摊销费用		
非流动资产减值损失		
支付的租金		
财务费用		
其他费用		
......		
合计		

（41）其他综合收益。

企业应当在附注中披露下列其他综合收益各项目的信息。

① 其他综合收益各项目及其所得税影响。

② 其他综合收益各项目原计入其他综合收益、当期转出计入当期损益的金额。

③ 其他综合收益各项目的期初和期末余额及其调节情况。

上述 ① 和 ② 的具体披露格式如表 13-53 所示，③ 的具体披露格式如表 13-54 所示。

表 13-53　其他综合权益各项目披露格式

项目	本期发生额			上期发生额		
资产	税前金额	所得税	税后净额	税前金额	所得税	税后净额
（一）以后不能重分类进损益的其他综合收益						
1.重新计量设定受益计划净负债或净资产的变动						
2.权益法下在被投资单位不能重分类进损益的其他综合收益中享有的份额						

项目	本期发生额			上期发生额		
资产	税前金额	所得税	税后净额	税前金额	所得税	税后净额
……						
（二）以后将重分类进损益的其他综合收益						
1. 权益法下在被投资单位以后将重分类进损益的其他综合收益中享有的份额						
减：前期计入其他综合收益当期转入损益						
小计						
2. 可供出售金融资产公允价值变动损益						
减：前期计入其他综合收益当期转入损益						
小计						
3. 持有至到期投资重分类为可供出售金融资产损益						
减：前期计入其他综合收益当期转入损益						
小计						
4. 现金流经套期损益的有效部分						
减：前期计入其他综合收益当期转入损益						
转为被套期项目初始金额的调整额						
小计						
5. 外币财务报表折算差额						
减：前期计入其他综合收益当期转入损益						
小计						
……						
（三）其他综合收益合计						

表 13-54　其他综合收益各项目的调节情况

项目	权益法下在被投资单位以后将重分类进损益的其他综合收益中享有的份额	可供出售金融资产公允价值变动损益	持有至到期投资重分类可供出售金融资产权益	其他综合收益合计
一、上年年初余额				
二、上年增减变动金额（减少以"-"号填列）				
三、本年年初余额				
四、本年变动金额（减少以"-"号填列）				
五、本年年末余额				

（42）股利总额和每股股利金额。

在资产负债表日后、财务报告批准报出日前提议或宣布发放的股利总额和每股股利金额（或向投资者分配的利润总额）。

（43）终止经营。

终止经营的收入、费用、利润总额、所得税费用和净利润，以及归属于母公司所有者的终止经营利润。企业披露的上述数据应当是针对终止经营在整个报告期间的经营成果。

其中，终止经营，是指满足下列条件之一的已被企业处置或被企业划归为持有待售的、在经营和编制财务报表时能够单独区分的组成部分：① 该组成部分代表一项独立的主要业务或一个主要经营地区；② 该组成部分是拟对一项独立的主要业务或一个主要经营地区进行处置计划的一部分；③ 该组成部分仅仅是为了再出售而取得的子公司。其中，企业的组成部分，是指企业的一个部分，其经营和现金流量无论从经营上或从财务报告目的上考虑，均能与企业内其他部分清楚划分。企业组成部分在其经营期间是一个现金产出单元或一组现金产出单元，通常可能是一个子公司、一个事业部或事业群，拥有经营的资产，也可能承担负债，由企业高管负责。

企业组成部分（或非流动资产，下同），同时满足下列条件的，应当确认为持有待售：① 该组成部分必须在其当前状况下仅根据出售此类组成部分的通常和惯用条款即可立即出售；② 企业已经就处置该组成部分作出决议，如按规定需得到股东批准的，应当已经取得股东大会或相应权力机构的批准；③ 企业已经与受让方签订了不可撤销的转让协议；④ 该项转让将在一年内完成。其中：上述条件 ① 强调，被划分为持有待售的企业组成部分必须是在当前状态下可立即出售的，因此企业应当具有在当前状态下出售或处置该资产的意图和能力，而出售此类组成部分的通常和惯用条款不应当包括出售方所提出的条件；上述条件 ② 至 ④ 强调，被划分为持有待售的企业组成部分的出售必须是极可能发生的，会计实务中需要结合具体情况进行判断。

7. 或有和承诺事项、资产负债表日后非调整事项、关联方关系及其交易等需要说明的事项

（1）企业的母公司有关信息披露格式如表 13-55 所示。

表 13-55　企业母公司有关信息的披露格式

母公司名称	注册地	业务性质	注册资本

母公司不是本企业最终控制方的，应当说明最终控制方名称。

母公司和最终控制方均不对外提供财务报表的，应当说明母公司之上与其最相近的对外提供财务报表的母公司名称。

（2）母公司对企业的持股比例和表决权比例的披露格式如表 13-56 所示。

表 13-56　母公司对企业持股比例和表决权比例的披露格式

子公司名称	注册地	业务性质	注册资本	本企业合计持股比例	本企业合计享有的表决权比例
1.					
……					

（3）企业的合营企业有关信息披露格式如表 13-57 所示。

表 13-57　合营企业有关信息的披露格式

被投资单位名称	注册地	业务性质	注册资本	本企业持股比例	本企业在被投资单位表决权比例	期末资产总额	期末负债总额	本期营业收入总额	本期净利润
1.									
……									

注：有联营企业的，比照合营企业进行披露。

（4）企业与关联方发生交易的，分别说明各关联方关系的性质、交易类型及交易要素。交易要素至少应当包括以下内容。

① 交易的金额。

② 未结算项目的金额、条款和条件，以及有关提供或取得担保的信息。

③ 未结算应收项目的坏账准备金额。

④ 定价政策。

8. 有助于财务报表使用者评价企业管理资本的目标、政策及程序的信息

资本管理受行业监管部门监管要求的金融等行业企业，除遵循相关监管要求外，例如我国商业银行遵循中国银行保险监督管理委员会《商业银行资本管理办法（试行）》的规定进行有关资本充足率等的信息披露，还应当按照《企业会计准则第 30 号——财务报表列报》的规定，在财务报表附注中披露有助于财务报表使用者评价企业管理资本的目标、政策及程序的信息。

根据本准则的规定，企业应当基于可获得的信息充分披露以下内容。

（1）企业资本管理的目标、政策及程序的定性信息：对企业资本管理的说明；受制于外部强制性资本要求的企业，应当披露这些要求的性质以及企业如何将这些要求纳入其资本管理之中；企业如何实现其资本管理的目标。

（2）资本结构的定量数据摘要，包括资本与所有者权益之间的调节关系等。例如，有的企业将某些金融负债（如次级债）作为资本的一部分，有的企业将资本视作扣除某些权益项目（如现金流量套期产生的利得或损失）后的部分。

（3）自前一会计期间开始上述（1）和（2）中的所有变动。

（4）企业当期是否遵循了其受制的外部强制性资本要求，以及当企业未遵循外部强制性资本要求时，其未遵循的后果。

企业按照总体对上述信息披露不能提供有用信息时，还应当对每项受管制的资本要求单独披露上述信息，如跨行业、跨国家或地区经营的企业集团可能受一系列不同的资本要求监管。